Rainer Gievers

Das Praxisbuch Samsung Galaxy J3 (2017)

Anleitung für Einsteiger

www.das-praxisbuch.de

Vorwort

Gratulation zu Ihrem Kauf des Galaxy J3 oder J3 Duos! Das Galaxy J3 richtet sich an preisbewusste Anwender, bietet aber trotzdem ein edles Metallgehäuse und eine gute Kamera. Trotz des günstiges Preises bietet das Galaxy J3 praktisch alles, was Sie im Alltag benötigen, wie eine anpassungsfähige Benutzeroberfläche und komfortable Telefoniefunktionen.

Wenn Sie bereit sind, Ihren Arbeitsstil an einige Besonderheiten des Handys anzupassen, können Sie mit dem Handy viele Dinge wie E-Mail-Verwaltung, Anzeige und Bearbeitung von Dokumenten, Terminplanung, usw. auch unterwegs durchführen, ohne ein Notebook dafür mitführen zu müssen.

Leider geht die beim Galaxy J3 mitgelieferte Anleitung nur auf die wichtigsten Funktionen des Geräts ein, weshalb dieses Buch entstanden ist, das den Anwender von den ersten Schritten bis hin zur optimalen Nutzung der vorinstallierten Anwendungen unterstützt. Wir geben darüber hinaus auch Tipps aus unserer eigenen, inzwischen über 30-jährigen Erfahrung mit Mobilrechnern, die Sie im Internet und anderen Büchern nicht finden werden.

In einem extra Kapitel gehen wir auf die Besonderheiten des Galaxy J3 DUOS ein, das sich nur durch die Unterstützung von zwei SIM-Karten vom normalen J3 unterscheidet.

Sollten Sie nach der Lektüre dieses Buchs trotzdem noch einige Fragen haben, können Sie sie im Diskussionsforum des Gicom Verlags (*www.das-praxisbuch.de*) loswerden. Falls Sie im Buch irgendwo einen Fehler entdecken, schicken Sie bitte eine E-Mail an *info@das-praxisbuch.de*.

Rainer Gievers, im August 2017

1. Auflage vom 03.08.2017

Hinweis

Die Informationen in diesem Buch wurden mit größter Sorgfalt erarbeitet und zusammengestellt. Dennoch können Fehler nicht vollständig ausgeschlossen werden. Verlag und Autor übernehmen daher keine juristische Verantwortung oder irgendeine Haftung für eventuell verbliebene Fehler oder deren Folgen.

Microsoft, Outlook, Windows, Windows NT, Windows XP, Windows 2000 und das Windows Logo sind entweder eingetragene Warenzeichen oder Warenzeichen der Microsoft Corporation, in den USA und/oder anderen Ländern. Alle anderen in diesem Buch erwähnten Warennamen und Bezeichnungen werden ohne Gewährleistung der freien Verwendbarkeit benutzt und sind möglicherweise eingetragene Warenzeichen.

Alle Rechte vorbehalten. Das Werk einschließlich aller Teile ist urheberrechtlich geschützt. Kein Teil darf ohne schriftliche Genehmigung durch den Autor Rainer Gievers, Borgentreich, reproduziert oder unter Verwendung elektronischer Systeme verarbeitet, vervielfältigt oder verbreitet werden.

»The Android robot logo is being reproduced from work created and shared by Google (*code.google.com/policies.html*) and used according to terms described in the Creative Commons 3.0 Attribution License (*creativecommons.org/licenses/by/3.0*).«

Produkfotos, Bildschirmabbildungen von Samsung, Rainer Gievers.

Copyright © 2017 Rainer Gievers, D-34434 Borgentreich

ISBN 978-3-945680-80-3

Herstellung: Gicom Druckservice (*www.gicom.com*)

Aufbau der Kapitel

- Damit Sie erkennen, welche Bildschirmkopie zu welchem Erläuterungstext gehört, sind die Texte mit Zahlen (❶,❷,❸) durchnummeriert.
- Webadressen, Menübezeichnungen und verwiesene Kapitel sind *kursiv* gesetzt.
- Verschachtelte Menüs werden durch »/« gekennzeichnet. Somit bedeutet zum Beispiel ⋮*Einstellungen*, dass Sie das Menü aktivieren und dort auf *Einstellungen* gehen.
- Auch Verzeichnis- und Dateinamen, sowie Webadressen sind in Kursivschrift gesetzt.

In den Rahmen sind weiterführende Infos zum jeweiligen Thema untergebracht.

1. Inhaltsverzeichnis

2. Einführung 13
    2.1 Das ist bei Android anders 14
    2.2 Das Google-Prinzip 15
    2.3 Die SIM-Karte 15

3. Erster Start 17
    3.1 Vorhandenes Google-Konto 18
    3.2 Neues Google-Konto 20
    3.3 Weitere Einrichtung 22

4. Grundlagen der Bedienung 24
    4.1 Bedienelemente des Samsung Galaxy 24
    4.2 Erstes Update 24
    4.3 Displaysperre 24
    4.4 Der Startbildschirm 25
    4.5 Erste Schritte 26
    4.6 Gestensteuerung 26
    4.7 Der Startbildschirm in der Praxis 27
    4.8 Startbildschirm konfigurieren 28
        4.8.1 Schnellzugriffe anlegen und verwalten 29
        4.8.2 Widgets 31
            4.8.2.a Widget hinzufügen 32
            4.8.2.b Widget entfernen 33
        4.8.3 Ordner 34
        4.8.4 Hintergrundbild 34
        4.8.5 Titelleiste und Benachrichtigungsfeld 36
        4.8.6 Schaltleisten im Benachrichtigungsfeld 38
    4.9 Längs- und Querdarstellung 40
    4.10 Menü 41
    4.11 Die Einstellungen 42
    4.12 Zuletzt genutzte Anwendungen 42
    4.13 Hauptmenü 43
    4.14 Google-Suche 43
    4.15 Medienlautstärke und Signaltöne 45
        4.15.1 Signaltöne 46
    4.16 Das Ausklappmenü 47
    4.17 Aktionen zulassen 48
    4.18 Kurzanleitungen 49

5. Telefonie 50
    5.1 Anruf durchführen 51
        5.1.1 Suche 52
        5.1.2 Letzte Rufnummer wählen 52
        5.1.3 Funktionen während eines Gesprächs 53
            5.1.3.a Hörerlautstärke 54
        5.1.4 Anruf aus dem Telefonbuch 55
        5.1.5 Die Standardnummer 56
    5.2 Kurzwahlen 57
        5.2.1 Kurzwahl erstellen 57
    5.3 Mobilbox abrufen 59
    5.4 Anruf annehmen 59
        5.4.1 Anruf mit Mitteilung beantworten 61
        5.4.2 Klingelton und Klingeltonlautstärke 63
    5.5 Anrufliste (Protokoll) 64
        5.5.1 Anrufliste in der Telefonoberfläche 64
        5.5.2 Anzeige verpasster Anrufe 65
        5.5.3 Funktionen in der Anrufliste 65

5.5.4 Weitere Anzeigen..67
5.6 Flugmodus (Offline-Modus)...67
5.7 Orte..68
5.8 Unerwünschte Anrufer blockieren (Sperrliste)..69
5.9 Anrufeinstellungen..70
 5.9.1 Kontakte ohne Nummern ausblenden..71
 5.9.2 Orte in der Nähe suchen..71
 5.9.3 Anruf ablehnen..72
 5.9.4 Kurznachrichten zum Ablehnen..72
 5.9.5 Anrufe beantworten und beenden..73
 5.9.6 Anruferinfo anzeigen...73
 5.9.7 Anrufe in Popups anzeigen..74
 5.9.8 Anrufsignale..74
 5.9.9 Anrufer identifizieren..75
 5.9.10 Klingel- und Tastentöne..75
 5.9.11 Roaming-Land..76
 5.9.12 Weitere Einstellungen...76
  5.9.12.a Rufumleitung..77
 5.9.13 Mailboxeinstellungen...78
  5.9.13.a Mailbox..78
  5.9.13.b Mailbox-Nummer..79
  5.9.13.c Signalton und Vibration...79
 5.9.14 WLAN-Anrufe..80

6. Nachrichten (SMS)..81
6.1 Nachrichtenanzeige..81
6.2 Nachricht senden..82
 6.2.1 Kontakt aus Telefonbuch...83
 6.2.2 Nachricht aus Nachrichtenverlauf...83
 6.2.3 Nachricht aus Anrufliste..84
 6.2.4 Geplante Nachricht..85
6.3 Weitere Funktionen im Nachrichtenverlauf..86
 6.3.1 SMS-Vorlagen..87
6.4 Entwürfe...87
6.5 Empfangsbestätigung (Zustellungsbericht)...88
6.6 Alte Nachrichten löschen..89
6.7 SMS empfangen...89
 6.7.1 Spam-Filter..90
  6.7.1.a Weitere Spam-Funktionen...91
6.8 Konfiguration...92
6.9 MMS..93

7. Telefonbuch...95
7.1 Kontakterfassung..96
 7.1.1 Kontakt im Telefonbuch eingeben...97
 7.1.2 Weitere Eingabefelder...98
 7.1.3 Visitenkarte..99
 7.1.4 Kontakt aus Telefonoberfläche übernehmen..101
7.2 Kontakt bearbeiten...102
7.3 Listen- und Detailanzeige...102
7.4 Die SIM-Karte..103
 7.4.1 SIM-Kontakte erstellen und bearbeiten...103
7.5 Kontaktfoto und Klingelton..103
7.6 Suchen..105
7.7 Eigene Kontaktkarte...106
7.8 Gruppen..107
 7.8.1 Gruppe anlegen..108
 7.8.2 Kontakte einer Gruppe hinzufügen..109
7.9 Favoriten...110

Inhaltsverzeichnis

- 7.10 Kontakte im Startbildschirm 110
  - 7.10.1 Direktwahl 111
- 7.11 Einstellungen 112

8. Internet einrichten und nutzen 114
- 8.1 Internetzugang einrichten 114
  - 8.1.1 Tipps zum Internetzugang 114
    - 8.1.1.a Kostenfalle Standardvertrag 114
    - 8.1.1.b Die Alternative: WLAN 114
    - 8.1.1.c Teuer! Teuer! Teuer! 114
  - 8.1.2 Automatische Einrichtung 115
  - 8.1.3 Weitere Konfigurationsparameter 115
- 8.2 Umschaltung WLAN und Mobilfunk-Internet 116
  - 8.2.1 WLAN aktivieren/deaktivieren 116
  - 8.2.2 Mobilfunk-Internet aktivieren/deaktivieren 117

9. WLAN 118
- 9.1 WLAN-Verbindung aufbauen 118
  - 9.1.1 WLAN über die Einstellungen einrichten 118
  - 9.1.2 WPS-Schnellverbindung 119
- 9.2 WLAN-Zugangspunkte verwalten 120
- 9.3 WLAN unterwegs sicher einsetzen 122

10. Gmail 123
- 10.1 Gmail in der Praxis 124
  - 10.1.1 E-Mails abrufen 124
  - 10.1.2 Absender ins Telefonbuch aufnehmen 127
  - 10.1.3 Dateianlagen 127
  - 10.1.4 Labels 127
  - 10.1.5 E-Mails beantworten 129
  - 10.1.6 E-Mail neu schreiben 131
  - 10.1.7 Weitere Funktionen bei der E-Mail-Erstellung 132
    - 10.1.7.a Cc/Bcc 132
    - 10.1.7.b Dateianlage 133
  - 10.1.8 Entwürfe 133
  - 10.1.9 E-Mails löschen 135
- 10.2 Weitere Funktionen 136
  - 10.2.1 Nachrichten durchsuchen 136
  - 10.2.2 E-Mail aus Telefonbuch senden 137
  - 10.2.3 Archivieren 137
  - 10.2.4 Unterdrücken 138
  - 10.2.5 Wichtig-Label und der sortierte Eingang 140
    - 10.2.5.a Benachrichtigung 140
  - 10.2.6 Markierungen 142
  - 10.2.7 Spam 143
  - 10.2.8 Stapelvorgänge 144
  - 10.2.9 Wischgeste zum Archivieren 145
- 10.3 Einstellungen 145
  - 10.3.1 Allgemeine Einstellungen 145
  - 10.3.2 Konto-Einstellungen 146
    - 10.3.2.a Abwesenheitsnotiz 147
    - 10.3.2.b Automatisch zugewiesene Labels 148
- 10.4 Zugriff auf Gmail vom Startbildschirm 149
- 10.5 Nutzung mehrerer E-Mail-Konten 150
- 10.6 Andere E-Mail-Konten mit Gmail 152
  - 10.6.1 E-Mail einrichten 152
  - 10.6.2 E-Mail in der Praxis 154

11. E-Mail 156
- 11.1 E-Mail-Einrichtung 156
  - 11.1.1 E-Mail-Konto automatisch einrichten 157

11.1.2 E-Mail-Konto manuell einrichten..158
11.1.3 Mehrere E-Mail-Konten verwalten...159
11.2 E-Mail-Konto bearbeiten...161
11.2.1 Allgemeine Einstellungen...161
11.2.2 Konto-Einstellungen..161
11.3 E-Mail-Anwendung in der Praxis..163
11.3.1 E-Mail-Ordner..163
11.3.2 E-Mails abrufen...164
11.3.3 E-Mails lesen und beantworten..164
11.3.4 VIP..166
11.3.5 E-Mails löschen...167
11.3.6 Dateianlagen..169
11.3.7 Absender ins Telefonbuch aufnehmen.......................................169
11.4 E-Mail erstellen und senden...170
11.4.1 Cc/Bcc..171
11.4.2 Entwürfe...172
11.4.3 E-Mail-Anhänge...172
11.4.4 Favoriten..173
11.4.5 Stapelvorgänge..174
11.4.6 E-Mail-Ansichten..175
11.5 E-Mails auf dem Startbildschirm...175

12. Webbrowser..176
12.1 Fenster (Tabs)...179
12.2 Lesezeichen...180
12.3 Dateien herunterladen...181
12.4 Einstellungen...182
12.5 Desktop-Anzeige...184
12.6 Erweiterungen...184

13. Chrome-Webbrowser..186
13.1 Tabs...188
13.2 Lesezeichen...190
13.3 Dateien herunterladen...192
13.4 Zum Suchen tippen...192
13.5 Einstellungen...193
13.5.1 Datenschutz...194
13.5.2 Bedienungshilfen...195
13.5.3 Website-Einstellungen..195
13.6 Lesezeichen auf dem Startbildschirm..196

14. WhatsApp...198
14.1 Erster Start..198
14.2 Nachrichten schreiben..200
14.3 Nachrichten empfangen..202
14.4 Weitere Funktionen...202
14.5 Telefonie über WhatsApp...203

15. Google Maps...205
15.1 Google Maps nutzen...205
15.2 Eigene Position...207
15.3 Das Schnellmenü..208
15.4 Kartenausschnitt auf dem Gerät speichern...208
15.5 Suche..210
15.6 Navigation...212
15.6.1 Routenplaner...213
15.6.2 Navigation in der Praxis..216
15.6.3 Schnelle Navigation...218
15.7 Ansichten..219
15.8 Google Local...220

15.8.1 Markierungen..221
15.9 Einstellungen...222

16. Kamera...225
16.1 Einstellungen..227
16.2 Zoom...228
16.3 Foto erstellen...228
16.4 Positionsdaten...228
16.5 Motivprogramme...229
16.6 Foto-Modi..230
16.7 Video-Funktion..230

17. Galerie...231
17.1 Ansichten...231
17.1.1 Datumssortierung....................................232
17.1.2 Albensortierung......................................232
17.2 Bilder verarbeiten..234
17.3 Vollbildansicht...234
17.3.1 Einzelnes Bild bearbeiten......................235
17.4 Videos..236
17.5 Positionsdaten...236
17.6 Storys...237

18. Play Musik...239
18.1 Der Wiedergabebildschirm................................242
18.1.1 Warteschlange..242
18.2 Playlists..243
18.2.1 Playlist erstellen......................................244
18.2.2 Playlist nutzen...245
18.2.3 Playlist bearbeiten..................................245
18.3 Wiedergabe im Hintergrund..............................246
18.4 Der Google Play Musik-Dienst.........................246
18.4.1 Erste Einrichtung....................................247
18.4.2 Kauf von Songs oder Alben...................248
18.4.3 Play Musik in der Praxis........................248
18.4.4 Konfiguration...249
18.4.5 Offline-Nutzung.....................................249
18.4.6 Streaming-Einstellungen........................250
18.5 Welcher Song ist das?.......................................251
18.6 Besserer Klang durch externe Lautsprecher....252
18.6.1 Alternativen zu den PC-Lautsprecherboxen...252
18.6.2 Mobile Lautsprecher..............................253
18.6.3 Drahtloser Musikgenuss.........................253

19. Google Fotos..254
19.1 Start und erste Einrichtung...............................254
19.2 Die Benutzeroberfläche.....................................255
19.3 Geräteordner sichern...256
19.3.1 Zu sichernden Geräteordner im Assistenten auswählen...257
19.3.2 Zu sichernden Ordner in der Alben-Ansicht auswählen...257
19.3.3 Sicherung über das Benachrichtigungsfeld...258
19.4 Medien verwalten..258
19.5 Spezialfunktionen..259
19.6 Suche...261
19.7 Einstellungen...261

20. Kalender..263
20.1 Kalenderansichten...263
20.1.1 Jahresansicht..264
20.1.2 Monatsansicht..264

20.1.3 Wochenansicht..265
20.1.4 Tagesansicht...265
20.1.5 Aufgaben..266
20.2 Navigation im Kalender...266
20.3 Neuen Termin hinzufügen...267
20.4 Aufgaben..269
20.5 Weitere Terminverwaltungsfunktionen..270
20.6 Terminerinnerung...271
20.7 Einstellungen..272
20.7.1 Kalender..273
20.8 Kalender im Startbildschirm..274

21. Google Assistant...275
21.1 Einrichtung...275
21.2 Funktionen des Galaxy steuern...276
21.3 Weitere Funktionen..278
21.4 Einstellungen..279

22. Weitere Programme...281
22.1 Rechner..281
22.2 Eigene Dateien...281
22.2.1 Bearbeitungsfunktionen...283
22.3 Wetter..284
22.4 YouTube...284
22.5 Samsung Notes..286
22.5.1 Objekte...288
22.5.2 Notizen verwalten..288
22.6 Google Drive..289
22.6.1 Dateien bei Google Drive hochladen......................................291
22.6.2 Office-Datei erstellen..292
22.6.3 Dateien freigeben...294
22.7 Gerätewartung...295
22.8 Google Now...296
22.9 Uhr...297
22.9.1 Alarm..298
22.9.2 Weltuhr..299

23. Medienkonsum auf dem Handy...301
23.1 Ebooks auf dem Galaxy lesen...301
23.1.1 Google Play Bücher..301
23.1.2 Ebooks von unabhängigen Anbietern....................................303
23.1.3 Kopierschutz?...304
23.2 Google Play Kiosk...305
23.1 Google Play Filme...307

24. Das Google-Konto..309
24.1 Einrichtung in einer Google-Anwendung..309
24.2 Weitere Kontenfunktionen...311
24.3 Datensicherung im Google-Konto..313

25. Dual-SIM mit dem Galaxy J3 DUOS...315
25.1 Besonderheiten in den Anwendungen...317

26. Das Samsung-Konto...319
26.1 Samsung-Konto in der Praxis..320

27. Programmverwaltung..322
27.1 Play Store...322
27.1.1 Konten..324
27.1.2 Programme installieren..324
27.1.3 Game Tools...326

        27.1.4 Wunschliste..327
        27.1.5 Gute von schlechter Software unterscheiden..327
        27.1.6 Einstellungen..329
        27.1.7 Erweiterte Verwaltung..330
        27.1.8 Softwarekauf im Google Play Store...331
        27.1.9 Google-Gutscheine..333
        27.1.10 In-App-Käufe..333
        27.1.11 Spiele..334
    27.2 Galaxy Apps..334
        27.2.1 Galaxy Apps in der Praxis...335
    27.3 Programm deinstallieren/deaktivieren..336
    27.4 Programme im Hintergrund..338

28. Empfehlenswerte Apps aus dem Play Store..339
    28.1 Installation...339
    28.2 Empfehlungen..340
        28.2.1 Fernsehen..340
        28.2.2 TV- und Kinoprogramm..341
        28.2.3 Wetter..342
        28.2.4 Shopping...342
        28.2.5 Preisvergleich..343
        28.2.6 Schnäppchenjäger..344
        28.2.7 Transport, Reisen und Hotels..345
        28.2.8 Auskunft..347

29. Benutzeroberfläche optimal nutzen..348
    29.1 Bildschirmanzeige anpassen..348
    29.2 Funktionen in der Displaysperre...349
        29.2.1 App-Shortcuts...350
        29.2.2 Informationen und FaceWidgets...351
    29.3 Ruhemodus...351

30. Gerätespeicher..354
    30.1 Speicherzugriff unter Windows...354
    30.2 Allgemeine Hinweise...356
    30.3 Speicherverwaltung...357
    30.4 Verzeichnisse...358

31. Zugriffssperren..359
    31.1 Displaysperre...359
    31.2 Gerätesperre..360
        31.2.1 Muster-Sperre...361
        31.2.2 PIN- und Passwortsperre..362
    31.3 Optionen während der Sperre...362
    31.4 SIM-Sperre...363
    31.5 Maßnahmen gegen Diebstahl..363

32. Bluetooth...366
    32.1 Bluetooth ein/ausschalten..366
    32.2 Bluetooth konfigurieren...366
        32.2.1 Koppeln aus dem Benachrichtigungsfeld..367
        32.2.2 Koppeln aus den Einstellungen...367
    32.3 Bluetooth-Headset/Freispracheinrichtung verwenden..368
    32.4 Bluetooth-Audio...370
    32.5 Bluetooth-Nutzung zur Datenübertragung..371
        32.5.1 Bluetooth-Kopplung..372
        32.5.2 Daten vom Galaxy senden...372
        32.5.3 Daten auf dem Galaxy empfangen..373

33. Tipps & Tricks..375
    33.1 Eigene Klingel- und Benachrichtigungstöne..375

33.1.1 Einrichtung über den PC...375
33.2 GPS auf dem Galaxy nutzen...376
33.3 Zip-Dateien...378
33.4 Anwendungen als Standard..379
33.5 Handy verloren oder geklaut – was nun?..381
    33.5.1 Datenschutz...381
    33.5.2 Schutz von Firmendaten...382
33.6 Akkulaufzeit erhöhen...383
33.7 Screenshots (Bildschirmkopien)...384
33.8 Tippen statt Wischen..385
33.9 Startbildschirm-Profile..385
33.10 Energiesparmodi...387
33.11 Benachrichtigungen einschränken..388
33.12 Gestensteuerung...389
    33.12.1 Einhändiger Betrieb..391
33.13 Mehrfensteransicht...392
33.14 Sicherer Ordner...393
    33.14.1 Einrichtung..394
    33.14.2 Sicherer Ordner in der Praxis..395
33.15 Ordner im Startbildschirm und Hauptmenü..395

34. Eingabemethoden...398
34.1 Samsung-Tastenfeld...399
    34.1.1 Wortvorschläge..400
        34.1.1.a Wörterbuchsprache einstellen...401
        34.1.1.b Das Anwendungswörterbuch..402
    34.1.2 Einstellungen...403
34.2 Durchgehende Eingabe...405
34.3 Spracherkennung...406
34.4 Texte kopieren, ausschneiden und einfügen..406

35. Benutzerkonfiguration..409
35.1 Netzwerkverbindungen...411
    35.1.1 Datenübertragung...412
35.2 Allgemeine Verwaltung...412
35.3 Software-Update..414
    35.3.1 Geräteinformationen..414

36. Stichwortverzeichnis..416
37. Weitere Bücher des Autors..418

2. Einführung

Vielleicht gehören Sie auch zu den Anwendern, die sich bisher mit einem Einfach-Handy zufriedengegeben haben und nun erstmals ein sogenanntes Smartphone nutzen. Alternativ besitzen Sie schon seit geraumer Zeit ein Smartphone, verwenden darauf aber derzeit nur die Telefonie-Funktionen.

Was aber ist ein **Smartphone**? Darunter versteht man ein Mobiltelefon, das neben der Telefonie noch weitere Funktionen mitbringt, die sonst nur PCs aufweisen, beispielsweise Kontakt- und Teminverwaltung, Musikabspielgerät, Internet, usw. Von wenigen Billig-Handys abgesehen, die für maximal 30 Euro angeboten werden, sind übrigens genau genommen inzwischen alle Mobiltelefone auch Smartphones.

Die Betriebssoftware, sozusagen das Herz Ihres Handys, ist das von Google entwickelte **Android**. Es erfüllt die gleichen Aufgaben wie das Windows-Betriebssystem auf Ihrem PC oder Notebook.

Leider darf jeder Hersteller Android fast nach Belieben anpassen. Deshalb weicht beispielsweise die Bedienung eines Handys von LG stark von der eines Huawei oder Samsungs ab. Zum Beispiel sind die folgenden Programme bei vielen Herstellern unterschiedlich realisiert:

- Kalender (Termine und Aufgaben)
- Telefonbuch
- Telefonoberfläche

Beispiele für die verschiedenen Telefonoberflächen eines Sony- (❶), Samsung- ❷) und Huawei-Handys (❸).

Die deutlichen Abweichungen zwischen den verschiedenen Handy-Modellen machen übrigens nicht nur Anwendern den Einstieg schwer. Fachbuchautoren im Handy-Bereich haben ebenfalls große Probleme, auf die Unterschiede zwischen den einzelnen Geräten einzugehen, ohne ihre Bücher aufzublähen.

Glücklicherweise gibt es mit den **Google-Anwendungen** etwas, das auf jedem Handy gleich ist:

- Chrome: Webbrowser.
- Gmail: E-Mail.
- Maps: Landkarten und Navigation.
- Google Drive: Dateiverwaltung.
- Play Musik: Musikwiedergabe. Auch der Kauf von einzelnen Songs oder Alben ist möglich.
- Play Filme & Serien: Spielfilme und Serien ausleihen und ansehen.
- Fotos: Foto- und Videoverwaltung.

- Play Bücher: Ebooks ausleihen und lesen.
- Play Kiosk: Zeitschriften kaufen und lesen.
- Play Store: Weitere Programme installieren. Auch der Kauf beziehungsweise das Ausleihen von Musik, Filmen und Serien sowie von Ebooks erfolgt über den Play Store.

Google schreibt den Handy-Anbietern vor, dass beispielsweise Chrome, Gmail, Maps, Play Musik und der Play Store immer auf den Geräten vorhanden sein müssen – zumindest haben wir noch nie ein Android-Handy ohne die genannten Programme zu Gesicht bekommen.

Als wäre es des Wirrwars aber nicht noch genug, finden Sie auf vielen Handys neben den Google-Anwendungen auch noch weitere Programme, die genau die gleichen Funktionen erfüllen. Beispielsweise ist auf Samsung-Handys neben »Google Fotos« auch noch »Galerie« vorinstalliert, das ebenfalls Bilder und Videos anzeigt.

2.1 Das ist bei Android anders

Dieses Kapitel soll kurz die Unterschiede zwischen den »alten« Handys und den modernen Smartphones beleuchten.

Schon bei der ersten Inbetriebnahme gibt es den ersten Unterschied: Während früher ein Handy nach dem Einschalten und der PIN-Eingabe sofort betriebsbereit war, müssen Sie bei einem Android-Handy erst Ihren Internetzugang einrichten. Überhaupt empfiehlt es sich, einen Blick auf den Mobilfunkvertrag zu werfen, denn dieser muss auch eine **Internetflatrate** (Datenvertrag) beinhalten. Sie zahlen dann nur einen festen Betrag für die Internetnutzung und keinen nutzungsabhängigen – Letzteres ist meist extrem teuer. Auf dieses Thema gehen wir übrigens später noch genauer ein.

Bereits beim ersten Einschalten eines Android-Handys richten Sie die Internetverbindung ein.

Eine permanente Internetverbindung ist für Android-Handys wichtig. Natürlich sind Webbrowser und E-Mail-Anwendung ohne Internetanbindung unbrauchbar – aber wussten Sie, dass sogar Programme, von denen Sie es nie erwarten würden, aufs Internet angewiesen sind? Ihr Android-Handy speichert beispielsweise auch Ihre Kontakte, Termine, Lesezeichen des Chrome-Browsers, Ihre Fotos und Videos und vieles mehr im Internet. Das hört sich zunächst erst einmal ungewohnt an, hat aber für Sie durchaus Vorteile, wie wir unten noch zeigen werden. Ihre persönlichen Daten landen natürlich nicht einfach frei im Internet, sondern sind geschützt vor fremden Zugriff.

Den Speicherort für Ihre Daten legen Sie übrigens bereits bei der ersten Inbetriebnahme Ihres Android-Handys fest. Es handelt sich dabei um Ihr sogenanntes **Google-Konto**. Dieses hat immer das Format *IhrName@gmail.com*. Dabei ist *IhrName* ein von Ihnen frei wählbarer Name, erlaubt sind zum Beispiel die Kontonamen *hans.mueller@gmail.com*, *hansmueller25@gmail.com* oder *mueller201@gmail.com*.

Ihr Google-Konto erstellen Sie direkt nach der Interneteinrichtung beim ersten Einschalten Ihres Android-Handys. Den Kontonamen dürfen Sie frei wählen.

Nicht jeder ist darüber glücklich, dass seine Daten bei Google gespeichert werden. Google informiert aber sehr offen darüber und fragt gegebenenfalls nach Ihrer Zustimmung. Natürlich dürfen Sie auch ablehnen, aber ohne Google-Konto müssen Sie auf viele Komfortfunktionen verzichten. Dazu zählt auch die nachträgliche Installation von weiteren nützlichen Programmen aus dem Play Store.

2.2 Das Google-Prinzip

Wie bereits erwähnt, sammelt Google systematisch Ihre Daten, denn Ihr Android-Gerät lädt alle Ihre Kontakte, Termine, Browser-Lesezeichen, Fotos, usw. auf Google-Server im Internet hoch. Auf zwei Wegen können Sie dies verhindern beziehungsweise einschränken:

- Sie richten erst gar kein Google-Konto auf dem Handy ein.
- Sie deaktivieren, wie im Kapitel *24.2 Weitere Kontenfunktionen* beschrieben, die Datensynchronisation für die einzelnen Datentypen.

Die erste Variante ist leider kaum praktikabel, den ohne Google-Konto steht Ihnen der Play Store nicht zur Verfügung, über den Sie weitere Programme installieren (über einen Umweg, bei dem Sie Sicherheitsfunktionen deaktivieren und manuelles Kopieren der Programmdatei auf das Gerät ginge es trotzdem, ist aber sehr unkomfortabel).

Mit der zweiten Variante kann Sie Google nur noch eingeschränkt »überwachen«, wird aber trotzdem noch Ihr Benutzerverhalten ausforschen. Beispielsweise sendet das Handy alle von Ihnen geschriebenen und empfangenen SMS und Ihr Anrufprotokoll an Google-Server. Auch Ihr per eingebautem GPS-Empfänger ermittelter Standort und Ihre WLAN-Passwörter werden permanent an Google übermittelt.

Es kommt aber noch »dicker«. Wie Sie vielleicht aus der Presse erfahren haben, wurde im Oktober 2016 bekannt, dass der Google-Konkurrent Yahoo über einen längeren Zeitraum den US-Geheimdiensten Zugriff auf alle Nutzerdaten gestattete. Es würde nicht verwundern, wenn auch Google den Geheimdiensten systematisch Daten liefert. Als Geheimnisträger in einer Firma oder einer Behörde sollten Sie sich deshalb überlegen, welche Daten Sie Ihrem Android-Handy oder Tablet anvertrauen. Bei anderen Betriebssystemen wie Apple iOS oder Windows 10 ist es mit der Datensicherheit aber genau genommen kaum besser bestellt.

2.3 Die SIM-Karte

Ihr Handy unterstützt zwei Arten des Internetzugangs:

- Über das Mobilfunknetz: Sie sollten prüfen, ob Ihr Handyvertrag auch die kostenlose Internetnutzung ausweist. Viele Netzbetreiber sprechen dabei von »Internet-Flatrate« oder »Datenflat«. Meist kann man die Internet-Flatrate für wenige Euro im Monat dazubuchen.

- Über WLAN: Wie Ihnen bekannt sein dürfte, lässt sich das Internet mit Ihrem Handy über WLAN nur zuhause beziehungsweise an ausgewiesenen WLAN-Zugangspunkten in Hotels, Bars, usw. verwenden.

Sie benötigen eine SIM-Karte im »Nano«-Format. Ältere Handys haben dagegen meist einen Micro- oder Mini-SIM-Steckplatz, weshalb Sie deren SIM-Karten nicht in Ihrem neuen Handy verwenden können.

Sie können Sie Ihre aktuelle SIM-Karte beim jeweiligen Mobilfunkanbieter in eine Nano-Karte umtauschen (meist schickt er Ihnen kostenlos eine neue SIM-Karte zu und die alte Karte wird automatisch nach einigen Tagen ungültig).

Es ist zwar möglich, eine vorhandene SIM-Karte mit der Schere auf das Nano-Format zuzuschneiden, wir raten aber davon ab, weil sich die SIM-Karte dann im Handy verklemmen könnte.

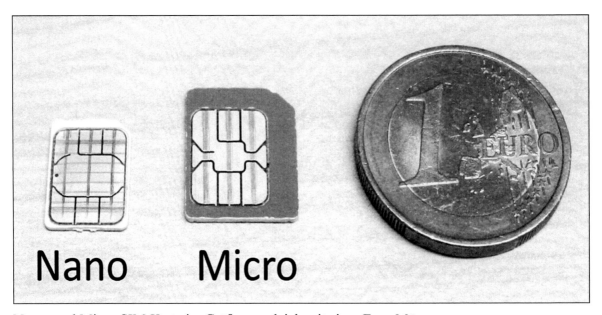

Nano- und Micro-SIM-Karte im Größenvergleich mit einer Euro-Münze.

Sie besitzen ein Galaxy J3 (2017) DUOS? In diesem sogenannten Dual-SIM-Handy können Sie eine zweite SIM-Karte nutzen. Legen Sie diese einfach in der Schublade ein, welche auch die SD-Karte aufnimmt. Wir gehen auf das J3 (2017) DUOS noch im Kapitel *25 Dual-SIM mit dem Galaxy J3 DUOS* ein.

3. Erster Start

Es gibt wohl kaum etwas Frustrierenderes, als sich in ein neu gekauftes Gerät, sei es Kaffeevollautomat, Waschmaschine oder TV, einzuarbeiten. Beim Samsung Galaxy ist dies kaum anders. Erfreulicherweise konfiguriert das Handy beim ersten Einschalten über einen Assistenten bereits einige wichtige Einstellungen, darunter Ihr Google-Konto und die Ermittlung Ihres Standorts.

> **Hinweis**: Falls Sie bereits den Assistenten durchlaufen haben und schon Ihr Gerät nutzen, sollten Sie im Kapitel *4 Grundlagen der Bedienung* weiterlesen. Wo es in diesem Buch darauf ankommt, gehen wir auf die im Assistenten vorgenommenen Einstellungen nochmals ein. Sie verpassen also nichts!

Beachten Sie, dass der Assistent im Folgenden die Mobilfunk-Internetverbindung nutzt, um Daten mit Google-Servern auszutauschen. Auch im Alltagsbetrieb wird das Handy oft im Hintergrund aufs Internet zugreifen, weshalb Sie jetzt erst einmal prüfen sollten, ob Sie einen Handy-Vertrag mit Internetflatrate (auch als »Datenflatrate« oder »Datenvertrag« bezeichnet) nutzen. Bei älteren Verträgen erfolgt die Abrechnung meist pro Megabyte, sodass schnell hohe Beträge auf der nächsten Monatsrechnung auftauchen. Meist kann man aber zu seinem Vertrag eine Flatrate für wenige Euro pro Monat hinzu buchen. Fragen Sie gegebenenfalls bei Ihrem Netzbetreiber oder in einem Handy-Shop nach.

Tipp: Wenn Sie Mobilfunkdatenverbindungen – aus welchen Gründen auch immer – vermeiden möchten, nutzen Sie das Handy einfach ohne eingelegte SIM-Karte. Der Assistent geht dann über WLAN (ein WLAN-Zugangspunkt muss natürlich vorhanden sein) online.

Auf die Internetverbindungen geht auch Kapitel *8.1 Internetzugang einrichten* ein.

❶ Geben Sie zuerst die SIM-PIN ein, damit sich das Samsung Galaxy ins Netz einbuchen kann. Schließen Sie Ihre Eingabe mit der *OK*-Schaltleiste auf dem eingeblendeten Tastenfeld ab. Sofern Sie im Galaxy zuvor zwei SIM-Karten eingelegt hatten, fragt das Handy gegebenenfalls erst nach der SIM-PIN der ersten SIM-Karte, dann von der zweiten.

❷ Stellen Sie Ihr Land beziehungsweise Ihre Sprache ein, beispielsweise *Deutsch (Deutschland)*. Betätigen Sie die hellblaue *STARTEN*-Schaltleiste.

> Beachten Sie bitte, dass situationsabhängig bestimmte Aktionen beziehungsweise Konfigurationsbildschirme früher oder später erscheinen. Beispielsweise kann es passieren, dass nach der SIM-PIN erst zu einem späteren Zeitpunkt gefragt wird.

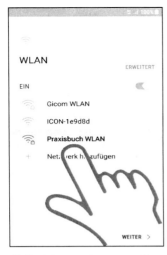 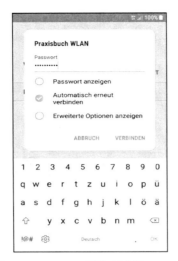 

❶❷ Als Nächstes stellen Sie den genutzten WLAN-Zugangspunkt ein. Tippen Sie dafür einen der gefundenen Zugangspunkte in der Liste an, geben Sie das zugehörige Kennwort ein und betätigen Sie *VERBINDEN*.

❸ Schließen Sie den Bildschirm mit *WEITER* (am unteren rechten Bildschirmrand).

> Sollte nicht der Hinweis »*Verbunden*« unter dem verwendeten WLAN-Zugangspunkt erscheinen, dann tippen Sie erst ihn an und betätigen dann die *VERBINDEN*-Schaltleiste.
>
> Aus persönlicher Erfahrung wissen wir, dass viele Anwender nicht ihr WLAN-Kennwort wissen – meist liegt ja die Einrichtung des eigenen DSL-WLAN-Routers einige Monate oder gar Jahre zurück. In diesem Fall können Sie im Webbrowser auf dem Desktop-PC die Weboberfläche des Routers aufrufen und sich dort das WLAN-Kennwort anzeigen lassen, beziehungsweise ändern. Bei der beliebten AVM Fritzbox geben Sie zum Beispiel *fritz.box* in der Browseradresszeile ein und klicken in der Fritzbox-Benutzeroberfläche auf *WLAN* und dann auf *Sicherheit*.

❶❷ Aktivieren Sie *Allem zustimmen* und gehen Sie auf *WEITER*.

3.1 Vorhandenes Google-Konto

Um das Handy (und andere Android-Geräte) sinnvoll zu nutzen, müssen Sie ein sogenanntes Google-Konto besitzen. Das Google-Konto hat das Format einer E-Mail-Adresse und immer die Endung *gmail.com*, beispielsweise *sally.gievers@gmail.com*.

Falls Sie nicht wissen, was ein Google-Konto ist, oder bisher noch kein Android-Gerät genutzt haben, lesen Sie bitte im Kapitel *3.2 Neues Google-Konto* weiter.

❶ Tippen Sie auf *E-Mail oder Telefonnummer*.

❷ Geben Sie Ihren Google-Konto-Namen (Eingabe des Namens vor *@gmail.com* reicht aus) ein. Betätigen Sie *WEITER*.

❸ Gehen Sie genauso mit dem nächsten Eingabefeld vor, in dem Sie das Passwort Ihres Google-Kontos eingeben.

❶ Gehen Sie auf *AKZEPTIEREN*.

❷❸ Wischen Sie mit dem Finger auf dem Bildschirm mehrmals nach oben, bis die *WEITER*-Schaltleiste erscheint, welche Sie betätigen.

Lesen Sie ab Kapitel *3.3 Weitere Einrichtung* weiter.

❶❷ Das Handy bietet Ihnen nun an, die auf einem anderen Gerät (auf dem Sie das gleiche Google-Konto verwendet hatten) vorhandenen Programme wieder herzustellen. Wählen Sie einfach ein Gerät aus und betätigen Sie dann *WIEDERHERSTELLEN*.

Lesen Sie nun ab Kapitel *3.3 Weitere Einrichtung* weiter.

3.2 Neues Google-Konto

Dieses Kapitel brauchen Sie nur durchzuarbeiten, wenn Sie noch kein sogenanntes Google-Konto besitzen. Dies ist in der Regel der Fall, wenn Sie bisher noch nie ein Android-Handy oder Tablet genutzt haben.

Das Google-Konto hat das Format einer E-Mail-Adresse und immer die Endung *@gmail.com*, beispielsweise *sally.gievers@gmail.com*. Vom Handy wird das Google-Konto verwendet, um eine Sicherung Ihrer Daten auf Google-Servern durchzuführen.

❶ Betätigen Sie *Oder ein neues Konto erstellen* (Pfeil).

❷ Erfassen Sie in den Feldern Ihren Vor- und Nachnamen (mit dem Finger in das jeweilige Eingabefeld tippen). Schließen Sie den Vorgang mit der *WEITER*-Schaltleiste ab.

❸ Geben Sie Ihr Geburtsdatum und Geschlecht an (es ist Ihnen unbenommen, hier falsche Angaben zu machen), dann betätigen Sie *WEITER*.

❶ Tippen Sie in das Eingabefeld und geben Sie den gewünschten Kontonamen ein. Zulässig sind dabei Buchstaben, Zahlen und Punkte. Betätigen Sie dann erneut die *WEITER*-Schaltleiste. Falls der Kontoname bereits an jemand anders vergeben wurde, macht das Programm Vorschläge beziehungsweise gibt Ihnen die Möglichkeit, einen anderen Kontonamen einzugeben.

❷ Zum Schluss erfassen Sie das zweimal hintereinander das Kennwort und betätigen *WEITER*.

Das Kennwort (und natürlich den Kontonamen) sollten Sie sich genau merken oder notieren, weil Sie das Handy später ab und zu danach fragt!

❶ Sie werden aufgefordert, Ihre Handynummer einzugeben, über die Sie später Ihr Kennwort wiederherstellen können, falls Sie es mal vergessen. Angeben können Sie entweder die Handynummer der SIM-Karte, die gerade in Ihrem Galaxy J3 steckt, oder eine andere Handynummer. Betätigen Sie *WEITER*.

❷ Schließen Sie den Hinweis mit *BESTÄTIGEN* und warten Sie bis zu 10 Sekunden. Den von Google gesendeten Autorisierungscode müssen Sie danach in einem Eingabefeld eintippen (nur wenn der Code nicht an das Galaxy, sondern an ein anderes Handy geschickt wurde).

❶❷ Durch die Datenschutzregeln blättern Sie mit mehrmaligem Betätigen der *MEHR*-Schaltleiste, danach gehen Sie auf *ICH STIMME ZU*.

❸ Betätigen Sie erneut *WEITER*.

❶❷ Wischen Sie mit dem Finger auf dem Bildschirm mehrmals nach oben, bis die *WEITER*-Schaltleiste erscheint, welche Sie betätigen.

3.3 Weitere Einrichtung

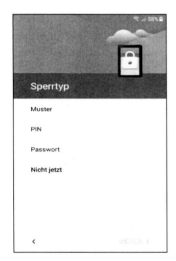

Die Gerätesperre beschreibt später noch Kapitel *31.2 Gerätesperre*. Gehen Sie daher auf *Nicht jetzt*.

  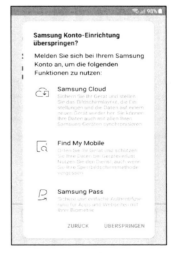

❶❷ Zusätzliche Dienste stehen nach Anmeldung beim Samsung-Konto zur Verfügung. Da wir später noch darauf eingehen (Kapitel *26 Das Samsung-Konto*), wischen Sie einmal nach oben. Die unten angezeigte *ÜBERSPRINGEN*-Schaltleiste betätigen Sie als Nächstes.

❸ Schließen Sie den Warnhinweis mit *ÜBERSPRINGEN*.

Erster Start

❶ Im *Weitere nützliche Funktionen*-Bildschirm wischen Sie einmal mit dem Finger nach oben und betätigen *BEENDEN*.

❷ Sofern Sie das Galaxy J3 DUOS verwenden, erscheint nun ein Einrichtungsbildschirm, auf den noch Kapitel *25 Dual-SIM mit dem Galaxy J3 DUOS* eingeht. Schließen Sie ihn mit der *FERTIG*-Schaltleiste.

❸ Sie befinden sich nun im Startbildschirm und können mit dem Gerät arbeiten.

4. Grundlagen der Bedienung

Das Samsung Galaxy bedient man ausschließlich über das Touchdisplay. Wenn Sie bereits ein Handy mit Touchdisplay genutzt haben, finden Sie viele Funktionen wieder.

Wenn Sie Ihr Gerät von einem Netzbetreiber erworben haben, werden einige Menüs und Tastenfunktionen von den Beschreibungen in diesem Buch abweichen. Auch spätere Updates des von Samsung entwickelten Betriebssystems können dazu führen, dass zusätzliche Funktionen oder Anwendungen verfügbar sind.

4.1 Bedienelemente des Samsung Galaxy

Zwar erfolgt die Bedienung des Handys weitgehend über das Touchdisplay, einige Funktionen werden aber auch über Hardwaretasten ausgelöst.

Die drei Tasten auf der Unterseite:

- ⊡: Zuletzt genutzte Anwendungen auflisten.
- ⬜: Schaltet wieder auf den Startbildschirm zurück. Langes Drücken dieser Taste ruft die im Kapitel *21 Google Assistant* beschriebene Funktion auf.
- ⤺: Zurück: Zum vorherigen Bildschirm zurückkehren beziehungsweise Menüs schließen.
- Lautstärke-Tasten (auf der linken Geräteseite): Regulieren bei Telefongesprächen die Hörerlautstärke, ansonsten die Klingeltonlautstärke.

4.2 Erstes Update

❶ Sofern die Displaysperre aktiv ist (siehe nächstes Kapitel), wischen Sie einmal mit dem Finger über das Display.

❷ Die Wahrscheinlichkeit ist sehr hoch, dass Sie in den ersten Minuten nach dem Einrichten einen Update-Hinweis erhalten. Betätigen Sie *JETZT INSTALLIEREN* und warten Sie, bis das Update abgeschlossen ist. Dabei bleiben alle Daten auf dem Handy erhalten. Samsung stellt auf diesem Wege ab und zu Fehlerkorrekturen und neue Funktionen für das Galaxy bereit.

4.3 Displaysperre

Die Gerätesperre (Displaysperre), welche sich nach einiger Zeit der Nichtnutzung aktiviert, schaltet alle Tastenfunktionen aus. Dadurch lässt sich das Galaxy auch in einer Tasche transportieren, ohne dass man aus Versehen irgendeine Funktion auslöst.

Weil das Display zu den Komponenten eines Handys zählt, die am meisten Strom verbrauchen,

Grundlagen der Bedienung 25

wird es ausgeschaltet, sobald sich die Gerätesperre aktiviert. Auf eingehende Anrufe und Benachrichtigungen macht das Handy natürlich auch weiterhin aufmerksam: Geht ein Anruf ein, deaktiviert sich die Gerätesperre automatisch und das Display schaltet sich wieder ein.

Zum Aus- beziehungsweise Einschalten des Displays betätigen Sie den Ein-Ausschalter auf der Geräteseite.

❶ So deaktivieren Sie die Displaysperre: Tippen und Halten Sie den Finger auf den Bildschirm und ziehen Sie ihn in eine beliebige Richtung.

❷ Der Startbildschirm ist damit freigeschaltet.

4.4 Der Startbildschirm

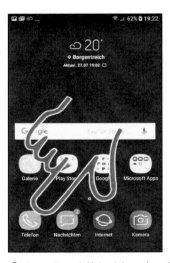 

❶ Der Startbildschirm ist der Ausgangspunkt, von dem Sie alle weiteren Anwendungen aufrufen. Er erscheint automatisch nach dem Einschalten sowie nach Betätigen der ⌑-Taste. Über *Telefon* aktivieren Sie von dort aus die Telefonoberfläche (❷), *Nachrichten* öffnet die Nachrichten-Anwendung, *Internet* den Webbrowser und *Kamera* ruft die Kamera-Anwendung auf.

Hinweis: Die Bildschirmanzeige bei Ihrem Gerät weicht an einigen Stellen von der in diesem Buch ab. Wir hatten zwecks besserer Lesbarkeit eine größere Schrift und kontrastreiche Hintergründe eingestellt.

Sofern Sie Ihr Gerät von einem Netzbetreiber erworben haben, ist die Anordnung der Programm-Symbole eventuell abweichend.

Bitte beachten Sie, die ⌑-Taste nur kurz zu betätigen, weil Sie sonst die im Kapitel *21 Google Assistant* beschriebene Funktion aktivieren.

4.5 Erste Schritte

Damit Sie Ihr neues Handy besser kennenlernen, soll jetzt einmal die Abschaltzeit des Displays eingestellt werden.

❶ Aktivieren Sie einer Wischgeste nach oben (Finger auf das Display setzen, sofort nach oben ziehen und loslassen) im Startbildschirm das Hauptmenü.

❷ Tippen Sie dann auf *Einstellungen.*

❸ Rufen Sie *Anzeige* auf.

  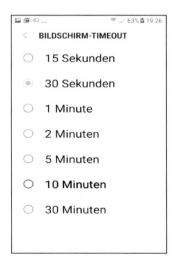

❶ Wischen Sie mit Finger auf dem Bildschirm nach oben.

❷ Tippen Sie auf *Bildschirm-Timeout.*

❸ Wählen Sie gewünschte Abschaltzeit aus. Sie befinden sich wieder im vorherigen Bildschirm, von dem aus Sie mit der ⟨⎯⟩-Taste zum Startbildschirm zurückkehren.

4.6 Gestensteuerung

Die Gestensteuerung eine der großen Stärken des Samsung Galaxy. Deshalb dürften auch Anwender, die bereits mit einem Touchscreen-Handy gearbeitet haben, sich schnell zurechtfinden. Im Folgenden sollen die wichtigsten Gestenfunktionen einmal in der Praxis vorgestellt werden.

Grundlagen der Bedienung

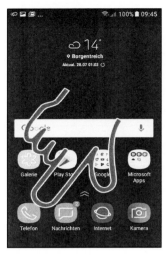  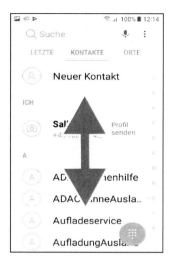

❶ Starten Sie die Telefonoberfläche über *Telefon* aus dem Startbildschirm.

❷ Für Übersicht sorgen in vielen Programmen, darunter auch in der Telefonoberfläche, sogenannte Register (Pfeil), welche Sie durch Antippen aktivieren.

❸ Immer wenn, wie in diesem Fall, eine Liste größer als der Bildschirm ist, können Sie mit einer Geste durchrollen. Sie haben dabei sogar mehrere Möglichkeiten:

- Tippen und Halten Sie den Finger auf einer beliebigen Stelle des Bildschirms und ziehen Sie sofort den Finger langsam nach oben oder unten, je nachdem, wohin Sie in der Liste rollen möchten. Lassen Sie den Finger los, wenn Sie das gewünschte Listenelement gefunden haben.
- Wie zuvor, aber diesmal ziehen Sie mit Schwung in die gewünschte Richtung und lassen dann sofort wieder los. Die Liste rollt zunächst schnell und dann immer langsamer durch, bis sie stoppt.

4.7 Der Startbildschirm in der Praxis

Der Startbildschirm erscheint standardmäßig nach dem Einschalten. Von hier aus rufen Sie die häufig benötigten Anwendungen auf.

❶❷ Mehrere Anwendungen sind standardmäßig auf dem Startbildschirm über sogenannte Schnellzugriffe (Verknüpfungen) aufrufbar. Tippen Sie einfach einen Schnellzugriff kurz an, um die entsprechende Anwendung zu starten. Im weiteren Verlauf dieses Buchs erfahren Sie, wie man Schnellzugriffe auf seine Lieblingsprogramme selbst anlegt.

Mit der ⬜-Taste unterhalb des Displays schalten Sie, egal, in welcher Anwendung Sie sich gerade befinden, wieder auf den Startbildschirm zurück.

❶❷ Alle weniger häufig benötigten Programme finden Sie im Hauptmenü, das Sie mit einer Wischgeste nach oben aktivieren.

❶ Über eine Wischgeste (mit angedrücktem Finger nach links ziehen) blättern Sie zwischen den Bildschirmen des Hauptmenüs. Dies ist allerdings erst möglich, wenn Sie bereits mehrere zusätzliche Programme auf dem Galaxy installiert haben, die dann nicht mehr auf eine einzelne Hauptbildschirmseite passen. Die ⌴-Taste bringt Sie wieder auf die erste Startseite zurück. Alternativ wischen Sie auf dem Startbildschirm nach rechts.

❷❸ Wischen Sie dagegen von der ersten Startseite nach rechts, gelangen Sie in die Nachrichtenansicht des Anbieters Flipboard.

4.8 Startbildschirm konfigurieren

Auf allen Bildschirmseiten des Startbildschirms lassen sich weitere Widgets und Verknüpfungen hinzufügen. Alternativ löschen Sie einfach diejenigen vorinstallierten Widgets, welche Sie nicht benötigen und legen an deren Stelle von Ihnen gewünschte an.

Grundlagen der Bedienung

4.8.1 Schnellzugriffe anlegen und verwalten

❶ So erstellen Sie einen Schnellzugriff im Startbildschirm: Wischen Sie zunächst im Startbildschirm nach oben, was das Hauptmenü aufruft.

❷ Tippen und Halten Sie nun den Finger für einige Sekunden über einer Anwendung, im Beispiel *Uhr*.

❸ Manchmal schaltet das Handy nicht automatisch auf den Startbildschirm um. Falls dies mal der Fall ist, ziehen Sie das Symbol mit dem Finger auf *Hierher ziehen, um Shortcut zum Startbildschirm hinzuzufügen*.

> Wenn Sie den Finger lange auf dem Programm-Symbol angedrückt lassen, wird ein Popup erscheinen. Lassen Sie sich davon aber nicht irritieren. Es ist dann weiterhin möglich, das Symbol zu verschieben.

❶ Das Galaxy schaltet auf den Startbildschirm um. Lassen Sie aber den Finger noch nicht los, sondern bewegen Sie den Finger an die Position, an der der Schnellzugriff positioniert werden soll. Lassen Sie dann den Finger los.

❷ Das Handy legt den Schnellzugriff an.

❸ Der Schnellzugriff lässt sich nun durch Antippen aufrufen.

> Während Sie das Programm-Symbol verschieben, »weichen« andere Objekte auf dem Bildschirm zur Seite aus.

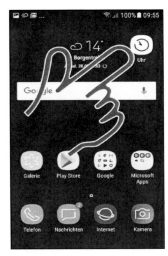 

❶❷ So löschen Sie eine Verknüpfung: Tippen und Halten Sie den Finger für einige Sekunden auf der Verknüpfung, bis ein kleines Popup erscheint. Lassen Sie den Finger los und tippen Sie im Popup auf *Verknüpfung entfernen*.

❶❷❸ Auch die Verknüpfungen am unteren Bildschirmrand lassen sich durch Herausziehen/Hereinziehen von Programmsymbolen ändern.

❶ Wenn Sie eine Verknüpfung halten und dann loslassen, erscheint ein Popup mit den Optionen:

- *Mehrere Elemente auswählen*: Markieren Sie anschließend durch kurzes Antippen diejenigen Verknüpfungen, welche Sie auf dem Bildschirm verschieben möchten. Anschließend tippen, halten und verschieben Sie mit dem Finger die Verknüpfungen.
- *Verknüpfung entfernen*: Löscht die Verknüpfung aus dem Startbildschirm.

Grundlagen der Bedienung

- *Deinstallieren*: Programm vom Handy löschen. Sie können gelöschte Programme jederzeit wieder erneut installieren (siehe Kapitel *27.1 Play Store*). Einige Programme lassen sich nicht deinstallieren, sondern nur deaktivieren, wovon wir abraten.
- *App-Info*: Die angezeigten Infos sind für Normal-Anwender uninteressant.
- *Zweite App installieren*: Dieser Menüpunkt erscheint nur bei sogenannten Chat-Anwendungen. Bei Anwendungen wie Snapchat oder Facebook Messenger können Sie darüber mehrere Benutzerkonten einrichten.

❷ Halten Sie dagegen den Finger über eine der vorinstallierten Anwendungen, so haben Sie im Popup einige andere Optionen:

- *Mehrere Elemente auswählen*: Markieren Sie anschließend durch kurzes Antippen diejenigen Verknüpfungen, welche Sie auf dem Bildschirm verschieben möchten. Anschließend tippen, halten und verschieben Sie mit dem Finger die Verknüpfungen.
- *Verknüpfung entfernen*: Löscht die Verknüpfung aus dem Startbildschirm.
- *Deaktivieren*: Blendet die Anwendung im Hauptmenü und Startbildschirm aus. Wichtige Anwendungen, die Sie unbedingt benötigen, beispielsweise die Nachrichten- oder Kamera-Anwendung, lassen sich nicht ausblenden.
- *App-Info*: Die angezeigten Infos sind für Normal-Anwender uninteressant.

4.8.2 Widgets

Widgets sind Anwendungen, die in einem kleinen Fenster auf dem Startbildschirm Informationen anzeigen, beziehungsweise den Zugriff auf Daten oder Funktionen des Handys ermöglichen.

Weitere nützliche Widgets können Sie über den Play Store, siehe Kapitel *27.1 Play Store,* herunterladen und installieren. Viele Anwendungen bringen auch ihre eigenen Startbildschirm-Widgets mit.

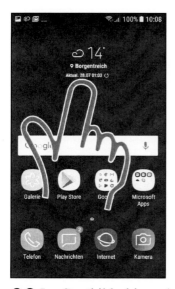 

❶❷ Im Startbildschirm sind bereits mehrere Widgets vorhanden: Im Beispiel *Wetter* und die *Google*-Suchleiste. Meist sind direkt in den Widgets bereits viele wichtige Funktionen über Schaltleisten erreichbar, je nach Widget kann man auch über eine Schaltleiste oder einfach Tippen ins Fenster eine dahinter stehende Anwendung starten.

Mit der ⤺-Taste unterhalb des Displays kehren Sie wieder auf den Startbildschirm zurück.

4.8.2.a Widget hinzufügen

❶ Tippen und halten Sie einen Finger auf einen freien Bildschirmbereich. Alternativ führen Sie eine Kneifgeste durch: Ziehen Sie dazu zwei gleichzeitig auf das Display gedrückte Finger, beispielsweise Zeigefinger und Daumen, zusammen.

❷ Hier aktivieren Sie *Widgets* (Pfeil).

 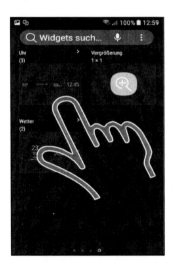 

❶ Wischen Sie nach rechts/links durch die Widget-Auflistung.

❷ Einige Widgets wie »Uhr« sind in einem Ordner zusammengefasst, was Sie am > hinter der Ordnerbezeichnung erkennen. Tippen Sie dann zuerst den Ordner an.

❸ Tippen und halten Sie nun das Widget, woraufhin das Galaxy zum Startbildschirm wechselt. Lassen Sie das Widget an der gewünschten Position los. Bei manchen Widgets werden dann noch einige Einstellungen abfragt.

Grundlagen der Bedienung

❶ Halten und ziehen Sie das Widget an die Wunschposition. Mit der ⤺-Taste unterhalb des Displays kehren Sie wieder auf den Startbildschirm zurück.

❷ Wie bereits im Kapitel *4.8.1 Schnellzugriffe anlegen und verwalten* bei den Verknüpfungen beschrieben, lässt sich ein Widget durch Tippen und Halten mit dem Finger selektieren und dann auf dem Bildschirm an eine andere Position platzieren oder durch Antippen von *Entfernen* im Popup wieder vom Bildschirm löschen.

4.8.2.b Widget entfernen

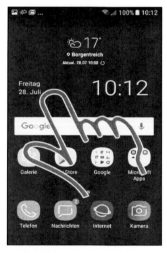 

❶❷ Tippen und halten Sie den Finger über dem Widget, bis das Popup erscheint. Gehen Sie dann auf *Entfernen*.

4.8.3 Ordner

❶❷ Im Hauptmenü und Startbildschirm sind einige Programme in den Ordnern *Samsung* (nur Hauptmenü), *Google* und *Microsoft Apps* zusammengefasst. Tippen Sie einen Ordner an, um die enthaltenen Programme anzuzeigen, die Sie dann durch Antippen aufrufen.

Zum Schließen des Ordners betätigen Sie die ⤺-Taste oder tippen in einen Bildschirmbereich außerhalb des Ordners.

4.8.4 Hintergrundbild

Das Hintergrundbild in Startbildschirm, Hauptmenü und Displaysperre können Sie frei einstellen. Wählen Sie zwischen eines der vorgegebenen Designs oder stellen Sie ein Foto ein, das Sie mit der Kamera-Anwendung erstellt haben.

❶ Führen Sie im Startbildschirm eine Kneifgeste durch (zwei Finger, beispielsweise Zeigefinger und Daumen, gleichzeitig auf das Display drücken und dann zusammenziehen).

❷ Gehen Sie auf *Hintergründe und Themes*.

❸ Beantworten Sie die Sicherheitsabfrage mit ZULASSEN.

Grundlagen der Bedienung

❶ Mit einer Wischgeste blättern Sie durch die vorhandenen Hintergrundbilder.

❷ Tippen Sie eines der Hintergrundbilder an.

❸ Wählen Sie die Verwendung aus:
- *Startbildschirm*
- *Sperrbildschirm*: Die Displaysperre, auf die das Handy sich nach einiger Zeit der Inaktivität umschaltet.
- *Start- und Sperrbildschirm*

❶ Betätigen Sie dann *ALS HINTERGRUND FESTLEGEN*.

❷ So sieht das neue Hintergrundbild aus.

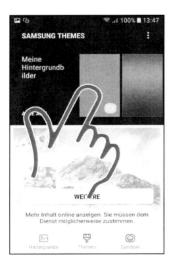 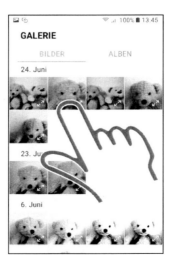 

❶ Möchten Sie dagegen ein Foto als Hintergrundbild einrichten, das Sie mit der eingebauten Kamera erstellt oder von einem anderen Gerät auf das Galaxy kopiert haben, dann gehen Sie auf das erste Vorschaubild (Pfeil).

❷ Tippen Sie eines der von Ihnen mit der Kamera erstellten Fotos an.

❸ Wählen Sie aus, ob das Bild im Start- und/oder Sperrbildschirm erscheinen soll und betätigen Sie *ALS HINTERGRUND FESTLEGEN*.

4.8.5 Titelleiste und Benachrichtigungsfeld

Wie bei fast allen Handys informieren auch beim Galaxy Symbole in der Titelleiste über den aktuellen Telefonstatus, verpasste Anrufe, den Status von WLAN, Bluetooth und vieles mehr.

❶ Beispiele für die Symbole in der Titelleiste am oberen rechten Bildschirmrand:

- 📶 : Internetverbindungen erfolgen über WLAN (die Balken zeigen die Senderstärke an).
- 📶 : Mobilfunk-Empfang (die Balken zeigen die Senderstärke an).
- 100% 🔋: Akkuladezustand.

❷ Bei besonderen Ereignissen, beispielsweise eingegangenen SMS, verpassten Anrufen oder anstehenden Terminen, erscheint ebenfalls ein entsprechendes Symbol (Pfeil). In unserem Beispiel handelt es sich um die abgeschlossene Installation eines Programms (✔) aus dem Google Play Store und einen verpassten Anruf (📞).

> In diesem Buch finden Sie, wo es sinnvoll ist, in den Kapiteln jeweils Hinweise darauf, welche Symbole in der Titelleiste erscheinen.

Grundlagen der Bedienung 37

❶ Um weitere Informationen, zum Beispiel über einen eingegangenen Anruf, zu erhalten, halten Sie Ihren Finger auf die Titelleiste und ziehen ihn nach unten.

❷❸ Es erscheint das Benachrichtigungsfeld, welches ausführliche Infos auflistet und durch Antippen die zugehörige Anwendung, im Beispiel die Anrufliste startet.

❶❷❸ Falls Sie sich gerade in einem Programm befinden, zeigt das Handy beim ersten Mal eventuell nur die Symbole in der Titelleiste an und erst beim zweiten Wischen öffnet sich das Benachrichtigungsfeld.

❶ Zum Löschen einer einzelnen Benachrichtigung tippen und halten Sie den Finger darauf und ziehen ihn nach links oder rechts. Die restlichen Einträge in der Benachrichtigungsliste rutschen dann nach oben.

❷ Die *ALLE LÖSCHEN*-Schaltleiste entfernt dagegen alle Benachrichtigungen in einem Rutsch.

4.8.6 Schaltleisten im Benachrichtigungsfeld

Viele wichtige Systemfunktionen steuern Sie über die Schaltleisten im Benachrichtigungsfeld. Tippen Sie eine Schaltleiste kurz an, so schalten Sie eine Funktion ein/aus.

Die Schaltleisten:

- 🛜 (*WLAN*): Verwaltet das WLAN. Siehe Kapitel *9 WLAN*.
- 🔊 *(Ton)*: Lautstärke ein/ausschalten.
- ✴ (*Bluetooth*): Steuert Bluetooth (für die Dateiübertragung per Funk an andere Handys oder Tablets).
- ↻ (*Bildschirm drehen*): Normalerweise passt sich die Bildschirmorientierung automatisch an die Geräteausrichtung an. Wenn Sie das Handy beispielsweise waagerecht halten, so wird automatisch auf eine waagerechte Anzeige umgeschaltet. Deaktivieren Sie *Bildschirm drehen,* wenn sich die Bildschirmorientierung nie ändern soll.
- ⚡ (*Taschenlampe*): LED-Leuchte auf der Vorderseite einschalten.
- ✈ (*Offline-Modus*): Alle Funkverbindungen (Telefonie, Mobilfunkinternet, WLAN und Bluetooth) ein/ausschalten (siehe Kapitel *5.6 Flugmodus (Offline-Modus)*).

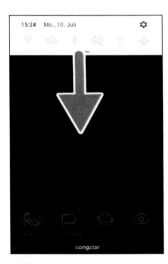 

❶❷ Weitere Schaltleisten aktiviert eine Wischgeste über den Schaltleisten nach unten:

- *Energie sparen*: Erhöht die Akkubetriebsdauer. Dabei reduziert das Handy die unter anderem die Displayhelligkeit und die Prozessorgeschwindigkeit (siehe Kapitel *33.10 Energiesparmodi*).
- *Mobile Daten*: Deaktivieren Sie *Mobile Daten*, damit das Handy keine Internetverbindung über das Mobilfunknetz aufbaut. Dies kann nötig sein, wenn Sie keinen Mobilfunkvertrag mit Internetflatrate nutzen (sogenannter Datenvertrag). Internetverbindungen

finden dann über das WLAN statt. Siehe auch Kapitel *8.2.2 Mobilfunk-Internet aktivieren/deaktivieren*.

- *Mobile Hotspot*: Stellt die Mobilfunkinternetverbindung anderen Geräten als WLAN-Zugangspunkt zur Verfügung.
- *Sicherer Ordner*: Schützt Ihre Daten vor fremden Zugriff. Siehe Kapitel *33.14 Sicherer Ordner*.
- *GPS*: Automatische GPS-Positionsermittlung.
- *Bitte nicht stören*: Schaltet zu bestimmten Tageszeiten die Benachrichtigungen aus. Siehe Kapitel *29.3 Ruhemodus*.

❶❷ Eine Schaltleiste blendet eine Wischgeste nach links ein:

- *Sync*: Alle Anwendungen können im Hintergrund aus dem Internet Daten laden beziehungsweise senden. Sie sollten diese Funktion nicht deaktivieren, weil das Galaxy sonst nicht wie gewohnt funktioniert.

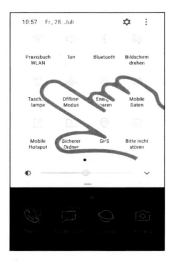 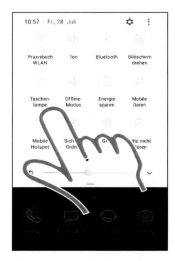 

❶ Antippen eines Symbols schaltet die dahinterstehende Funktion, hier die Taschenlampe (Kamera-LED) ein/aus.

❷❸ Durch Antippen des Schaltleistennamens (**unter** der jeweiligen Symbol-Schaltleiste) aktivieren Sie dagegen die zugehörigen Einstellungen. Im Beispiel der *Taschenlampe* stellen Sie hier die Helligkeit ein.

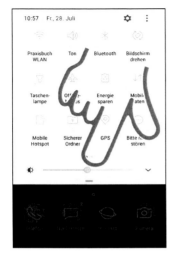 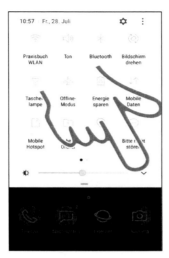 

❶ Die Displayhelligkeit legen Sie über den Regler unterhalb der Schaltleisten fest.

❷❸ Betätigen Sie ∨ für weitere Optionen:

- *Outdoor-Modus*: Erhöht die Displayhelligkeit für 15 Minuten, damit Sie auch im Freien bei hellem Sonnenlicht noch etwas auf dem Bildschirm erkennen. Bitte beachten Sie, dass dies die Akkubetriebsdauer erheblich reduziert.

- *Regler oben anzeigen*: Blendet den Helligkeitsregler oben statt unten im Benachrichtigungsfeld ein.

Schließen Sie Änderungen mit *FERTIG* ab.

4.9 Längs- und Querdarstellung

In manchen Situationen ist es sinnvoll, die Displaydarstellung zu drehen, beispielsweise, wenn Sie den Webbrowser nutzen. Dazu brauchen Sie nur das Gerät in Ihrer Hand zu drehen, denn über den Bewegungssensor weiß das Galaxy jederzeit, in welcher Position Sie das Gerät halten. In manchen Anwendungen stehen nach dem Drehen zusätzliche Bedienelemente zur Verfügung.

Damit das automatische Drehen funktioniert, müssen Sie ⊚ (*Bildschirm drehen*) im Benachrichtigungsfeld aktivieren (Pfeil).

❶❷ Beispiel: Galerie-Anwendung im Hochformat und wenn man das Gerät um 90 Grad dreht.

Auch für Eingaben über das Tastenfeld ist es mitunter sinnvoll, das Display zu drehen.

4.10 Menü

❶❷ In vielen Anwendungen – hier der Webbrowser – finden Sie zusätzliche Funktionen in einem Menü, das Sie über ein ⋮-Symbol aufrufen.

In diesem Buch finden Sie sehr häufig genaue Anweisungen, welchen Menüs Sie folgen müssen. ⋮/*Einstellungen/Anzeige* heißt zum Beispiel, dass Sie erst mit ⋮ das Menü aufrufen, dann auf *Einstellungen*, anschließend auf *Anzeige*, usw. gehen.

4.11 Die Einstellungen

Die *Einstellungen,* worin Sie alle wichtigen Parameter für die Bildschirmanzeige, die Signaltöne, Internetverbindungen, usw. konfigurieren, spielen eine wichtige Rolle in diesem Buch.

  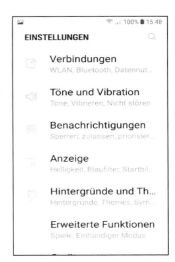

❶❷ Die *Einstellungen* finden Sie im Benachrichtigungsfeld unter ✿ (Pfeil) und im Hauptmenü unter *Einstellungen.*

❸ In diesem Buch gehen jeweils die einzelnen Kapitel bei Bedarf auf die Menüs in den *Einstellungen* ein.

4.12 Zuletzt genutzte Anwendungen

❶ Die zuletzt genutzten Programme erhalten Sie nach Betätigen der ☐-Taste unterhalb des Displays angezeigt. Rollen Sie mit einer Wischgeste durch die Programme und tippen Sie eines an, das Sie starten möchten.

❷ Ziehen Sie mit dem Finger einen Eintrag nach links oder rechts, um ihn aus der Liste zu entfernen. Wenn Sie alle Programme auf einmal schließen möchten, verwenden Sie die *ALLE BEENDEN*-Schaltleiste am unteren Bildschirmrand.

> Wie bereits erwähnt, bringt Sie ein kurzer Druck auf die ⬜-Taste wieder auf den Startbildschirm zurück, wenn Sie sich gerade in einer anderen Anwendung befinden.

4.13 Hauptmenü

❶ Es ist natürlich weder möglich, noch sinnvoll, alle auf dem Galaxy vorhandenen Anwendungen direkt im Startbildschirm einzublenden. Deshalb können Sie mit einer Wischgeste nach oben im Startbildschirm auf das Hauptmenü umschalten.

❷❸ Mit einer Wischgeste auf dem Bildschirm wechseln Sie zwischen den Seiten (nur möglich, sofern Sie mehrere weitere Programme auf dem Handy installiert haben).

4.14 Google-Suche

❶ Über die *Google*-Schaltleiste (Pfeil) starten Sie die globale Suche, mit der Sie alle Anwendungen, Termine, Kontakte, usw. durchsuchen.

❷ Beim ersten Aufruf wird zunächst Werbung für die Google Now (darauf geht später Kapitel *22.8 Google Now* ein) erscheinen, die Sie *JETZT STARTEN* schließen.

❸ Wischen Sie mehrmals durch die Hinweise und betätigen Sie *OK*.

❶❷ Tippen Sie gegebenenfalls oben ins Eingabefeld. Schon während der Eingabe eines Suchbegriffs werden passende Fundstellen, beispielsweise Wortvorschläge aus der Google-Suchmaschine und Kontakteinträge aus dem Telefonbuch, aufgelistet. Die eigentliche Suche starten Sie mit Q auf dem Tastenfeld (Pfeil).

❶❷ Blättern Sie mit einer Wischgeste durch die Suchergebnisse und tippen Sie eine Fundstelle an, um sie anzuzeigen.

❶ Rollen Sie dann mit dem Finger durch die Schaltleistenreihe am oberen Bildschirmrand und tippen Sie eine der Schaltleisten an.

❷ Beispiel für die Suchergebnisse nach Betätigen von *BÜCHER*.

Grundlagen der Bedienung

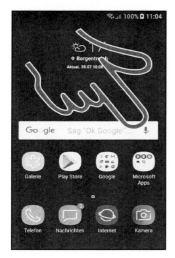  

❶ Eine Besonderheit verbirgt sich hinter der 🎤-Schaltleiste (Pfeil): Sie können dann einfach einen oder mehrere Begriffe sprechen, nach denen Google anschließend im Internet sucht.

> Die Sprachsteuerung geht sogar noch einfacher: Sofern Sie sich im Startbildschirm befinden, sprechen Sie einfach »*Okay Google*«, worauf das Handy Ihren Sprachbefehl erwartet.
>
> Weitere Spracheingabefunktionen stellt Kapitel *21 Google Assistant* vor.

4.15 Medienlautstärke und Signaltöne

 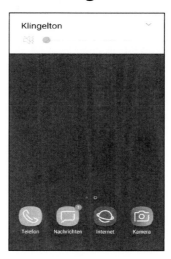 

❶ Über die Lautstärketasten auf der linken Geräteseite beeinflussen Sie die Klingeltonlautstärke.

❷ Wenn Sie die Lautstärke gegen null reduzieren, schalten Sie das Gerät in den Vibrationsmodus (Lautsprecher ist deaktiviert).

❸ Ein Symbol (Pfeil) in der Titelleiste informiert über den aktiven Vibrationsmodus.

 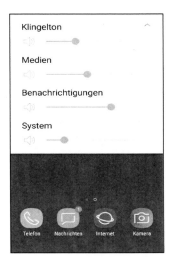

❶ Um die Lautstärke für Medienwiedergabe, Benachrichtigungstöne, usw. zu ändern, tippen Sie ∨ (Pfeil) an.

❷ Neben der Klingeltonlautstärke ändern Sie hiermit:

- *Medien*: Stellt die Lautstärke bei Multimedia-Anwendungen, beispielsweise von MP3-Player, YouTube-Player oder Spielen ein. Wenn gerade eine Multimedia-Anwendung läuft, können Sie dafür aber auch einfach die Lautstärketasten auf der Geräteseite verwenden (der Klingelton bleibt davon unbeeinflusst).
- *Benachrichtigungen*: Signalton für empfangene SMS und E-Mails.
- *System*: Lautstärke der Systemmeldungen.

4.15.1 Signaltöne

 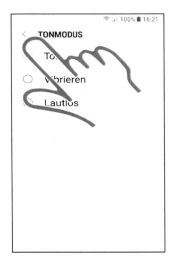 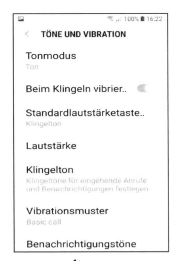

❶ Aktivieren Sie das Benachrichtigungsfeld, dann tippen und halten Sie die ⏶⏵-Schaltleiste.

❷ Betätigen Sie die ❮-Schaltleiste oben links.

❸ Die Optionen:

- *Tonmodus*: Schaltet um zwischen *Ton* (Signale und Klingeltöne eingeschaltet), *Vibrieren* und *Lautlos*.
- *Beim Klingeln vibrieren*: Bei eingehenden Anrufen erfolgt eine Vibration.
- *Standardlautstärkentastensteuerung*: Wählen Sie aus, ob die Lautstärketasten die Klingeltonlautstärke oder die Medienlautstärke regeln.
- *Lautstärke*: Ändert die Lautstärke:
  - *Klingelton*

Grundlagen der Bedienung

- *Medien*: Stellt die Lautstärke bei Multimedia-Anwendungen, beispielsweise von Play Musik, YouTube oder Spielen ein. Wenn gerade eine Multimedia-Anwendung läuft, können Sie dafür aber auch einfach die Lautstärketasten auf der rechten Geräteseite verwenden (der Klingelton bleibt davon unbeeinflusst).
- *Benachrichtigungen*: Für empfangene SMS und E-Mails.
- *System*: Steuert die Lautstärke der Systemmeldungen.

- *Lautstärke*: Die Lautstärke können Sie einfacher über die Lautstärketasten auf der rechten Geräteseite ändern.
- *Klingelton*: Klingelton bei eingehenden Anrufen festlegen.
- *Vibrationsmuster*: Sofern Sie oben die Option *Beim Klingeln vibrieren* aktiviert haben wählen Sie hier zwischen verschiedenen Vibrationsarten.
- *Benachrichtigungstöne*: Sie legen im Menü die Signaltöne für Benachrichtigungen, Nachrichten (SMS) oder Kalender fest.
- *Nicht stören*: Auf diese Funktion, welche zu bestimmten Zeiten alle Benachrichtigungen deaktiviert, geht Kapitel *29.3 Ruhemodus* ein.

Unter *SYSTEM*:

- *Berührungstöne*: Diese hört man beim Antippen des Bildschirms.
- *Bildschirmsperr-Sounds*: Signalton beim Aktivieren/Deaktivieren der Displaysperre.
- *Ladeton:* Signalton, der auf den erfolgreichen Anschluss per USB-Kabel an den PC oder ein Netzteil hinweist.

Unter *TASTENFEEDBACK:*

- *Wähltastaturtöne*: Wenn Sie das Tastenfeld in der Telefon-Anwendung (siehe Kapitel *5 Telefonie*) nutzen, hören Sie jeweils einen Klickton.
- *Tastaturton*: Klickton, wenn Sie das Standard-Tastenfeld (siehe Kapitel *34.1 Samsung-Tastenfeld*) verwenden.
- *Tastaturvibration*: Betätigen des Tastenfelds wird mit einer Vibration bestätigt.

Unter *ERWEITERT:*

- *Tonqualität und Effekte*: Ruft den Equalizer auf, in dem Sie die Lautstärke des rechten und linken Lautsprechers am Tablet, sowie verschiedene Effekte steuern. Bitte beachten Sie, dass einige Einstellungen sich nur auf ein angeschlossenes Headset auswirken.

Falls Sie eigene MP3-Songs als Klingel- und Benachrichtigungstöne verwenden möchten, beachten Sie bitte Kapitel *33.1 Eigene Klingel- und Benachrichtigungstöne*.

4.16 Das Ausklappmenü

Ähnlich wie auf einem Windows PC haben auch auf dem Handy praktisch alle Programme damit zu kämpfen, die verfügbaren Funktionen in einer übersichtlichen Form bereitzustellen. Unter Windows hat sich dafür die Menüleiste eingebürgert. Weil auf dem Handy dagegen nur extrem wenig Bildschirmfläche verfügbar ist, nutzen die Anwendungen hier häufig das sogenannte Ausklappmenü.

  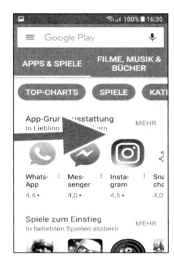

❶ Starten Sie zum Beispiel den *Play Store* aus dem Startbildschirm (Pfeil) oder Hauptmenü.

❷ Das Ausklappmenü rufen Sie entweder mit einem Antippen der ≡-Schaltleiste oben links (Pfeil) auf...

❸ ... oder Sie führen mit dem Finger eine Wischgeste von links außerhalb des Displays nach rechts durch.

So schließen Sie das Ausklappmenü:

- Wählen Sie einen Menüpunkt aus.
- Wischen Sie von rechts nach links in das Ausklappmenü.
- Betätigen Sie die ⬅-Taste unterhalb des Displays.

4.17 Aktionen zulassen

Bei vielen der vorinstallierten Anwendungen auf dem Galaxy Tab erscheint früher oder später ein Dialog, der Sie nach Ihrer Genehmigung fragt, eine Aktion durchführen zu dürfen.

Im Beispiel benötigt ein Programm die Erlaubnis, auf Ihren Gerätespeicher zuzugreifen.

Bitte antworten Sie **immer** mit ZULASSEN beziehungsweise AKTIVIEREN. Andernfalls steht die betreffende Funktion im Programm nicht zur Verfügung. Manche Anwendungen beenden sich auch einfach, wenn Sie die Genehmigung verweigern.

4.18 Kurzanleitungen

Lösen Sie eine Funktion auf dem Handy zum ersten Mal aus, so zeigt das Handy eine kurze Anleitung an. Dies geschieht aber nur einmalig.

❶❷ Wenn Sie beispielsweise die ▭-Taste zum ersten Mal betätigen, erscheint eine auf zwei Bildschirmseiten verteilte Beschreibung, die Sie mit *Weiter* beziehungsweise *OK* schließen. Häufig können Sie auch die ↶-Taste unterhalb des Displays betätigen, um die Hinweise zu schließen.

5. Telefonie

Die Bedienungsführung des Handys ist so aufgebaut, dass Sie mit wenig Aufwand einen Kontakt anrufen können.

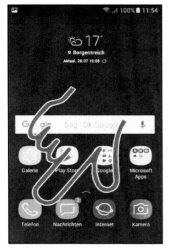 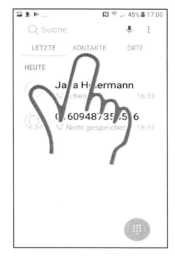 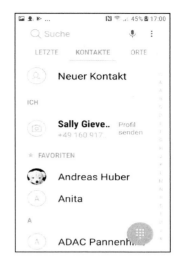

❶ Die Telefonoberfläche rufen Sie im Startbildschirm mit der *Telefon*-Schaltleiste am unteren Bildschirmrand auf.

❷ Über die Register am oberen Bildschirmrand (Pfeil) schalten Sie um zwischen:

- *LETZTE*: Auflistung aller ein- und ausgegangenen Anrufe. Siehe Kapitel *5.5 Anrufliste (Protokoll)*.
- *KONTAKTE*: Listet alle Kontakte aus dem Telefonbuch (siehe Kapitel *7 Telefonbuch*) auf.
- *ORTE*: Suchen Sie nach Unternehmen oder Personen in einem von Samsung bereitgestelltem Telefonbuch.

  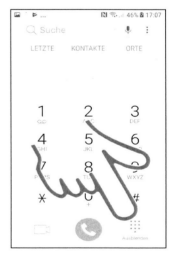

❶❷ Das Tastenfeld aktivieren Sie jederzeit über die ⸬-Schaltleiste (Pfeil).

❸ *Ausblenden* (Pfeil) blendet das Tastenfeld wieder aus.

5.1 Anruf durchführen

❶ Geben Sie jetzt die anzurufende Nummer über das virtuelle Tastenfeld auf dem Display ein. Mit der ☎-Schaltleiste wählen Sie die Nummer an.

❷ Sofern im Telefonbuch bereits Kontakte vorhanden sind, welche die eingegebene Rufnummer enthalten, listet sie das Galaxy auf. Mit einer Wischgeste oder Antippen der *Ausblenden*-Schaltleiste blenden Sie das Tastenfeld aus, um die Fundstellenliste anzuzeigen.

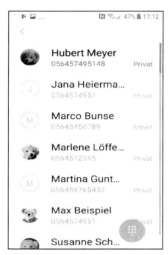 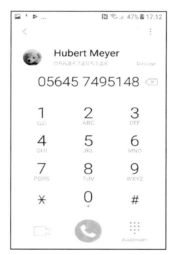

❶❷ Nach Antippen einer Fundstelle erscheint die zugehörige Rufnummer in der Telefonoberfläche.

❶❷ Betätigen Sie die ☎-Schaltleiste, um die Anwahl zu starten.

Wenn Sie das Handy an Ihr Ohr halten, schaltet sich das Display automatisch aus, damit keine Fehleingaben entstehen können. Dafür zuständig ist ein Näherungssensor, welcher sich oben neben dem Lautsprecher befindet.

5.1.1 Suche

Auch eine direkte Namenssuche ist möglich. Tippen Sie dafür die Nummern ein, die den Buchstaben entsprechen (»2«=a, b, c; »3«=d, e, f; usw.). Betätigen Sie ⊗ neben dem Eingabefeld, um eine Fehleingabe zu löschen.

5.1.2 Letzte Rufnummer wählen

 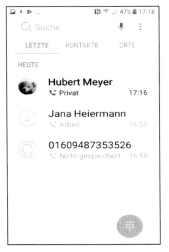 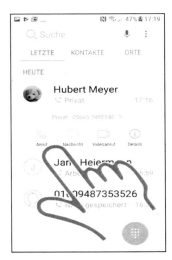

❶ Betätigen Sie die ☏-Schaltleiste am unteren Bildschirmrand oder aktivieren Sie das *LETZTE*-Register (Pfeil).

❷❸ Die zuletzt angewählte Rufnummer erscheint automatisch als Erste in der Liste. Tippen Sie sie an für ein Menü, worin Sie die Anwahl mit *Anruf* (Pfeil) durchführen können.

5.1.3 Funktionen während eines Gesprächs

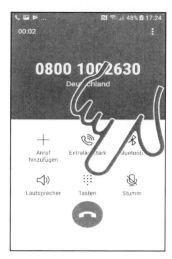 

❶❷ Während des Gesprächs zeigt das Handy die angewählte Rufnummer beziehungsweise den Kontakt an. Betätigen Sie die *Tasten*-Schaltleiste (Pfeil), um das Tastenfeld zu aktivieren, was sinnvoll ist, wenn Sie DTMF (Tonwahl)-Töne benötigen, zum Beispiel für die Bedienung eines Anrufbeantworters oder einer Tonwahl-gesteuerten Service-Hotline.

❶ Interessant ist die Möglichkeit, jederzeit während eines aktiven Gesprächs eine andere Anwendung zu nutzen. Dazu betätigen Sie die ⬜-Taste für den Startbildschirm. Sie können dann, wie gewohnt, diverse Anwendungen auf dem Galaxy starten, während das Gespräch im Hintergrund läuft. Die grün gefärbte Titelleiste (Pfeil) weist auf die bestehende Gesprächsverbindung hin.

❷ Den aktiven Anruf steuern Sie über das Benachrichtigungsfeld (siehe Kapitel *4.8.5 Titelleiste und Benachrichtigungsfeld*). Tippen Sie dort auf die Rufnummer, um den Anruf in der Telefonoberfläche anzuzeigen.

❶ Weitere Funktionen während eines Gesprächs:

- *Anruf hinzufügen.*: Weiteren Kontakt oder Rufnummer anrufen, während der aktuelle Anruf gehalten wird. Später können Sie entweder zwischen den Gesprächsteilnehmern hin- und herschalten oder eine Telefonkonferenz abhalten. Diese Funktion ist nur mit Handy-Verträgen nutzbar, die das sogenannte »Anklopfen«-Dienstmerkmal unterstützen.
- *Extralautstärke*: Hörerlautstärke verstärken.
- *Bluetooth*: Angeschlossenes Bluetooth-Headset aktivieren/deaktivieren.
- *Lautsprecher*: Freisprechen aktivieren.
- *Tasten*: Aktiviert das Tastenfeld, über das man DTMF-Töne erzeugt, beispielsweise zur Fernbedienung eines Anrufbeantworters.
- *Stumm*: Deaktiviert/aktiviert das Mikrofon, wobei man weiter hört, was der Gesprächsteilnehmer von sich gibt.

❷❸ Das ⋮-Menü:

- *Halten*: Der Gesprächsteilnehmer wird in eine Warteschleife des Netzbetreibers versetzt und hört dort eine Halte-Ansage.
- *Zu Kontakten hinzufügen*: Die Rufnummer einem Kontakt im Telefonbuch (siehe Kapitel *7 Telefonbuch*) hinzufügen oder einen neuen Kontakt erstellen.
- *Nachricht senden*: Eine SMS (siehe Kapitel *6 Nachrichten (SMS)*) an den Kontakt senden.

5.1.3.a Hörerlautstärke

Während eines Gesprächs können Sie die Hörerlautstärke an Ihre Bedürfnisse anpassen. Drücken Sie einfach auf der linken Geräteseite die Tasten Lautstärke-hoch/runter.

5.1.4 Anruf aus dem Telefonbuch

❶ Rufen Sie die Kontaktauflistung über *KONTAKTE* (Pfeil) auf.

❷ Tippen Sie einen Kontaktnamen an.

❸ Die Schaltleisten werden eingeblendet. Darüber zeigt das Handy die Rufnummer an, die angewählt wird, sobald Sie die *Anruf*-Schaltleiste (Pfeil) betätigen.

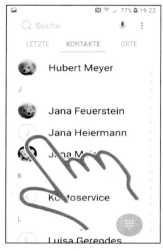 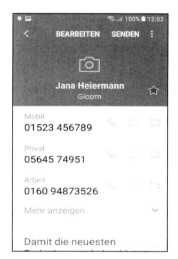

❶❷ Häufig hat ein Kontakt mehrere Rufnummern. Antippen des runden Symbols (Pfeil) öffnet dann die Kontaktdetails. Tippen Sie darin auf die anzuwählende Rufnummer (Pfeil).

> Das Telefonbuch beschreibt bereits Kapitel *7 Telefonbuch*.

 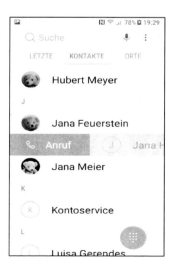

❶❷ Auch durch Ziehen des Fingers von links nach rechts auf einem Kontakt können Sie die Anwahl starten.

> Angewählt wird in diesem Fall die »Standardnummer«, welche das nachfolgende Kapitel beschreibt.

5.1.5 Die Standardnummer

Wenn Sie eine Rufnummer, beziehungsweise einen Namen, in der Telefonoberfläche eingeben, zeigt das Samsung Galaxy immer die sogenannte »Standardnummer« bei den im Telefonbuch gefundenen Kontakten an. Andere Rufnummern werden dagegen nicht berücksichtigt.

Beispiel: Der gefundene Kontakt *Hubert Meyer* besitzt mehrere Rufnummern, es wird aber nur die Standardnummer angezeigt.

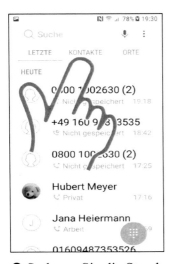  

❶ So legen Sie die Standardnummer fest: Aktivieren Sie das *KONTAKTE*-Register.

❷ Den Namen des Kontakts, dessen Standardnummer Sie festlegen möchten, tippen Sie an.

❸ Die grün angezeigte Rufnummer ist die Standardnummer. Tippen Sie sie an.

Telefonie

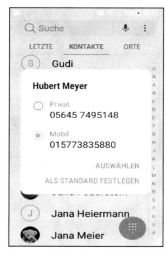 

❶ Markieren Sie die gewünschte Standardnummer im Popup und gehen Sie auf *ALS STANDARD FESTLEGEN*.

❷ Die Standardnummer wird nun im ausgewählten Kontakt angezeigt (Pfeil).

5.2 Kurzwahlen

Wenn man bestimmte Rufnummern häufig anwählt, ist es umständlich, sie jeweils immer von Hand einzugeben oder in der Kontaktverwaltung zu suchen. Deshalb gibt es die Kurzwahlen, bei denen man eine der Zahlen von 2 bis 9 mit einer Rufnummer belegt. Man braucht zur Anwahl dann nur noch beispielsweise als Kurzwahl die »2« einzugeben.

5.2.1 Kurzwahl erstellen

❶ Aktivieren Sie in der Telefonoberfläche oder im *KONTAKTE*-Register ⋮/*Kurzwahl*.

❷ Geben Sie die Anfangsbuchstaben eines Kontakts aus dem Telefonbuch an, worauf das Handy Ihnen Vorschläge macht. Wählen Sie davon einen aus.

❸ Die Kurzwahl ist damit erstellt. Über die Minus-Schaltleiste hinter dem Kurzwahleintrag löschen Sie diese bei Bedarf wieder.

Die Kurzwahl »1« ist bereits für die Mailbox, siehe Kapitel *5.3 Mobilbox abrufen*, reserviert.

❶❷ Normalerweise gibt Ihnen das Handy die zu belegende Kurzwahl vor. Über das Auswahlmenü (Pfeil) ist es aber auch möglich, die Kurzwahl selbst einzustellen.

 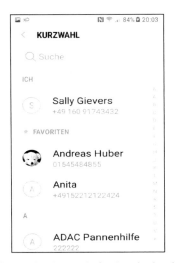

❶❷ Über die ⌕-Schaltleiste öffnen Sie das Telefonbuch, in dem Sie einen Kontakt auswählen.

❶❷ So nutzen Sie die Kurzwahlen:

- Drücken und halten Sie die Kurzwahlnummer, worauf sofort die Anwahl startet.
- Bei mehrstelligen Kurzwahlen drücken und halten Sie die letzte Ziffer, bis die Anwahl durchgeführt wird. Beispielsweise würden Sie für die Kurzwahl 123 die ersten beiden Ziffern eingeben und dann die »3« gedrückt halten.

Telefonie

5.3 Mobilbox abrufen

Die Mobilnetzbetreiber bieten jedem Kunden eine »Mailbox« an, in der Anrufer wie auf einem Anrufbeantworter ihre Nachrichten hinterlassen können. Zum Abruf der Nachrichten wählen Sie entweder auf der Telefonoberfläche die Mailboxnummer, oder Sie nutzen die vom Handy angebotene Abruffunktion.

Zum Abruf der Mailbox tippen und halten Sie die »1«-Taste auf dem Telefontastenfeld, bis die Anwahl erfolgt.

> Die Mailbox ist auf der Kurzwahl »1« vordefiniert. Normalerweise wird die Mailbox-Rufnummer korrekt eingerichtet, wenn Sie eine neue SIM-Karte einlegen und die automatisch erscheinende Konfigurationsaufforderung bestätigen. Falls Sie dennoch eine andere Mailboxrufnummer eintragen möchten, lesen Sie bitte im Kapitel *5.9.13 Mailboxeinstellungen* weiter.

5.4 Anruf annehmen

Wenn ein Anruf eingeht, gibt es drei mögliche Anzeigen:

- Rufnummer ist nicht im Telefonbuch vorhanden: Das Handy zeigt nur die Rufnummer an (❶).
- Rufnummer ist im Telefonbuch vorhanden: Das Handy zeigt den Kontaktnamen und die Rufnummer an (❷).
- Rufnummernübermittlung ist beim Anrufer deaktiviert: Das Handy meldet »*Private Nummer*« (❸).

Beachten Sie bitte eine Besonderheit: Wenn gerade ein Programm läuft, erscheint kein Anrufbildschirm, sondern ein Popup. Über die Schaltleisten können Sie dann den Anruf beantworten oder ablehnen.

❶❷ Zum Annehmen eines Gesprächs ziehen Sie die grüne ☎-Schaltleiste mit angedrücktem Finger nach rechts. Während eines Gesprächs stehen die gleichen Funktionen zur Verfügung, die bereits im Kapitel *5.1.3 Funktionen während eines Gesprächs* vorgestellt wurden.

❶ Umgekehrt ziehen Sie die rote ☎-Schaltleiste nach links, um einen Anruf zu blocken. Der geblockte Anruf landet trotzdem in der Anrufverlauf-Liste, sodass sie ihn später zurückrufen können. Siehe auch Kapitel *5.5 Anrufliste*.

❷ Wenn Sie mal einen Anruf verpasst haben, erscheint oben in der Titelleiste ein ☎-Symbol (Pfeil). Dieses ist solange dort sichtbar, bis Sie die Anrufliste aufrufen. Eine Zahl beim *Telefon*-Schaltleiste informiert zudem über die Anzahl der verpassten Anrufe.

❶❷ Ist das Display ausgeschaltet, beziehungsweise die Displaysperre aktiv, weist das Handy ebenfalls auf den verpassten Anruf hin. Zur Anzeige des Anrufprotokolls tippen Sie kurz darauf, anschließend führen Sie darunter eine Wischgeste in beliebiger Richtung durch.

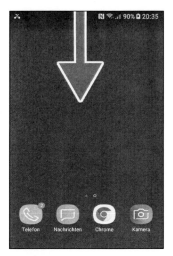  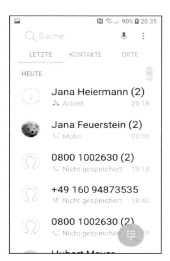

❶❷❸ Weitere Infos zum verpassten Anruf erhalten Sie, indem Sie das Benachrichtigungsfeld öffnen (Siehe *4.8.5 Titelleiste und Benachrichtigungsfeld)*. Tippen Sie den Listeneintrag an, um die Anrufliste anzuzeigen.

Einen Anruf, den Sie nicht entgegennehmen, beziehungsweise blocken, erscheint trotzdem in der Anrufverlauf-Liste, die Kapitel *5.5 Anrufliste* beschreibt.

Betätigen der Lautstärke-leiser-Taste auf der linken Geräteseite schaltet einen eingehenden Anruf stumm.

5.4.1 Anruf mit Mitteilung beantworten

Nicht immer ist es möglich, einen eingehenden Anrufer sofort entgegenzunehmen. Für solche Fälle bietet das Handy die Option, dem Anrufer eine SMS zu schicken.

❶ Ziehen Sie den Schieber am unteren Bildschirmrand nach oben.

❷ Es sind bereits einige Texte vorgegeben, von dem Sie einen auswählen. Der Anruf wird nun geblockt und die SMS verschickt.

Falls Sie den Inhalt der SMS selbst eingeben möchten, betätigen Sie *Neue Nachricht verfassen*, worauf die Nachrichten-Anwendung startet und eine neue SMS an den Anrufer erstellt.

❶❷ Die vorgegebenen Textvorlagen lassen sich editieren. Gehen Sie dafür in der Telefonoberfläche auf ⋮/*Einstellungen/Schnellnachrichten zum Ablehnen*.

 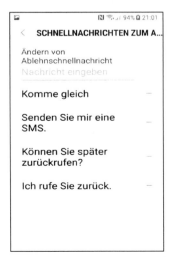

❶❷ Erfassen Sie einen Ablehnungstext und betätigen Sie ✚. Es bietet sich an, weitere Texte für verschiedenste Situationen anzulegen.

Telefonie

> Falls Ihnen ein Text nicht mehr gefällt, tippen Sie ihn einfach in der Auflistung an, worauf er im Editor angezeigt wird. Sie können maximal sechs verschiedene Texte erstellen.

5.4.2 Klingelton und Klingeltonlautstärke

❶ Die Klingeltonlautstärke ändern Sie ganz einfach über die Lautstärketasten auf der linken Geräteseite.

❷ Wenn Sie bereits die niedrigste Lautstärke eingestellt hatten und trotzdem weiter die Lautstärke-runter-Taste drücken, schaltet das Handy auf Vibration (eingehende Anrufe merken Sie dann am Vibrieren des Geräts).

> Ein Symbol informiert in der Titelleiste über den deaktivierten Klingelton.

 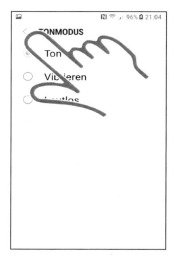

❶ Aktivieren Sie das Benachrichtigungsfeld, dann tippen und halten Sie die ◁)-Schaltleiste.

❷ Betätigen Sie die ‹-Schaltleiste oben links (Pfeil).

  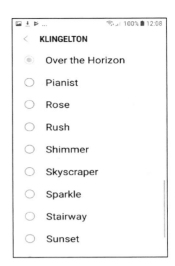

❶❷❸ Rufen Sie *Klingelton/Klingelton* auf und wählen Sie einen der vorgegebenen Klingeltöne aus.

> Falls Sie eigene MP3-Songs als Klingel- und Benachrichtigungstöne verwenden möchten, beachten Sie bitte Kapitel *33.1 Eigene Klingel- und Benachrichtigungstöne*.
>
> Sie können auch jedem Kontakt einen eigenen Klingelton zuweisen, der dann statt dem Standard-Klingelton vom Handy verwendet wird. Siehe dazu Kapitel *7.5 Kontaktfoto und Klingelton*.

5.5 Anrufliste (Protokoll)

In der Anrufliste legt das Handy alle ein- und ausgegangenen Anrufe, auch die nicht entgegengenommenen, ab.

5.5.1 Anrufliste in der Telefonoberfläche

 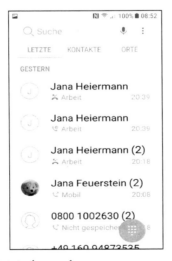

❶❷ Die Anrufliste zeigt die zuletzt ein- und ausgegangenen, sowie verpassten Gespräche an. Sie aktivieren sie über das *LETZTE*-Register (Pfeil) in der Telefonoberfläche.

5.5.2 Anzeige verpasster Anrufe

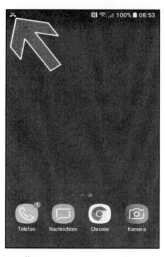  

❶ Über verpasste oder von Ihnen geblockte Anrufe informiert ein ✕-Symbol oben in der Titelleiste (Pfeil). Das Symbol bleibt solange sichtbar, bis Sie die Anrufliste aktivieren.

❷ Weitere Infos über den verpassten Anrufer erhalten Sie, indem Sie das Benachrichtigungsfeld öffnen (siehe Kapitel *4.8.5 Titelleiste und Benachrichtigungsfeld*). Tippen Sie den Listeneintrag an, um die Anrufliste anzuzeigen.

❸ Ein kleines Symbol informiert bei jedem Listeneintrag, welche Aktion stattgefunden hat:

    Eingehender Anruf, der angenommen wurde.
    Eingehender Anruf, der nicht angenommen wurde.
    Ausgehender Anruf.
    Von Ihnen geblockter Anruf.

5.5.3 Funktionen in der Anrufliste

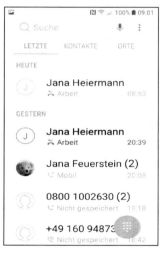 

❶❷ Tippen Sie einen Namen an für die folgenden Schaltleisten:

- *Anruf*: Kontakt anrufen.
- *Nachricht*: SMS schreiben.
- *Videoanruf*: Videotelefonat führen. Wegen der damit verbundenen hohen Kosten gehen wir in diesem Buch nicht näher darauf ein.
- *Details*: Kontaktdetails anzeigen (nur wenn sich die Rufnummer im Telefonbuch befindet).

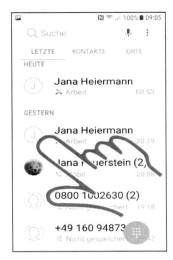  

❶ Antippen des Kontaktsymbols (Pfeil) öffnet dagegen die Kontaktdetails.

❷❸ Mit einer Wischgeste rollen Sie durch die Kontaktdaten. Die *ZULASSEN*-Schaltleiste betätigen Sie und schließen die folgenden Dialoge ebenfalls mit *ZULASSEN*. Sie gestatten damit dem Handy, Kalendertermine und SMS, die den Kontakt betreffen, in den Kontaktdetails anzuzeigen.

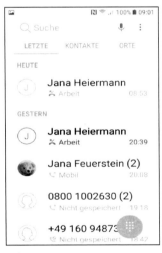 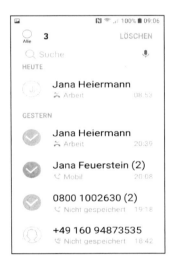

❶❷ Tippen und halten Sie den Finger über einem Listeneintrag, worauf der Markierungsmodus aktiviert wird. Sie können dann weitere Listeneinträge durch Antippen markieren und mit *LÖSCHEN* am oberen Bildschirmrand die markierten Einträge aus dem Anrufprotokoll entfernen.

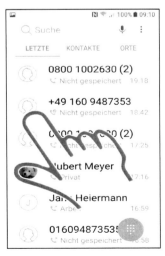 

❶❷ Haben Sie das Kontaktsymbol einer noch nicht im Telefonbuch vorhandener Rufnummer angetippt, so sind zwei Schaltleisten verfügbar: Mit *NEUER KONTAKT* (Pfeil) beziehungsweise *VORHANDENE AKTUALISIEREN* übernehmen Sie die Rufnummer ins Telefonbuch.

5.5.4 Weitere Anzeigen

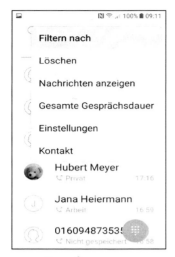 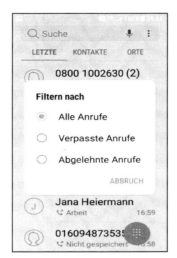

❶❷ Über ⋮/*Filtern nach* schränken Sie die angezeigten Einträge auf verpasste oder abgelehnte Anrufe ein.

 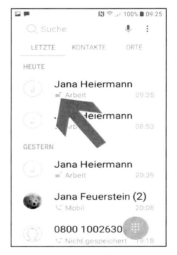

❶❷ ⋮/*Nachrichten anzeigen* blendet in der Auflistung auch alle empfangenen SMS ein. Sie erkennen diese am ▪-Symbol.

5.6 Flugmodus (Offline-Modus)

In manchen Umgebungen, zum Beispiel Flugzeugen und Krankenhäusern, ist der Einsatz eines Handys untersagt. Für diesen Fall können Sie die Telefon-Funktionalität deaktivieren. Im Flugmodus sind neben dem Telefon, auch WLAN und Bluetooth deaktiviert.

❶ Öffnen Sie das Benachrichtigungsfeld und betätigen Sie darin die ✈-Schaltleiste.

❷ Ein ✈-Symbol macht auf den aktiven Flugzeugmodus in der Titelleiste aufmerksam (Pfeil). Erneutes Betätigen der *Offline-Modus*-Schaltleiste im Benachrichtigungsfeld schaltet den Mobilfunk wieder ein.

> Für den Netzbetreiber erscheint der Flugzeugmodus technisch so, als ob Sie Ihr Handy ausgeschaltet haben.

5.7 Orte

Die Orte-Funktion listet Shopping- und Freizeitaktivitäten, Restaurants, Hotels, usw. in der Nähe Ihres Standorts auf.

> Auch Google Maps liefert Infos zu diversen Unternehmen und Freizeitmöglichkeiten auf. Siehe dazu Kapitel *15.8 Google Local*.

  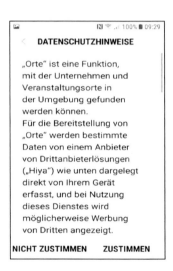

❶ Aktivieren Sie das *ORTE*-Register.

❷❸ Betätigen Sie *STARTEN* und schließen Sie den folgenden Bildschirm mit *ZUSTIMMEN* und das Popup mit *ZULASSEN*.

 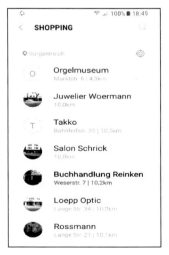 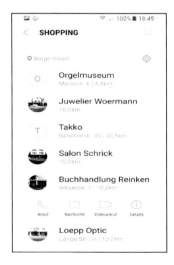

❶ Wählen Sie eines der Angebote, im Beispiel *Shopping* aus.

❷ Das Handy listet nun alle Unternehmen in der Umgebung auf, wovon Sie eines auswählen.

❸ Wahlweise rufen Sie das Unternehmen an, senden eine Nachricht oder zeigen mit *Details* weitere Infos an.

5.8 Unerwünschte Anrufer blockieren (Sperrliste)

Wer kennt es nicht? Immer wieder stören gewisse Leute mit ihren Anrufen... Damit Sie dauerhafte Ruhe finden, unterstützt das Galaxy eine Anrufer-Sperrliste (»Blacklist«).

❶❷ Gehen Sie in der Telefonoberfläche auf ⋮/*Einstellungen/Nummern sperren*

❶ Geben Sie nun die zu blockierende Nummer ein und betätigen Sie +. Alternativ lassen sich auch mit der ☖-Schaltleiste Nummern aus dem Telefonbuch entnehmen.

❷ Entfernen von Rufnummern erfolgt jeweils mit der Minus-Schaltleiste (betätigen Sie eventuell vorher die ⊃-Taste, um das Tastenfeld auszublenden).

Das Handy sperrt automatisch auch den Empfang von SMS von Rufnummern, die Sie hier blockieren.

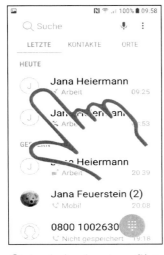 

❶ Auch in der Anrufliste (siehe Kapitel *5.5 Anrufliste (Protokoll)*) lassen sich Anrufer in die Sperrliste übernehmen: Tippen Sie dort ein Kontaktsymbol (Pfeil) an, worauf die Anrufdetails angezeigt werden.

❷ Rufen Sie ⋮/*Kontakt blockieren* auf (⋮/*Kontaktblock. Aufheben* deaktiviert bei Bedarf die Anrufsperre für den Kontakt wieder).

In der Anrufliste erkennen Sie automatisch durch die Sperrliste geblockte Anrufe am ⊘-Symbol (Pfeil).

5.9 Anrufeinstellungen

In den Anrufeinstellungen finden Sie viele Funktionen, die meist nur selten benötigt werden, trotzdem aber sehr nützlich sein können.

 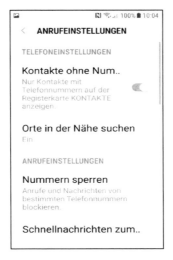

❶❷ Gehen Sie in ⋮/*Einstellungen*.

5.9.1 Kontakte ohne Nummern ausblenden

◆ *Einstellungen/Kontakte ohne Nummern ausblenden*

Da es wenig Sinn macht, im *KONTAKTE*-Register Kontakte ohne Rufnummer anzuzeigen, blendet sie das Handy automatisch aus.

5.9.2 Orte in der Nähe suchen

◆ *Einstellungen/Orte in der Nähe suchen*

 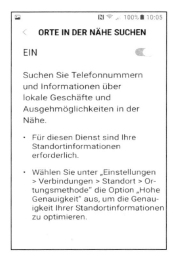

❶❷ *Orte in der Nähe suchen* schaltet die Ortssuche im *ORTE*-Register (siehe Kapitel *5.7 Orte*) ein/aus.

5.9.3 Anruf ablehnen

◆ *Einstellungen/Nummern sperren*

❶❷ Hiermit blockieren Sie unerwünschte Anrufer und SMS (siehe Kapitel *5.8 Unerwünschte Anrufer blockieren (Sperrliste)*).

5.9.4 Kurznachrichten zum Ablehnen

◆ *Einstellungen/Schnellnachrichten zum Ablehnen*

 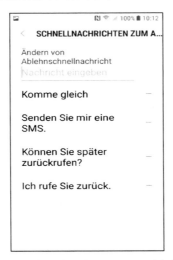

❶❷ Die Funktion des Menüs *Schnellnachrichten zum Ablehnen* beschreibt Kapitel *5.4.1 Anruf mit Mitteilung beantworten*.

5.9.5 Anrufe beantworten und beenden

◆ *Einstellungen/Anrufe beantworten und beenden*

❶❷ Konfigurieren Sie im *Anrufe beantworten und beenden*-Menü:

Unter *ANNEHMEN VON ANRUFEN*:

- *Für Rufannahme Home-Taste drücken*: Eingehende Anrufe nehmen Sie mit der ⬜-Taste an.

- *Automatisches Antworten*: Anrufe werden automatisch nach 2 Sekunden angenommen. Sie müssen dafür das mitgelieferte Kabel-Headset am Handy angeschlossen haben oder ein Bluetooth-Headset nutzen (siehe dazu auch das Kapitel *32.3 Bluetooth-Headset/Freisprecheinrichtung verwenden*).

Unter *BEENDEN VON ANRUFEN*:

- *Anrufe mit Ein-/Aus-Taste beenden*: Betätigen Sie den Ein-/Ausschalter auf der rechten Geräteseite, um Anrufe zu beenden.

5.9.6 Anruferinfo anzeigen

◆ *Einstellungen/Anruferinfo anzeigen*

Diese Funktion ist nicht von Samsung dokumentiert.

5.9.7 Anrufe in Popups anzeigen

◆ *Einstellungen/Anrufe in Pop-ups anzeigen*

❶ *Anrufe in Pop-ups anzeigen* steuert die Anzeige angenommener Anrufe: Statt als Vollbildschirm zeigt das Handy den Anruf als Popup am oberen Bildschirmrand (❷) an. Sie können dann beispielsweise in einer Anwendung arbeiten, während Sie gerade freisprechen.

5.9.8 Anrufsignale

◆ *Einstellungen/Anrufsignale*

❶❷ Unter *Anrufsignale* stellen sie ein:

Unter *VIBRATIONEN BEI ANRUFEN*:

- *Beim Annehmen vibrieren:* Vibration, sobald der Angerufene das Gespräch annimmt.
- *Am Anrufende vibrieren:* Vibration, wenn Sie oder Ihr Gesprächspartner auflegen.

Unter *RUFSTATUSTÖNE*:

- *Verbindungston*: Wenn Sie jemanden anrufen, ertönt der Verbindungston nach der erfolgreichen Anwahl.
- *Anrufendeton*: Beim Gesprächsende ertönt ein Signal.

Unter *SIGNALTÖNE BEIM ANRUF*:

- *Während Anrufen benachr.*: Während eines Telefongesprächs erhalten Sie weiterhin akustische Hinweise auf neu vorhandene E-Mails, SMS, usw.

5.9.9 Anrufer identifizieren

◆ *Einstellungen/Anrufer-ID und Spam-Schutz*

Eines der größten Ärgernisse der Telekommunikation sind unerwünschte Werbeanrufe. Das amerikanische Unternehmen Whitepages hat daher einen Mechanismus entwickelt, um Anrufer zu identifizieren und gegebenenfalls als Spam einzuordnen.

In Deutschland sind unerwünschte Werbeanrufe aufgrund strenger gesetzlicher Regulierung eher selten, weshalb sich die Whitepages-Anrufer-Identifizierung eigentlich erübrigt. Außerdem hat diese Funktion den Nachteil, dass Rufnummern an ein US-Unternehmen übertragen werden, das keinen europäischen Datenschutzregeln unterliegt. Die Nutzer der Anrufer-Identifizierung legen zudem selbst fest, welche Nummern sie als unerwünscht einstufen, was zu Missbrauch einlädt. Wir raten daher von der Anrufer-Identifizierung ab.

❶❷ Falls Sie trotz unserer Vorbehalte die Anruferidentifizierung nutzen möchten, gehen Sie auf *Anrufer-ID und Spam-Schutz* und aktivieren den Schalter oben rechts (Pfeil).

❸ Betätigen Sie ZUSTIMMEN.

5.9.10 Klingel- und Tastentöne

◆ *Einstellungen/Klingel- und Tastentöne*

 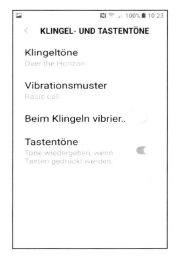

❶❷ Sie stellen unter *Klingel- und Tastentöne* ein:

- *Klingeltöne:* Melodie für eingehende Anrufe.

- *Vibrationsmuster*: Legt für eingehende Anrufe eine Vibration fest. Beachten Sie bitte, dass Sie *Beim Klingeln vibrieren* aktivieren müssen, um die Vibration zu nutzen.

- *Beim Klingeln vibrieren*: Neben dem Klingelton vibriert das Handy bei eingehenden Anrufen.

- *Tastentöne:* Antippen einer Taste im Tastenfeld der Telefon-Anwendung wird mit einem Signalton quittiert.

5.9.11 Roaming-Land

◆ *Einstellungen/Roaming-Assistent*

Wie Sie vielleicht wissen, müssen beim Auslandsaufenthalt alle Rufnummern ins deutsche Netz mit einer »+49« eingeleitet werden. Es empfiehlt sich daher, darauf bereits bei der Anlage von Kontakten im Telefonbuch zu achten. Falls Sie sich nicht diese Mühe machen möchten, hat das Galaxy eine Lösung für Sie.

❶❷ Im *Roaming-Assistent* stellen Sie ein:

- *Land automatisch auswählen:* Fügt automatisch Ihre Ländervorwahl hinzu.
- *Immer Roaming-Land anrufen*: Deaktiviert die automatische Ländervorwahl.
- *Bei jedem Anruf fragen*

5.9.12 Weitere Einstellungen

◆ *Einstellungen/Weitere Einstellungen*

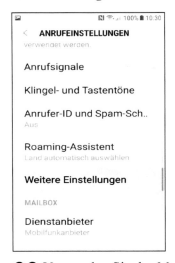 

❶❷ Verwenden Sie das Menü *Weitere Einstellungen* für zusätzliche Einstellungen:

- *Eigene Rufnummer anzeigen*: Stellt ein, ob von Ihnen Angerufene Ihre Rufnummer sehen (»Rufnummernübermittlung«). Zur Auswahl stehen *Netzwerkstandard* (vorgegebene Einstellung des Mobilnetzbetreibers), *Nummer verbergen* (Rufnummer unterdrücken) und *Nummer anzeigen*.

- *Rufumleitung*: Weiterleitung von eingehenden Anrufen auf einen anderen Anschluss.
- *Anrufsperre*: Ermöglicht es, nur bestimmte ausgehende Anrufe, zum Beispiel internationale Anrufe zu erlauben. Sie benötigen dafür vom Netzbetreiber ein Kennwort. In diesem Buch wird deshalb nicht weiter darauf eingegangen.
- *Anklopfen*: Damit Sie während eines Gesprächs über einen weiteren eingehenden Ruf informiert werden, gibt es das Anklopfen-Merkmal: Geht, während Sie gerade ein Gespräch führen, ein weiterer Anruf ein, erscheint ein Hinweisdialog. Viele Handyverträge unterstützen leider kein Anklopfen.
- Verwenden Sie die *Feste Rufnummern*, um nur Anrufe auf bestimmten Rufnummern zu gestatten.

5.9.12.a Rufumleitung

◆ *Einstellungen/Weitere Einstellungen/Rufumleitung*

Meistens nutzt man die Rufumleitung, um eingehende Anrufe auf die Mobilbox des Netzbetreibers umzuleiten. Sie können natürlich beispielsweise auch Ihre Festnetznummer eingeben. Beachten Sie aber, dass der Anrufer nur die Kosten für den Anruf zu Ihrer Mobilnetznummer, Sie dagegen die Weiterleitung bezahlen müssen. Weiterleitungen auf die Mailbox sind dagegen für Sie kostenlos.

❶❷ Gehen Sie auf *Rufumleitung/Sprachanruf*.

❶ Dort finden Sie die Optionen:

- *Immer weiterleiten*: Leitet alle eingehenden Anrufe sofort an eine weitere Rufnummer weiter.

- *Wenn besetzt, weiterleiten*: Telefonieren Sie gerade, wird der eingehende Anruf weitergeleitet.
- *Weiterleiten, wenn keine Antwort*: Nach einer vom Netzbetreiber vorgegebenen Zeitspanne werden eingehende Anrufe weitergeleitet.
- *Weiterleiten, wenn nicht erreichbar*: Befinden Sie sich gerade in einem Funkloch oder haben Sie das Handy nicht eingeschaltet, wird der eingehende Anruf weitergeleitet.

❷ Tippen Sie einen Listeneintrag an, um die Weiterleitungsnummer einzugeben, beziehungsweise zu deaktivieren oder aktivieren.

Voreingestellt sind meistens Weiterleitungen auf die eigene Mailbox (eigene Rufnummer).

5.9.13 Mailboxeinstellungen

Jeder Mobilnetzbetreiber bietet eine Mailbox mit Anrufbeantworterfunktion für seine Kunden an. Um die Mailbox anzurufen, müssen Sie je nach Netzbetreiber eine andere Nummer anrufen. Beim Samsung Galaxy (und fast allen anderen Handys) ist die Kurzwahl »1« bereits auf die Mailbox eingestellt.

5.9.13.a Mailbox

◆ *Einstellungen/Dienstanbieter*

 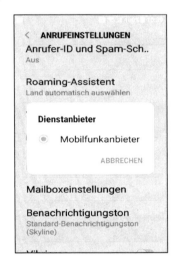

❶❷ Das *Dienstanbieter*-Menü ist von Samsung nicht dokumentiert.

Sofern Sie eine Mailbox nicht benötigen, oder wenn deren Abruf Geld kostet, können Sie sie auch deaktivieren, was meist über das Sprachmenü in der Mailbox möglich ist.

Die Mailboxnummer stellt das Handy normalerweise automatisch nach dem ersten Einschalten korrekt ein, weshalb Sie wahrscheinlich nie irgendwelche Einstellungen daran vornehmen.

Telefonie

5.9.13.b Mailbox-Nummer

◆ *Einstellungen/Mailboxeinstellungen*

 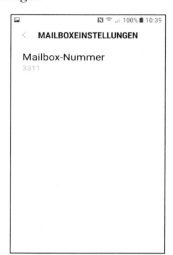

❶❷ Gehen Sie auf *Mailboxeinstellungen/Mailbox-Nummer* und geben Sie die Rufnummer ein.

5.9.13.c Signalton und Vibration

◆ *Einstellungen/Benachrichtigungston*
◆ *Einstellungen/Vibrieren*

❶❷ Unter *Benachrichtigungston* beziehungsweise *Vibrieren* legen Sie die Benachrichtigung über neu in der Mailbox vorhandene Sprachnachrichten fest.

5.9.14 WLAN-Anrufe

Einige Mobilnetzbetreiber unterstützen das sogenannte WLAN-Call, welches Sie über *WLAN-Anrufe* aktivieren. Dabei erfolgt die Telefonie über eine bestehende WLAN-Verbindung. Bitte informieren Sie sich bei ihrem Mobilfunkunternehmen, ob und wie man dort WLAN-Call nutzt.

6. Nachrichten (SMS)

In der Nachrichten-Anwendung verwalten Sie Ihre SMS und MMS.

 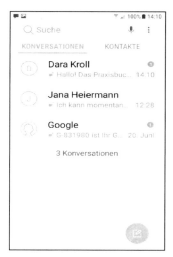

❶❷ Sie starten die Nachrichten-Anwendung, indem Sie einfach *Nachrichten* (Pfeil) im Startbildschirm oder Hauptmenü antippen.

6.1 Nachrichtenanzeige

Die von älteren Handys gewohnte Aufteilung nach den Ordnern »Posteingang« und »Postausgang« gibt es beim Galaxy nicht. Stattdessen werden alle Nachrichten nach Kontakt sortiert abgelegt.

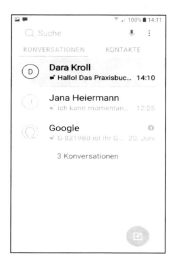 

❶❷ Bereits im Hauptbildschirm zeigt die Nachrichten-Anwendung alle Kontakte an, mit denen man geschrieben hat. Wählt man einen Kontakt aus, so zeigt das Handy alle empfangenen und gesendeten Nachrichten des Kontakts als Verlauf an.

> Im weiteren Verlauf der nächsten Kapitel erfahren Sie, wie man die Nachrichtenverläufe verwaltet.

6.2 Nachricht senden

SMS lassen sich beispielsweise aus dem Telefonbuch oder aus der Anrufliste senden.

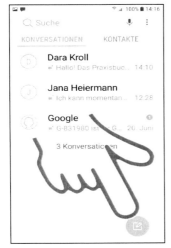 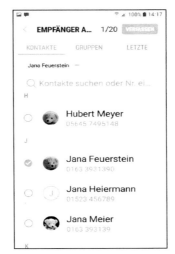 

❶ Gehen Sie in der Nachrichten-Anwendung auf ✎.

❷ Markieren Sie ein- oder mehrere Empfänger aus dem Telefonbuch (siehe Kapitel 7 *Telefonbuch*) durch kurzes Antippen.

❸ Sofern ein Kontakt mehrere Rufnummern enthält, wird Sie das Handy nach dem Abhaken nach der sogenannten Standardnummer fragen. Markieren Sie dann die zu verwendende Nummer und betätigen Sie:

- *AUSWÄHLEN*: Jedes Mal, wenn Sie den Kontakt auswählen, erfolgt eine Nachfrage zur verwendeten Rufnummer.

- *ALS STANDARD FESTLEGEN*: Wenn Sie SMS künftig immer an die Nummer senden möchten. Es erfolgt keine weitere Rückfrage, wenn Sie den Kontakt auswählen.

Wie Sie die Standardnummer festlegen und ändern erfahren Sie im Kapitel *5.1.5 Die Standardnummer*.

❶ Schließen Sie den Vorgang mit *VERFASSEN* (Pfeil) ab.

❷ Erfassen Sie den Nachrichtentext. Nach Betätigen der *SENDEN*-Schaltleiste erfolgt der Versand und die Nachrichten-Anwendung schaltet auf den Nachrichtenverlauf um.

❸ Zweimaliges Antippen der ↶-Taste (beim ersten Antippen schließt sich das Tastenfeld) bringt Sie wieder in den Hauptbildschirm der Nachrichten-Anwendung zurück.

Nachrichten (SMS)

6.2.1 Kontakt aus Telefonbuch

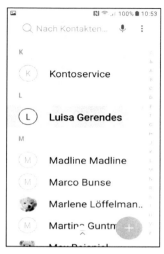 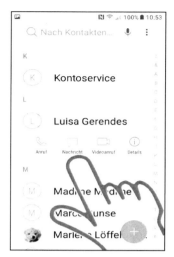

❶❷ Im einfachsten Fall tippen Sie im Telefonbuch (siehe Kapitel *7 Telefonbuch*) auf einen Kontakt, worauf die Kontaktdetails erscheinen. Betätigen Sie dann *Nachricht*.

 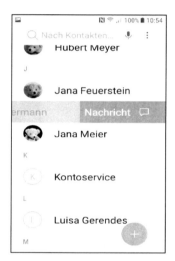

❶❷ Alternativ wischen Sie über dem Kontakteintrag von rechts nach links.

6.2.2 Nachricht aus Nachrichtenverlauf

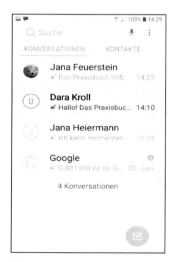  

❶ Auch im Nachrichtenverlauf können Sie direkt eine Nachricht eingeben. Dazu tippen Sie den Verlauf an.

❷❸ Tippen Sie gegebenenfalls in das Eingabefeld und erfassen Sie Ihre Nachricht. Betätigen Sie nun *SENDEN*.

Damit ist Ihre SMS verschickt und eine weitere Sprechblase mit Ihrer Antwort erscheint im Nachrichtenverlauf.

> Ihre SMS sollte nicht länger als 160 Zeichen sein. Wenn Sie dennoch einen längeren Text eingeben, erzeugt das Handy beim Versand automatisch mehrere Nachrichten, die beim Empfänger wieder zusammengesetzt werden. Der Netzbetreiber berechnet davon aber jede SMS einzeln, was zu sehr hohen Kosten führen kann.

6.2.3 Nachricht aus Anrufliste

Es gibt gleich mehrere Möglichkeiten, wie Sie eine SMS aus der Anrufliste (siehe Kapitel *5.5 Anrufliste (Protokoll)*) versenden.

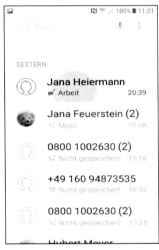 

❶❷ Tippen Sie kurz auf den Eintrag, worauf hin mehrere Schaltleisten erscheinen. Tippen Sie auf *Nachricht*.

> SMS sind nicht nur ins Mobilnetz, sondern auch an Festnetznummern möglich. Wenn ein Festnetzanschluss mit SMS-fähigen Endgeräten (in der Regel DECT-Telefone) ausgestattet ist, lassen sich die Kurznachrichten dort abrufen und beantworten. Bei Festnetzanschlüssen ohne SMS-Unterstützung ruft eine Mailbox des Netzbetreibers an und liest die Kurznachricht vor.

Nachrichten (SMS)

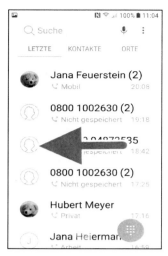 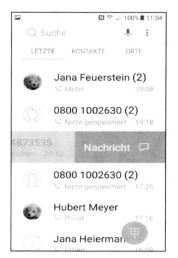

❶❷ Ziehen Sie den Finger auf einem Protokolleintrag von rechts nach links, um eine SMS neu zu erstellen (ziehen Sie in die umgekehrte Richtung, um einen Anruf zu tätigen).

6.2.4 Geplante Nachricht

Unter gewissen Umständen kann es sinnvoll sein, eine SMS erst zeitversetzt zu senden, beispielsweise, weil Sie jemanden erst um Mitternacht zum Geburtstag gratulieren möchten oder die spätabends erstellte SMS erst zur Bürozeit seinen Empfänger erreichen soll.

❶ Geben Sie die Nachricht wie gewohnt ein, betätigen Sie dann aber die ☰-Schaltleiste oben rechts.

❷ Gehen Sie auf *Nachricht planen.*

❸ Tippen Sie auf Datum oder Uhrzeit und stellen Sie darin durch Wischen über den Zahlenfeldern den Sendezeitpunkt ein. Falls Sie die Eingabe lieber über das Tastenfeld vornehmen, tippen Sie einfach auf eine Zahl. Schließen Sie den Bildschirm mit *FERTIG*.

  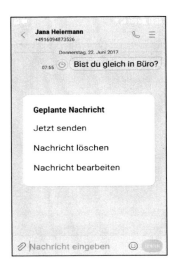

❶ Betätigen Sie ⌂.

❷❸ Die (noch nicht verschickte) SMS erscheint ausgegraut in der Nachrichtenliste. Tippen Sie auf das Uhrzeitsymbol (Pfeil), worin Sie die SMS mit *Nachricht löschen* entfernen, beziehungsweise mit *Nachricht bearbeiten* noch ändern können.

6.3 Weitere Funktionen im Nachrichtenverlauf

 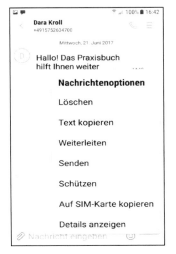 

❶❷ Tippen und Halten Sie den Finger auf einer Nachricht für das Popup mit weiteren Funktionen:

- *Löschen*: Entfernt eine Nachricht unwiderruflich aus dem Speicher.

- *Text kopieren*: Kopiert den Nachrichtentext in die Zwischenablage. Man kann ihn dann in einer anderen Anwendung wieder einfügen.

- *Weiterleiten*: Nachrichtentext an einen weiteren Empfänger per SMS weiterleiten.

- *Senden*: Nachrichtentext an jemand Dritten weiterleiten – kann auch per E-Mail Facebook oder einem anderen Versandweg erfolgen.

- *Schützen; Freigeben*: Aktiviert/deaktiviert einen Löschschutz. Um eine SMS später zu löschen, müssen Sie erst die Sperre wieder aufheben.

- *Auf SIM-Karte kopieren*: Legt den Nachrichtentext auf der SIM-Karte ab, was besonders für SMS interessant ist, die sehr wichtig sind. Auf diese Weise steht einem der Nachrichtentext auch bei einem Handyausfall weiter zur Verfügung. Beachten Sie allerdings, dass SIM-Karten in der Regel nur Platz für bis zu ca. 25 SMS haben.

- *Details anzeigen*: Zeigt Infos über Nachrichtentyp (SMS oder MMS), Rufnummer und Empfangs- beziehungsweise Sendedatum an (❸).

6.3.1 SMS-Vorlagen

  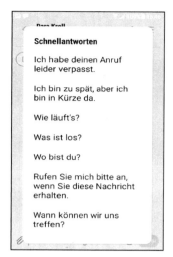

❶❷❸ Über ≡/*Schnellantworten* fügen Sie eine der Textvorlagen in den Nachrichtenverlauf ein, die Sie dann senden können.

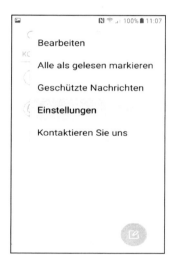  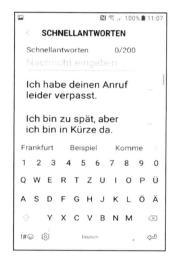

❶❷❸ Die Textvorlagen modifizieren Sie im Hauptmenü unter ⋮/*Einstellungen/Schnellantworten*.

6.4 Entwürfe

 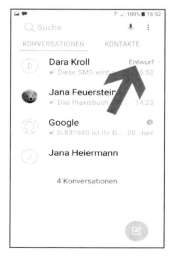

❶ Manchmal ist es notwendig, eine Nachricht, die man erst später absenden möchte, als Entwurf zwischenzuspeichern. In diesem Fall geben Sie die Nachricht wie gewohnt ein, betätigen dann aber die ⤺-Taste (sofern das Tastenfeld eingeblendet ist, müssen Sie die ⤺-Taste zweimal hintereinander betätigen).

❷ Die Nachrichtenanwendung wechselt nun in den Hauptbildschirm zurück. Die zuvor erstellte SMS wurde nicht gesendet und *Entwurf* (Pfeil) weist auf den Entwurfsstatus hin. Zum Versenden tippen Sie den Nachrichtenverlauf erneut an und betätigen dann *Senden*.

6.5 Empfangsbestätigung (Zustellungsbericht)

Nicht immer stellen die Netzbetreiber die SMS sofort zu. Wir haben beispielsweise schon erlebt, dass SMS erst einen Tag später ankamen, obwohl wir sie nicht zu »Stoßzeiten« wie beispielsweise Silvester versandt hatten. Deshalb bieten die Netzbetreiber eine kostenlose Empfangsbestätigung an, die auch als »Zustellungsbericht« oder »Übermittlungsbestätigung« bezeichnet wird. Zu beachten ist allerdings, dass damit noch nicht sicher ist, dass der Empfänger Ihre SMS auch liest!

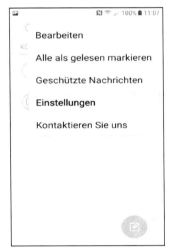  

❶❷ So aktivieren Sie die Empfangsbestätigung: Rufen Sie im Hauptbildschirm der Nachrichten-Anwendung ⋮/*Einstellungen/Weitere Einstellungen/SMS* auf.

❸ Aktivieren Sie *Zustellberichte* (Schalter muss orange Farbe haben).

Künftig erhalten Sie immer, wenn ein Empfänger Ihre SMS erhält, eine kurze akustische Rückmeldung und einen Hinweis in der Titelleiste.

❶ So lassen Sie sich den Zustellungsbericht einer SMS anzeigen: Tippen und halten Sie den Finger auf der gesendeten SMS im Nachrichtenverlauf.

❷❸ Im Popup gehen Sie nun auf *Details anzeigen*. Unter *Zustellbericht* informiert das Galaxy über den Zustellungszeitpunkt.

6.6 Alte Nachrichten löschen

 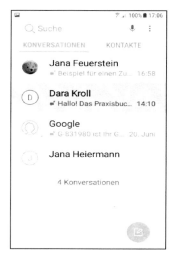 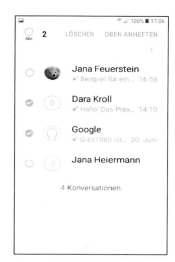

❶ Einzelne SMS löschen Sie im Nachrichtenverlauf, indem Sie den Finger darauf gedrückt halten, bis das Popup erscheint. Gehen Sie dann auf *Löschen*. Bestätigen Sie die Rückfrage mit *LÖSCHEN*.

❷❸ Möchten Sie dagegen mehrere Nachrichtenverläufe auf einmal entfernen, so halten Sie den Finger auf einem Verlauf im Hauptmenü angedrückt. Der Verlauf ist nun markiert und Sie können weitere Verläufe markieren. Betätigen Sie dann *LÖSCHEN* (am oberen rechten Bildschirmrand).

6.7 SMS empfangen

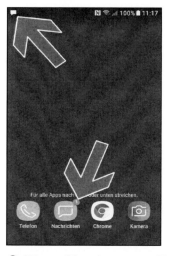  

❶ Wenn Sie eine neue SMS erhalten haben, erscheint in der Titelleiste ein Symbol und bei *Nachrichten* sehen Sie die Nachrichtenanzahl.

❷ Außerdem weist Sie ein Dialog auf die neue Nachricht hin. Gehen Sie dann auf *SCHLIESSEN* beziehungsweise *ANTWORTEN*, um sie anzusehen.

❸ Alternativ erhalten Sie auch über das Benachrichtigungsfeld Infos zu den empfangenen Nachrichten. Das Benachrichtigungsfeld erscheint, wenn Sie den Finger auf die Titelleiste setzen und dann herunterziehen. Gehen Sie nun auf die Nachricht, was den zugehörigen Nachrichtenverlauf anzeigt.

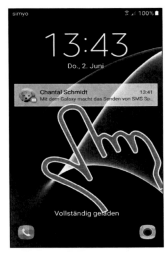 

❶❷ Sofern die Displaysperre aktiv ist, erscheint ein Hinweis auf dem Bildschirm. Tippen Sie ihn an, danach führen Sie im ausgewiesenen Bildschirmbereich eine Wischgeste durch, worauf Sie in der Nachrichtenansicht landen.

6.7.1 Spam-Filter

Sofern Sie Ihre Handynummer an viele Kontakte weitergeben, wird früher oder später der Zeitpunkt kommen, ab dem Sie SMS von einigen Leuten erhalten, die nur nerven. Das Galaxy bietet dazu aber mit dem Spam-Filter Abhilfe. Der Begriff »Spam« ist übrigens von einem Sketch der Komikergruppe Monty Python abgeleitet, in dem während einer Restaurant-Szene das Gespräch zwischen Ober und Gast durch »Spam«-Zwischenrufe gestört wird.

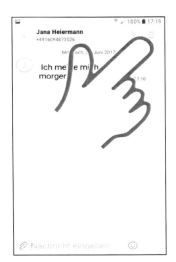 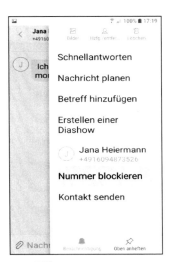 

❶❷❸ In der lästigen SMS rufen Sie ≡/*Nummer blockieren* auf und schließen den Hinweis mit *OK*. Das Galaxy informiert Sie künftig nicht mehr über neu vorliegende SMS (und Anrufe) des Spam-Absenders und seine SMS werden nicht im SMS-Postfach angezeigt. Eine Rufnummer, die nicht mehr blockiert werden soll, lässt sich einfach wieder aus der Sperrliste herausnehmen, indem Sie ≡/*Nummernblockierung aufheben* aufrufen.

Nachrichten (SMS)

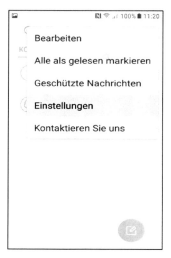 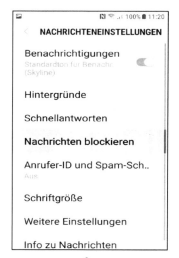 

❶❷ Die SMS der Spam-Absender zeigt ⁝/*Einstellungen/Nachrichten blockieren/Blockierte Nachrichten* aus dem Hauptmenü an.

6.7.1.a Weitere Spam-Funktionen

Das Handy kann zusätzlich nicht nur bestimmte Absenderrufnummern blockieren, sondern auch Nachrichten herausfiltern, die beispielsweise Schimpfworte enthalten.

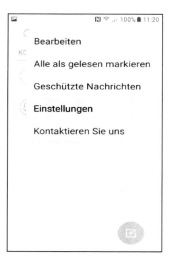 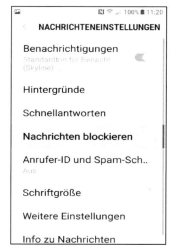 

❶❷ Rufen Sie ⁝/*Einstellungen/Nachrichten blockieren* auf.

❸ Die Menüpunkte:

- *Nummern sperren*: Zu blockende Absenderrufnummern verwalten.
- *Sätze blockieren*: Erfassen Sie Worte, die dazu führen, dass eine SMS automatisch als Spam eingeordnet wird.
- *Blockierte Nachrichten*: Hier finden Sie die als Spam eingeordneten SMS.

❶ Gehen Sie auf *Sätze blockieren*.

❷ Erfassen Sie jeweils ein Wort und betätigen Sie +. Klein- und Großschreibung spielt dabei keine Rolle. Über die Minus-Schaltleisten hinter den Worteinträgen entfernen Sie diese wieder.

6.8 Konfiguration

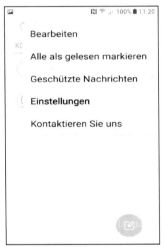  

❶❷ Die SMS-bezogenen Optionen finden Sie unter ⋮/*Einstellungen*:

- *Benachrichtigungen* (❸):
  - *EIN* (am oberen Bildschirmrand): Benachrichtigungen ein/ausschalten.
  - *Benachrichtigungston; Vibration bei Tonwiedergabe*: Konfiguriert den Benachrichtigungsklang für neu empfangene SMS beziehungsweise die Vibration.
  - *Pop-up-Anzeige*: Wenn eine neue Nachricht vorliegt, zeigt das Galaxy ein Popup auf dem Bildschirm an.
  - *Nachrichten-Vorschau*: Empfangenen Nachrichtentext in der Displaysperre und im Benachrichtigungs-Popup anzeigen.
- *Hintergründe*: Form und Farbe der Sprechblasen sind getrennt für Sie und den Kommunikationspartner veränderbar. Außerdem können Sie zwischen verschiedenen Hintergrundfarben wählen oder ein eigenes Hintergrundbild hinterlegen.
- *Schnellantworten*: Die bereits im Kapitel *6.3.1 SMS-Vorlagen* erläuterten Textvorlagen.
- *Nachrichten blockieren*: Hiermit verwalten Sie den Spam-Filter für unerwünschte Nachrichten, worauf Kapitel *6.7.1 Spam-Filter* noch genauer eingeht.
- *Anrufer-ID und Spam-Schutz:* Darauf geht Kapitel *6.7.1 Spam-Filter* ein.

- *Schriftgröße*: Größe der Sprechblasen in der Verlaufsansicht.
- *Weitere Einstellungen* (❸):
  - *SMS:*
    - *Zustellberichte*: Sie erhalten, wenn ein Empfänger Ihre SMS erhalten hat, eine Rückmeldung des Netzbetreibers. Zu beachten ist allerdings, dass damit noch nicht sicher ist, dass der Empfänger Ihre SMS auch liest. Bei anderen Handy-Modellen heißt der Zustellbericht manchmal auch »Übermittlungsbestätigung«. Siehe Kapitel *6.5 Empfangsbestätigung (Zustellungsbericht)*.
    - *Nachrichten auf SIM-Karte verwalten*: Gibt Ihnen Zugriff auf alle SMS, die Sie manuell auf die SIM-Karte kopiert hatten.
    - *Eingabemodus*: Legt die Zeichenkodierung fest. Sie haben dabei die Wahl zwischen *GSM-Alphabet*, *Unicode* und *Automatisch*. Wir empfehlen, die Voreinstellung *GSM-Alphabet* nicht zu ändern (der *Unicode*-Modus unterstützt zusätzliche ausländische Zeichensätze, wird aber von deutschsprachigen Anwendern nicht benötigt).
    - *Nachrichtenzentrale*: Über die Nachrichtenzentrale erfolgt der Versand Ihrer Nachrichten. Normalerweise brauchen Sie diese Einstellung nicht zu bearbeiten, da sie automatisch beim ersten Einlegen einer SIM-Karte automatisch korrekt konfiguriert wird.
  - *MMS*: Das MMS-Menü konfiguriert nur MMS, auf die dieses Buch nicht eingeht.
  - *WAP-Push*: Betrifft nur MMS, auf die dieses Buch nicht eingeht.
  - *Broadcast-Kanäle*: Cell Broadcast (CB) wird auch als »Videotext für Handys« bezeichnet. Dabei senden die Basisstationen (Sendemasten) diverse Infos, die von Nachrichten bis hin zur Position der Basisstation reichen. Weil der Cell Broadcast kostenlos ist, haben alle deutschen Anbieter ihren CB-Dienst inzwischen wieder eingestellt.
  - *Alte Nachrichten löschen*: Ältere SMS werden automatisch gelöscht, wenn die maximale Anzahl, standardmäßig 1000, erreicht ist.
  - *Webvorschau anzeigen*: Zeigt zu in SMS enthaltenen Webadressen ein Vorschaubild an.

6.9 MMS

Der Multimedia Messaging Service (MMS) sollte die Nachfolge der SMS antreten. Im Gegensatz zur SMS dürfen MMS nicht nur Zeichen, sondern auch Bilder, Melodien, Sprachmemos und andere Daten enthalten. In Deutschland spielt die MMS aus verschiedenen Gründen keine große Rolle: Zum einen ist die Handhabung der MMS auf vielen Handys relativ kompliziert und setzt einiges an Einarbeitung voraus, zum anderen stehen der weiteren Verbreitung die hohen Kosten von 39 Cent pro MMS im Wege. Hätten die Netzbetreiber schon bei der MMS-Einführung vor einigen Jahren eine faire und unkomplizierte Kostenstruktur eingeführt, würde die MMS heute wohl mehr genutzt werden. Die immer größere Verbreitung von Internetflatrates im Mobilfunk dürfte die MMS wohl für immer ins Mauerblümchendasein verbannen, denn mit E-Mails lassen sich Multimedia-Inhalte und Dateianhänge wesentlich einfacher versenden und empfangen. Aus den genannten Gründen gehen wir nicht weiter auf die MMS-Funktionen in der Nachrichten-Anwendung ein.

Der Autor dieses Buchs wurde schon wiederholt kritisiert, weil er nicht auf MMS eingeht. Sie können uns aber vertrauen, denn MMS hat gegenüber der E-Mail (siehe Kapitel *11.4.3 E-Mail-Anhänge*) oder dem Dateiversand per WhatsApp (Kapitel *14 WhatsApp*) keine Vorteile.

 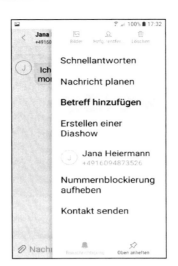 

❶❷ **Wichtig:** Wie erwähnt, kosten MMS mit 39 Cent ein Vielfaches der SMS. Damit Sie nicht aus Versehen statt einer SMS eine MMS verschicken, sollten Sie **niemals** auf ≡/*Betreff hinzufügen* oder ≡/*Erstellen einer Diashow* gehen.

❸ Auch die ⌀-Schaltleiste (Pfeil), mit der Sie Dateien in die Nachricht einfügen, sollten Sie niemals verwenden, weil Sie damit aus der SMS automatisch eine MMS machen.

7. Telefonbuch

Das Telefonbuch speichert, wie der Name schon sagt, alle Kontakte und deren Rufnummern, E-Mail-Adressen und Adressen. Andere Anwendungen, beispielsweise die Nachrichten-Anwendung und die Telefonoberfläche, greifen auf diese Daten zurück.

Das Galaxy zeigt auch SIM-Kontakte (auf der SIM-Karte gespeicherte Rufnummern) im Telefonbuch an. Wir raten allerdings dazu, auf die Telefonkontakte (im Gerätespeicher abgelegte Kontakte) umzusteigen, denn diese bringen zahlreiche Vorteile mit sich. So dürfen Telefonkontakte im Gegensatz zu SIM-Kontakten viele Datenfelder (mehrere Rufnummern, Adresse, Kontaktfoto, Klingelton, usw.) enthalten und man kann ihnen ein Kontaktfoto zuweisen.

Vor der ersten Nutzung des Telefonbuchs sollten Sie das eigene Google-Konto auf dem Galaxy einrichten (siehe Kapitel *24 Das Google-Konto*). Ihre angelegten Kontakte werden dann nämlich im Google-Konto gesichert und lassen sich nach einem Zurücksetzen beziehungsweise Datenverlust jederzeit wieder herstellen.

  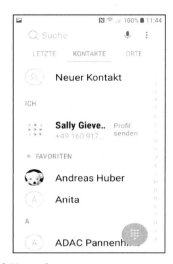

❶ So gelangen Sie ins Telefonbuch: Gehen Sie im Hauptmenü auf *Kontakte*.

❷❸ Alternativ aktivieren Sie in der Telefonoberfläche das *KONTAKTE*-Register (Pfeil). Bitte beachten Sie, dass hier nicht alle Funktionen des Telefonbuchs vorhanden sind.

Beim ersten Start macht Sie das Telefonbuch auf die Funktion »*Neues mit Ihren Lieben teilen*« aufmerksam. Wir raten von deren Verwendung ab, weil sie nur von Samsung-Handys unterstützt wird. Betätigen Sie daher *SPÄTER*.

❶ Die Kontaktanzeige ist etwas verwirrend. Wischen Sie einfach mehrmals durch die Kontaktauflistung, worauf Sie feststellen werden, dass einige Kontakte doppelt vorkommen:

- Unter *FAVORITEN* (Pfeil) sind von Ihnen als wichtig eingestufte Kontakte zu finden, worauf Kapitel *7.9 Favoriten* noch eingeht (❷). Auf einem neu in Betrieb genommenen Handy sind natürlich noch keine Favoriten vorhanden.

- Die eigentliche Kontaktliste, die Sie nach ein- oder mehrmaligen Wischen zu Gesicht bekommen, ist alphabetisch sortiert (❷) und jeweils mit grauen Balken unterteilt.

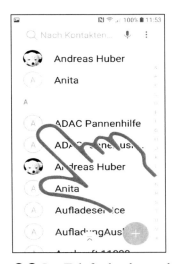 

❶❷ Im Telefonbuch werden Kontakte der SIM-Karte zusammen mit den Telefonkontakten (im Speicher des Galaxy abgelegte Kontakte) alphabetisch aufgelistet. Tippen Sie auf das runde Symbol vor dem Kontakteintrag für die Kontaktdetails. Das ▣-Symbol (Pfeil) weist auf den SIM-Kontakt hin (beim J3 DUOS wird hier die Nummer der SIM-Karte, auf dem sich die Rufnummer befindet angezeigt).

Bei Kontakten, denen ein Foto zugewiesen wurde (siehe *7.5 Kontaktfoto und Klingelton*), erscheint dieses auch in der Auflistung statt des Platzhalters.

7.1 Kontakterfassung

Im Folgenden wird beschrieben, wie Sie Rufnummern im Telefonbuch speichern. Falls Sie dagegen Rufnummern auf der SIM-Karte ablegen möchten, lesen Sie bitte im Kapitel *7.4.1 SIM-Kontakte erstellen und bearbeiten* weiter.

7.1.1 Kontakt im Telefonbuch eingeben

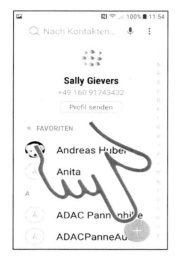 

❶ Neue Kontakte werden über ✚ (Pfeil) angelegt.

❷ Beim ersten Mal werden Sie gefragt, in welchem Speicher Ihre Kontakte landen sollen. Wir empfehlen auf jeden Fall dann Ihr Google-Konto (*Google*) einzustellen.

> Die Option *Gerät* belässt alle Kontakte auf dem Handy. Geht dieses verloren, sind auch Ihre Kontakte weg! Die Option *SIM-Karte* hat den Nachteil, dass Sie darin nur eine Rufnummer und eine E-Mail-Adresse speichern können. Auch hier erfolgt keinerlei Datensicherung. Beim *Samsung-Konto* erfolgt die Datensicherung auf Samsung-Servern im Internet. Bei der *Google*-Einstellung haben Sie dagegen den Vorteil, dass nicht nur eine Datensicherung im Internet erfolgt, sondern Ihnen die Kontaktdaten auf jedem Android-Gerät zur Verfügung stehen, auf dem Sie sich mit Ihrem Google-Konto anmelden.

❶❷ Achten Sie darauf, dass als Speicherort Ihr Google-Konto (*IhrName@gmail.com*) eingestellt ist. Gegebenenfalls müssen Sie Ihr Konto erst festlegen. Wischen Sie dazu einmal auf dem Bildschirm nach unten.

❸ Füllen Sie nun die Eingabefelder aus. Sofern Sie mehrteilige Namen erfassen müssen (»Jasmina Maria Müller« oder »Max Graf von Strach und Witz«), tippen Sie die ⋁-Schaltleiste (Pfeil) an. Sie können nun den mehrteiligen Namen eingeben.

 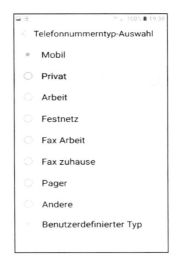 

❶ Nachdem Sie eine Rufnummer eingegeben haben, tippen Sie auf den Rufnummerntyp (Pfeil).

❷ Stellen Sie die Art der Rufnummer ein, zum Beispiel *Privat*.

❸ Um das automatisch aufklappende Tastenfeld wieder zu schließen, betätigen Sie die ↰-Schaltleiste. Betätigen Sie *SPEICHERN*, was den Kontakt ins Telefonbuch übernimmt.

7.1.2 Weitere Eingabefelder

❶ Weitere Felder:
- *E-Mail:* E-Mail-Adresse des Kontakts.
- *Gruppen*: Weist den Kontakt einer Gruppe zu. Siehe Kapitel *7.8 Gruppen*.

❷❸ Das Telefonbuch unterstützt mehrere Eingabefelder. Die ✚-Schaltleiste (Pfeil) blendet ein neues Eingabefeld ein. Die Minus-Schaltleiste entfernt dagegen ein Feld wieder.

Telefonbuch

❶❷ Über *Mehr anzeigen* (Pfeil) erstellen Sie weitere Eingabefelder, beispielsweise mit der Kontaktadresse. Interessant ist davon insbesondere *Nachrichtenton*, mit dem Sie ein Audiosignal für eingehende SMS und E-Mails des Kontakts festlegen.

7.1.3 Visitenkarte

Die Visitenkartenfunktion ist ein nützliches Hilfsmittel, wenn es darum geht, vorhandene Visitenkarten ins Handy-Telefonbuch zu übernehmen.

❶ Gehen Sie während der Kontaktbearbeitung beziehungsweise Kontaktanlage auf *VISITEN-KARTE SCANNEN*.

❷ Betätigen Sie im nächsten Bildschirm *HERUNTERLADEN*.

❶ Nach Aktivieren des Abhakkästchens bei *Ich habe die obigen AGB vollständig gelesen und stimme zu* betätigen Sie *STARTEN*.

❷ *INSTALLIEREN* lädt ein benötigtes Programm herunter. Warten Sie, bis Download und Installation abgeschlossen sind, danach rufen Sie erneut die Telefonbuch-Anwendung auf.

❶ Gehen Sie erneut auf *VISITENKARTE SCANNEN*.

❷ Viermaliges Betätigen von *ZULASSEN* öffnet das Scannerprogramm.

❸ Halten Sie das Handy über der Visitenkarte, worauf dessen Inhalt automatisch erfasst und in Text umgewandelt wird.

❶ Das Handy füllt die Eingabefelder automatisch korrekt aus, trotzdem sollten Sie die Korrektheit der Daten überprüfen, bevor Sie *SPEICHERN* betätigen.

❷ Sie befinden sich in den Kontaktdetails.

7.1.4 Kontakt aus Telefonoberfläche übernehmen

❶❷ Sie können in der Telefonoberfläche eine von Ihnen eingegebene Rufnummer über die *ZU KONTAKTEN HINZUFÜGEN*-Schaltleiste (Pfeil) ins Telefonbuch übernehmen. Betätigen Sie dann *Neuer Kontakt*, beziehungsweise *Vorhandene aktualisieren* (Rufnummer einem bereits vorhandenen Kontakt zuweisen).

❸ Wenn Sie ein Telefonat mit jemandem geführt haben, der sich noch nicht in Ihrem Telefonbuch befindet, können Sie mit *ZU KONTAKTEN HINZUFÜGEN* die Rufnummer speichern.

❶ Über die Anrufliste (siehe Kapitel *5.5 Anrufliste (Protokoll)*) der Telefonoberfläche ist es ebenfalls möglich, Rufnummern in die Kontaktverwaltung zu übernehmen. Tippen Sie dafür auf das Symbol vor dem Rufnummerneintrag.

❷ Wählen Sie dann aus, ob Sie mit der Rufnummer einen neuen Kontakt erstellen (*NEUER KONTAKT*) oder die Nummer einem vorhandenen Kontakt zuweisen möchten (*VORHANDENE AKTUALISIEREN*).

7.2 Kontakt bearbeiten

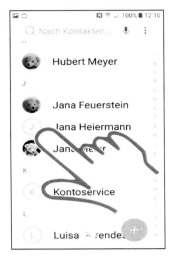  

❶ Tippen Sie kurz auf das Symbol vor dem Kontakteintrag.

❷❸ Bearbeiten Sie den Kontakt mit *BEARBEITEN*. Alternativ entfernen Sie ihn über ⁝/*Löschen*.

7.3 Listen- und Detailanzeige

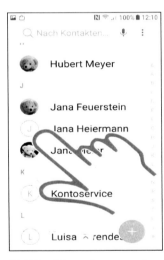 

❶ Die Kontakte werden standardmäßig in einer alphabetisch sortierten Liste, nach Namen sortiert, angezeigt. Tippen Sie kurz auf das Symbol vor dem Kontakteintrag.

❷ Es erscheinen nun die Kontaktdetails.

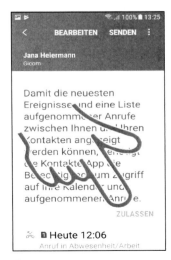  

❶ Wenn Sie das erste Mal die Kontaktdetails anzeigen, wird Sie das Galaxy um eine Berechtigung bitten, die Sie mit ZULASSEN (Pfeil) bestätigen.

❷ Schließen Sie die folgenden zwei Hinweise mit ZULASSEN.

❸ Das Telefonbuch zeigt nun unterhalb der Kontaktdetails die mit dem Kontakt geführten Telefongespräche, sowie die empfangenen/gesendeten SMS an (Pfeil).

7.4 Die SIM-Karte

Das Telefonbuch blendet auf Wunsch die Telefonnummern auf der SIM-Karte (»SIM-Kontakte« ein. Beachten Sie, dass Sie bei den SIM-Kontakten auf Komfortfunktionen darunter die Option, ein Kontaktfoto zuzuweisen, verzichten müssen.

Früher sprach für die SIM-Kontakte, dass man die SIM-Karte einfach aus dem Handy nahm, in ein anderes Handy einsteckte und dann sofort wieder die SIM-Kontakte im Telefonbuch hatte. Dies hat sich inzwischen geändert, denn die modernen Micro-SIM-Karten sind nicht für häufigen Handywechsel ausgelegt. Android-Handys wie das Galaxy speichern die Telefonbuchkontakte im Google-Konto auf einem Internetserver ab; die Kontakte werden dann automatisch auf ein anderes Android-Handy übernommen, sobald man sich dort mit dem gleichen Google-Konto anmeldet (siehe dazu auch Kapitel *24 Das Google-Konto*).

Die meisten SIM-Karten enthalten vordefinierte SIM-Kontakte, beispielsweise mit Rufnummern von Auskunftsdiensten, ADAC-Pannenhilfe, Hotelvermittler oder Service-Hotlines.

7.4.1 SIM-Kontakte erstellen und bearbeiten

❶ Sie finden die SIM-Nummern in der Kontaktverwaltung und Telefonoberfläche zwischen den »normalen« Telefonkontakten.

❷❸ Erst in den Kontaktdetails weist ein Symbol auf den SIM-Kontakt hin (beim Galaxy J3 DUOS erkennen Sie anhand der Nummer, auf welcher SIM-Karte sich der Kontakt befindet). Es lassen sich – je nach SIM-Karte – nur Rufnummer, E-Mail-Adresse und Name bearbeiten. Betätigen Sie dafür BEARBEITEN.

7.5 Kontaktfoto und Klingelton

Jedem Kontakt können Sie ein Kontaktfoto und einen Klingelton zuordnen, welche bei eingehenden Anrufen angezeigt, beziehungsweise abgespielt, werden. Dank des für jeden Kontakt unterschiedlich festgelegten Klingeltons wissen Sie sofort, wer anruft, ohne das Handy aus der Tasche zu nehmen.

❶ Um ein Kontaktfoto zuzuweisen, tippen Sie im Bearbeitungsbildschirm auf 📷 (Pfeil).

❷ Erstellen Sie mit der großen weißen Schaltleiste eine Aufnahme. Falls Sie dagegen ein bereits auf dem Gerät vorhandenes Foto verwenden möchten, betätigen Sie 🖼 links daneben, was die Galerie-Anwendung öffnet.

❸ Das fertige Foto optimieren Sie bei Bedarf über die ☼-Schaltleiste. Schließen Sie den Vorgang mit *SPEICHERN* ab.

❶❷ In den Kontaktdetails und der Kontaktauflistung erscheint das Kontaktfoto.

> Sie können ein Kontaktfoto auch mit der Galerie-Anwendung erstellen. Siehe Kapitel *17.3.1 Einzelnes Bild bearbeiten*.

❶ Das *Klingelton*-Feld müssen Sie erst aktivieren. Gehen Sie dafür im Bearbeitungsmodus auf *Mehr anzeigen*.

❷ Betätigen Sie *Klingelton* und stellen Sie eine Melodie ein. Vergessen Sie nicht, den Vorgang mit SPEICHERN abzuschließen. Über *Nachrichtenton* können Sie auch für empfangene SMS des Kontakts ein Signal festlegen.

❸ Geht ein Anruf ein, wird das Kontaktfoto angezeigt und der zugehörige Klingelton abgespielt.

Wie Sie eigene MP3-Songs als Klingeltöne auf dem Galaxy einrichten, erfahren Sie im Kapitel *4.15.1 Signaltöne*.

Der kontaktabhängige Klingelton funktioniert natürlich nur, wenn der Anrufer seine Rufnummer nicht unterdrückt.

7.6 Suchen

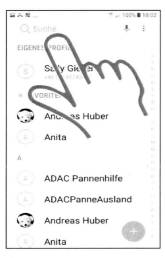 

❶ Es ist nicht unbedingt notwendig, umständlich durch Halten und Ziehen des Fingers in der Kontaktauflistung zu blättern. Tippen Sie oben ins *Suche*-Feld.

❷ Geben Sie den aufzufindenden Namen ein. Zu den eingegebenen Buchstaben, beziehungsweise Namen, zeigt das Handy die passenden Kontakte an. Dabei werden Nach- und Vorname der Kontakte durchsucht. Tippen Sie eine der Fundstellen an, um dessen Details anzuzeigen. Die Suche beenden Sie mit der ✕-Schaltleiste neben dem Suchfeld.

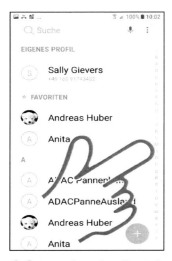 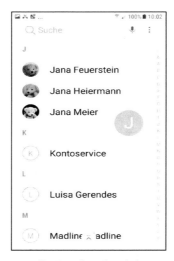

❶❷ Für ein schnelles Blättern sorgt die Buchstabenleiste rechts. Halten Sie dort den Finger angedrückt und ziehen Sie nun nach oben oder unten. In der Bildschirmmitte zeigt das Telefonbuch währenddessen den Anfangsbuchstaben an, zu dem Sie nach Loslassen des Fingers springen. Alternativ tippen Sie direkt einen Buchstaben an, zu dem Sie springen möchten.

7.7 Eigene Kontaktkarte

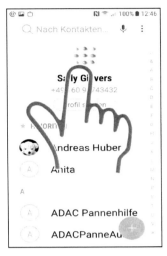 

❶ Als ersten Eintrag im Telefonbuch finden Sie ihre »Visitenkarte«.

❷ Ihre Kontaktdaten editieren Sie, wie einen »normalen« Kontakt, über die *BEARBEITEN*-Schaltleiste.

 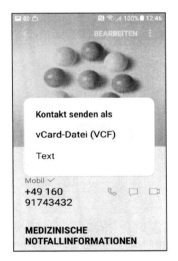 

❶ Zum Verschicken Ihrer »elektronischen Visitenkarte« gehen Sie zuerst wieder Ihren Kontakteintrag und dann auf ⋮/*Senden*.

❷ In den meisten Fällen dürften Sie im nächsten Dialog *vCard-Datei (VCF)* auswählen. Dies erzeugt eine Datei, deren Inhalt jedes Handy problemlos in sein Telefonbuch importieren kann.

❸ Wählen Sie nun den Versandweg aus (Wischen Sie über den Schaltleisten für weitere Übertragungsoptionen):

- *(Kontaktnamen)*: Kontakte, die Sie als Favoriten markiert haben (siehe Kapitel *7.9 Favoriten*). Der Versand erfolgt als MMS.
- *Nachrichten*: Kontaktdaten als VCF-Datei in einer SMS versenden. SMS beschreibt Kapitel *6 Nachrichten (SMS)*.
- *E-Mail; Gmail*: Kontaktdaten als VCF-Datei im Dateianhang einer E-Mail versenden. Gmail beschreibt Kapitel *10 Gmail*, zu Samsungs E-Mail-Programm siehe Kapitel *11 E-Mail*.
- *Android Beam*: Kontaktdaten per NFC übertragen.
- *Bluetooth*: Kontaktdaten über Bluetooth versenden.
- *In Google Drive speichern*: Im Online-Speicher gleichen Namens ablegen.
- *Link-Freigabe*: Dateiaustausch über einen Samsung-Server. Dieses Buch geht nicht weiter darauf ein.

Telefonbuch

- *OneDrive:* Kontaktdaten als VCF-Datei in Microsoft OneDrive ablegen (auf OneDrive geht dieses Buch nicht weiter ein).
- *Wi-Fi Direct*: Kontaktdaten per Wi-Fi Direct versenden.

Der Empfänger kann dann die empfangenen Kontaktdaten in sein Telefonbuch übernehmen.

Die Reihenfolge der verschiedenen Versandwege in der Auflistung wird auf Ihrem Gerät abweichen, weil das Handy sie nach der letzten Verwendung sortiert.

7.8 Gruppen

Das Gruppen-Feature ist sehr nützlich, wenn Sie des öfteren mehreren Personen die gleiche SMS oder E-Mail schicken müssen. Ein Einsatzbeispiel wäre zum Beispiel das Versenden von Rundschreiben an Vereinsmitglieder oder Firmenmitarbeiter. Legen Sie dazu einfach eine Gruppe an, denen Sie Kontakte zuweisen. Vor dem Senden einer SMS oder E-Mail wählen Sie die Gruppe als Empfänger aus. Ein Kontakt darf auch mehreren Gruppen gleichzeitig angehören.

Generell unterscheidet das Galaxy zwischen Gruppen im Gerätespeicher und in Ihrem Google-Konto. In der Praxis konnten wir zwischen beiden Speicherbereichen aber keine Unterschiede ausmachen.

 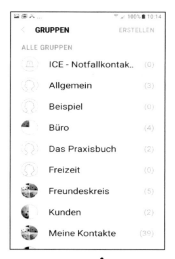

❶ ❷ In der Kontaktverwaltung schalten Sie über ⋮/*Gruppen* (Pfeil) auf die Gruppen um.

Einige Gruppen sind bereits vordefiniert.

Die *ICE-Notfallkontakte* sind eine besondere Gruppe, in die Sie Kontakte übernehmen können, die im Notfall von Helfern zu benachrichtigen sind.

7.8.1 Gruppe anlegen

❶ Zur Neuanlage einer Gruppe gehen Sie auf *ERSTELLEN*.

❷ Geben Sie den Gruppennamen ein und betätigen Sie *SPEICHERN*. Optional lässt sich hier auch ein *Gruppenton* festlegen. Diese Signalisierungen kommen jeweils zum Einsatz, wenn Sie von einem Gruppenmitglied kontaktiert werden.

❸ Die (leere) Gruppe wird angezeigt. Verlassen Sie den Bildschirm mit der ⤺-Taste.

 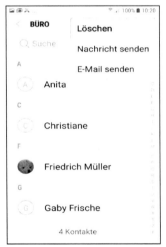 

❶❷ Zum Entfernen einer Gruppe wählen Sie sie aus und gehen auf ⁝/*Löschen*.

❸ Zum Schluss stellt Sie das Telefonbuch vor die Wahl, ob Sie nur die Gruppe oder auch deren Gruppenmitglieder löschen möchten. In der Regel möchten Sie die Gruppenmitglieder behalten, weshalb Sie ersteres auswählen.

7.8.2 Kontakte einer Gruppe hinzufügen

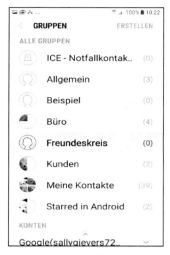 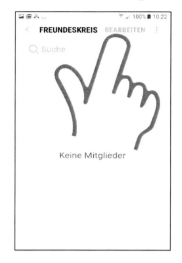 

❶ Tippen Sie die Gruppe an.

❷❸ Gehen Sie auf *BEARBEITEN* (Pfeil) und dann auf *Mitglied hinzufügen*.

 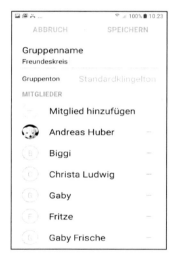 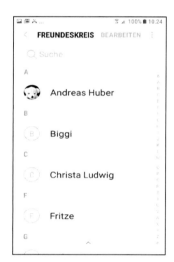

❶ Haken Sie die hinzufügenden Kontakte ab und betätigen Sie *FERTIG*.

❷ Beenden Sie den Vorgang mit *SPEICHERN*.

❸ In der Kontaktauflistung einer Gruppe stehen viele der gewohnten Telefonbuch-Funktionen zur Verfügung, beispielsweise öffnet ein Antippen von Kontakten deren Kontaktdetails.

 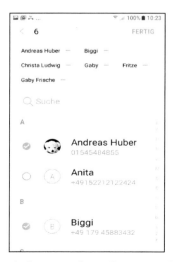

❶❷ So entfernen Sie Kontakte wieder aus einer Gruppe: Tippen und halten Sie den Finger auf einem Kontakt, bis dieser abgehakt ist. Sie können nun weitere Kontakte abhaken und mit *ENT-*

FERNEN löschen.

❶ Schon bei der Kontaktanlage und Bearbeitung lassen sich die Gruppen zuweisen: Betätigen Sie die *Gruppen*-Schaltleiste.

❷❸ Aktivieren Sie die Gruppen und betätigen Sie die ⮌-Taste.

7.9 Favoriten

❶ Kontakte, mit denen Sie häufiger zu tun haben, sollten Sie als Favoriten markieren. Dazu aktivieren Sie in den Kontaktdetails jeweils den Stern. Erneutes Antippen des Sterns deaktiviert den Favoritenstatus wieder.

❷ Das Telefonbuch zeigt die Favoriten ganz oben in der Kontaktauflistung an.

7.10 Kontakte im Startbildschirm

Im Startbildschirm lassen sich Verknüpfungen auf Kontakte anlegen, um den Zugriff zu erleichtern. Zum Einsatz kommen dabei sogenannte Widgets (weitere Infos zu den Widgets finden Sie im Kapitel *4.8.2 Widgets*).

7.10.1 Direktwahl

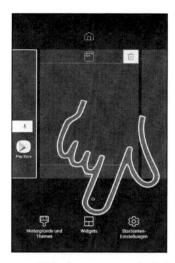

❶ Wechseln Sie zuerst mit mehreren Wischgesten nach links oder rechts in eine freie Seite des Startbildschirms (löschen Sie gegebenenfalls, wie im Kapitel *4.8.2.b Widget entfernen* beschrieben, nicht benötigte Widgets auf einer Startbildschirmseite). Führen Sie dann eine Kneifgeste durch und rufen Sie *Widgets* auf.

❷ Aktivieren Sie das *Widgets*-Register.

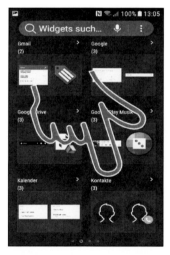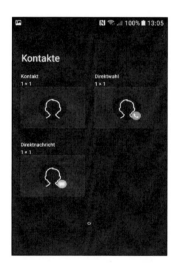

❶ Blättern Sie mit einer Wischgeste nach rechts/links durch die Widgets. Tippen Sie dann auf *Kontakte*.

❷ Zur Auswahl stehen drei Widgets:

- *Direktnachricht*: Neue SMS an den Kontakt erstellen.
- *Direktwahl*: Das Handy wählt die Kontaktrufnummer an.
- *Kontakt*: Anzeige der Kontaktdetails.

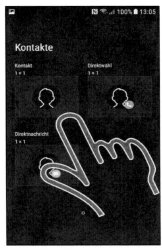 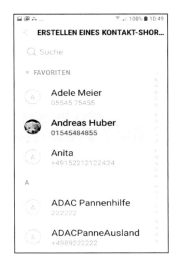

❶ In unserem Beispiel tippen und halten wir den Finger auf *Kontakt*. Platzieren Sie das Widget in den gewünschten Bildschirmbereich und lassen Sie den Finger los.

❷ Sie müssen nun den Kontakt auswählen.

❸ Antippen des Widgets öffnet die Kontaktdetails.

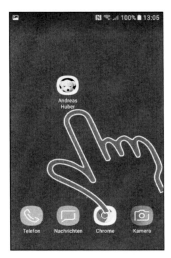 

❶❷ Antippen des Kontakts im Startbildschirm öffnet die Kontaktdetails.

7.11 Einstellungen

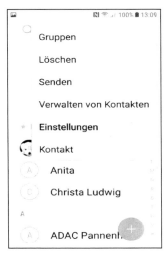 

❶❷ Gehen Sie auf ⋮/*Einstellungen*.

❸ Die verfügbaren Optionen:

Unter *ANZEIGE:*

- *Anzuzeigende Kontakte*: Stellen Sie ein, welche Datenquellen (unter anderem Gerätespeicher, Google-Konto und SIM-Karte) bei der Kontaktanzeige berücksichtigt werden.
- *Sortieren nach*: Sortierung der Kontaktliste nach *Vorname* oder *Nachname*.
- *Namensformat*: Namen nach Vorname, Nachname oder umgekehrt auflisten.
- *Häufig kontaktiert anzeigen*: Diese Option listet alle Kontakte, die Sie mehrmals angerufen haben als erstes in der Kontaktliste auf.

Unter *WEITERE EINSTELLUNGEN*:

- *Mehrere Kontakte teilen*: Ältere Handys können über Bluetooth oder E-Mail empfangene Kontaktdaten (sogenannte VCF-Dateien) nicht importieren, wenn darin mehrere Kontakte enthalten sind. Da dieser Umstand nur bei Uralt-Handys auftritt, sollten Sie die hier voreingestellten Exporteinstellungen nicht ändern.

8. Internet einrichten und nutzen

Ihr Galaxy ist ein wahres Kommunikationsgenie. Sie können damit im Internet surfen, E-Mails und SMS verarbeiten. Um die Konfiguration des Internetzugangs brauchen Sie sich in der Regel nicht zu kümmern, da dies vom Galaxy automatisch erledigt wird.

> Sie brauchen dieses Kapitel nicht durchzuarbeiten, um Internet über Ihren Mobilnetzbetreiber zu nutzen. Lesen Sie aber mindestens Kapitel *8.2 Umschaltung WLAN und Mobilfunk-Internet* durch, wo erklärt wird, wie Sie zwischen WLAN- und Mobilfunk-Internet umschalten.

8.1 Internetzugang einrichten

Alle Mobilfunknetzbetreiber haben heutzutage jeweils einen eigenen Internetzugang im Programm, der sich ohne Grundgebühr und vorherige Anmeldung nutzen lässt.

8.1.1 Tipps zum Internetzugang

Zwar können Sie bei allen Mobilfunkanbietern nach dem Einlegen der SIM-Karte sofort das Internet nutzen, empfehlenswerter ist es aber, sich nach einem geeigneten Mobilfunktarif mit Internetzugang umzusehen.

8.1.1.a Kostenfalle Standardvertrag

In den Standardverträgen wird der Internetzugang zeit- oder datenmengenabhängig abgerechnet, was selbst bei unregelmäßiger Nutzung schnell teuer wird. Besser dran ist man mit Internetpaketen, die nur wenige Euro pro Monat kosten und 512 Megabyte bis 1 Gigabyte Transfervolumen (»Traffic«) beinhalten. Überschreitet man das inkludierte Transfervolumen, so wird die Übertragungsgeschwindigkeit meist gedrosselt. Sie sollten auf jeden Fall die Vertragskonditionen Ihres Netzbetreibers genau studieren, um nicht in die Kostenfalle zu tappen.

Werfen Sie auch einen Blick auf alternative Anbieter abseits der großen Netzbetreiber Telefonica (O2/E-Plus), Telekom und Vodafone. Häufig kann man auch einen sogenannten Surf-Stick miterwerben, den man über USB ans Notebook anschließt, sodass man das Internet bequem auch unterwegs nutzen kann.

8.1.1.b Die Alternative: WLAN

Heutzutage gibt es an vielen Orten beispielsweise Flughäfen, Hotels oder Bars, WLAN-Hotspots, über die Sie kostenlos online gehen können. Auch in Innenstädten findet man häufig »offene« WLANs, die kostenlos nutzbar sind, weil einige DSL-Kunden ihr WLAN absichtlich oder unabsichtlich unverschlüsselt zur Verfügung stellen. Im Kapitel *8.2 Umschaltung WLAN und Mobilfunk-Internet* erläutern wir Ihnen daher, wie Sie das Internet zwischen Mobilfunkverbindung und WLAN umschalten.

8.1.1.c Teuer! Teuer! Teuer!

WICHTIG: Das Galaxy ist wegen seiner Kommunikationsfunktionen auf eine dauerhafte Internetverbindung über das Mobilfunkinternet angewiesen. Sofern Sie ihr Gerät im Handy-Shop erworben haben, wird Sie der Verkäufer mit Sicherheit darauf aufmerksam gemacht haben, dass ein Vertrag mit Internet-Flatrate notwendig ist. Nehmen Sie deshalb das Galaxy am besten nicht in Betrieb, wenn Sie noch keine Internetflatrate bei Ihrem Mobilnetzbetreiber haben.

Zwar ist es möglich, die Option »*Mobile Daten*« zu deaktivieren (siehe Kapitel *8.2.2 Mobilfunk-Internet aktivieren/deaktivieren*), damit kein Mobilfunk-Internet genutzt wird, damit geht aber ein großer Teil des Charms vom Galaxy verloren.

8.1.2 Automatische Einrichtung

Sobald Sie das Handy nach dem Einlegen einer neuen SIM-Karte einschalten, werden alle Mobilnetz-abhängigen Einstellungen, darunter Mailbox, SMS-Konfiguration und mobiles Internet automatisch konfiguriert.

8.1.3 Weitere Konfigurationsparameter

Die folgenden Menüs rund um den Internetzugang werden Sie selten benötigen, da bereits vom Handy die optimalen Einstellungen vorgenommen wurden.

 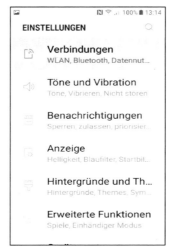 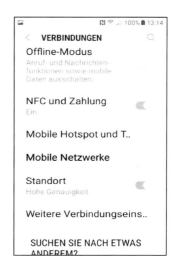

❶ Gehen Sie in die *Einstellungen* im Hauptmenü.

❷❸ Rufen Sie *Verbindungen/Mobile Netzwerke* auf.

❶ Hier stellen Sie ein:

- *Daten-Roaming*: Wenn Sie sich im Ausland befinden, nutzt das Handy automatisch einen lokalen Netzbetreiber, was man auch als »Roaming« bezeichnet. Die lokalen Netzbetreiber berechnen meist sehr hohe Internetkosten für das »Daten-Roaming«, die Ihr Netzbetreiber Ihnen dann in Rechnung stellt. Damit Sie keine unangenehme Überraschung erleben, sollten Sie auf die Internetnutzung verzichten und deshalb das *Daten-Roaming* deaktiviert lassen.

- *Netzmodus* (❷): Sie können für Telefonie und Mobilfunk-Internet zwischen verschiedenen Mobilfunkstandards umschalten. Es empfiehlt sich aber, die Voreinstellung *LTE/3G/2G (automatisch verbinden)* nicht zu ändern, damit Sie immer Datenübertragungen mit der höchstmöglichen Geschwindigkeit erhalten.

- *Zugangspunkte*: Konfiguriert die Datenkonten für den Mobilfunk-Internetzugang. Hier brauchen Sie normalerweise nichts zu ändern, da das Internet vom Handy automatisch eingerichtet wird.

- *Netzbetreiber*: Diese Funktion ist für Anwender interessant, die häufiger im Ausland unterwegs sind. Standardmäßig bucht sich das Handy im Ausland in eines der Mobilnetze ein, mit denen Ihr Mobilnetzbetreiber eine Roaming-Vereinbarung hat. Recht häufig stehen dabei mehrere Roaming-Netze zur Auswahl, welche unterschiedliche Kosten verursachen. Wenn Sie also wissen, welcher Roaming-Partner am günstigsten ist, können Sie ihn hier fest einstellen. Vorsicht: Die manuelle Auswahl des Netzwerks ist wirklich nur für Profi-Anwender geeignet. Beachten Sie, dass im Ausland viele Netzbetreiber nur regionale Netze betreiben und Sie deshalb eventuell nicht erreichbar sind.

8.2 Umschaltung WLAN und Mobilfunk-Internet

Sie können einstellen, dass alle Internetverbindungen über WLAN oder eine Mobilfunkverbindung ablaufen. Beachten Sie aber, dass Sie unterwegs nur bei einer Mobilfunkverbindung immer das Internet nutzen können, da WLAN nur an bestimmten Orten, beispielsweise in Hotels, Bars, Flughäfen, usw. zur Verfügung steht. Meist finden Sie an den mit WLAN ausgestatteten Orten auch entsprechende Hinweisschilder.

8.2.1 WLAN aktivieren/deaktivieren

❶ Nach Aktivierung des Benachrichtigungsfelds betätigen Sie 🛜 (Pfeil).

❷❸ Wählen Sie einen der gefundenen WLAN-Zugangspunkte aus. Sofern dieser verschlüsselt ist, fragt Sie das Galaxy nach dem Passwort, das Sie eventuell vom WLAN-Betreiber erfragen müssen. Betätigen Sie dann *VERBINDEN*.

> Sofern Sie zuhause ein verschlüsseltes WLAN nutzen (was zu empfehlen ist!), haben Sie vielleicht das benötigte Passwort nicht parat. Rufen Sie in dem Fall auf einem PC oder Notebook, das mit WLAN verbunden ist, die Weboberfläche des WLAN-Routers auf und lassen Sie sich dort das Passwort anzeigen. Bei einer Fritz-Box müssten Sie beispielsweise *fritz.box* als Webadresse aufrufen und dann auf *WLAN/Sicherheit* gehen.

Internet einrichten und nutzen 117

Nach einigen Sekunden erscheint das ⧖-Symbol in der Titelleiste (Pfeil). Sie können nun Internet über WLAN nutzen.

> Weitere Hinweise zur WLAN-Nutzung finden Sie im Kapitel *9 WLAN*.
>
> Wenn Sie WLAN am Galaxy deaktivieren und dann nochmals eine Verbindung zu einem verschlüsselten WLAN aufbauen, wird das benötigte Passwort nicht erneut abgefragt.

8.2.2 Mobilfunk-Internet aktivieren/deaktivieren

Haben Sie keinen Mobilfunkvertrag mit Datenflatrate, dann sollten Sie das Mobilfunk-Internet am Galaxy ausschalten.

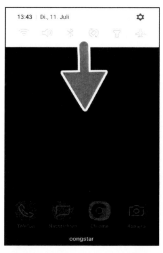 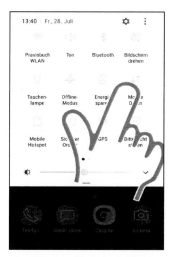

❶ Die Aktivität des Mobilfunk-Internets steuern Sie über das Benachrichtigungsfeld. Führen Sie zuerst eine Wischgeste über den Schaltleisten nach unten durch.

❷ Deaktivieren Sie ↓↑, um das Mobilfunk-Internet abzuschalten (auf dem gleichen Wege lässt sich Mobilfunk-Internet auch wieder aktivieren).

9. WLAN

Schon seit einigen Jahrzehnten bieten verschiedene Hersteller Produkte zur drahtlosen Koppelung von Netzwerken an. War das Einsatzgebiet zuvor auf professionelle Anwender wie Telekommunikationsunternehmen beschränkt, die aus der Portokasse einige zehntausend Euro auf den Tisch legten, um noch teurere Erdleitungen zu vermeiden, so ist die Funkübertragung seit einiger Zeit auch für Privatanwender erschwinglich. Möglich gemacht haben dies die Einführung von weltweit genormten Funkstandards für WLAN (Wireless Local Area Network) und die behördliche Freigabe von Frequenzen. Die verschiedenen Standards zur Computervernetzung bezeichnet man auch als »Wireless Fidelity« oder kurz »Wifi«. WLAN wird im Privatbereich meist ausschließlich dazu genutzt, um PCs, Notebooks, Handhelds, usw. ans Internet anzuschließen. Dazu benötigt man nur einen sogenannten WLAN-DSL-Router, wie er heute schon für weniger als hundert Euro zu haben ist. Unterwegs kann man auch sogenannte WLAN-Hotspots (»WLAN-Zugangspunkte«) nutzen, die man in zahlreichen Hotels, Flughäfen, Bars, usw. findet. In Städten finden Sie zudem häufig »offene« WLAN-Zugangspunkte, bei denen absichtlich oder unabsichtlich Privatleute die Nutzung Ihres WLAN-Routers erlauben. Kommerzielle WLAN-Zugangspunkte sind dagegen häufig nur nach Bezahlung nutzbar. Dazu verwenden die Zugangspunkte eine Verschlüsselung, für die man ein Passwort eingeben muss.

9.1 WLAN-Verbindung aufbauen

In den meisten Haushalten und Büros ist ein WLAN anzutreffen, denn heute bekommt man mit der Einrichtung des DSL-Anschlusses auch gleich einen sogenannten WLAN-Router »hinterher geworfen«. Für den WLAN-Zugriff sind im Handel USB-Adapter für den PC verfügbar. Aktuelle Notebooks und praktisch alle Handys und Tablets wie das Galaxy sind schon von Haus aus mit einem WLAN-Modul ausgestattet.

Wenn Sie das erste Mal WLAN nutzen, müssen Sie erst das WLAN-Modul am Galaxy einschalten und dann eine Verbindung zum WLAN-Router aufbauen, was in diesem Kapitel beschrieben wird.

Beachten Sie auch Kapitel *8.2 Umschaltung WLAN und Mobilfunk-Internet*, in dem erläutert wird, wie Sie zwischen WLAN- und Mobilfunk-Internet umschalten.

9.1.1 WLAN über die Einstellungen einrichten

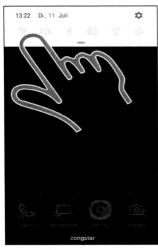  

❶ Nach Aktivierung des Benachrichtigungsfelds tippen Sie 🛜 an (Pfeil).

❷ Warten Sie, bis die gefundenen WLANs anzeigt werden, wovon Sie einen auswählen (falls der WLAN-Dialog auch nach mehreren Sekunden nicht erscheint, müssen Sie das Benachrichtigungsfeld öffnen und dort die WLAN-Meldung antippen).

❸ Vielleicht haben Sie bereits einen WLAN-Zugangspunkt auf dem Galaxy eingerichtet? In diesem Fall erscheint nicht das WLAN-Auswahlmenü, sondern das Handy baut die Verbindung zum WLAN-Zugangspunkt auf und zeigt die Meldung »*Mit WLAN-Netz xxx verbunden*« an. Wie Sie einen anderen WLAN-Zugangspunkt verwenden, zeigt Kapitel *9.2 WLAN-Zugangspunkte verwalten*.

❶ Sofern das WLAN verschlüsselt ist, fragt Sie das Galaxy nach dem Passwort, das Sie eventuell vom WLAN-Betreiber erfragen müssen. Betätigen Sie dann *VERBINDEN*.

❷ Nach einigen Sekunden erscheint das 🛜-Symbol in der Titelleiste (Pfeil). Sie können nun Internet über WLAN nutzen.

9.1.2 WPS-Schnellverbindung

Weil viele Anwender beim Aufbau von WLAN-Verbindungen überfordert sind – die wenigsten kennen das bei verschlüsseltem WLAN-Zugangspunkt nötige Passwort – wurde WPS (Wi-Fi Protected Setup) entwickelt. Bei WPS erhält der Nutzer von einem der beteiligten Geräte ein Passwort, das er dann beim Kommunikationspartner eingeben muss.

Beim Galaxy werden zwei WPS-Verbindungsmethoden unterstützt:

- WPS-PIN: Sie müssen Sie das vom Handy angezeigte Passwort in der (Web-)Benutzeroberfläche des Routers eingeben. Der Vorteil der WPS-Methode ist, dass das Passwort bei Bedarf erzeugt wird und nur einmal gültig ist.

- WPS-Taste: Eine speziell gekennzeichnete »WPS«-Taste am WLAN-Router sorgt dafür, dass das Handy sich mit dem WLAN verbindet.

> Überprüfen Sie vorher, ob Ihr WLAN-Router den WPS-Modus unterstützt. Dies geschieht über die Weboberfläche des Routers, welche Sie im Webbrowser auf einem damit verbundenen PC oder Notebook aufrufen. Für weitere Details müssen wir an dieser Stelle auf die jeweilige Anleitung des WLAN-Routers verweisen.

 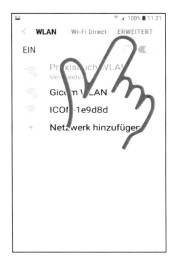

❶ Aktivieren Sie das Benachrichtigungsfeld, dann tippen und halten Sie den Finger auf der 🛜-Schaltleiste.

❷ Gehen Sie auf *WEITERE NETZWERKE*.

❸ Nun betätigen sie *ERWEITERT*.

❶ Je nachdem, welche Verbindungsmethode Sie bevorzugen, rufen Sie *WPS-Taste drücken* oder *WPS-PIN eingeben* auf.

❷ Nach dem Aufruf von ⋮/*WPS-PIN eingeben* zeigt das Handy einen Code an, den Sie beim WLAN-Router bestätigen müssen. Dafür ist es notwendig, auf einem PC oder Notebook, der mit dem WLAN-Router verbunden ist, die Weboberfläche des WLAN-Routers aufzurufen und in das WLAN-Menü zu gehen, worin Sie dann das Galaxy freigeben.

9.2 WLAN-Zugangspunkte verwalten

Im *WLAN*-Menü wechseln Sie zwischen den genutzten WLAN-Zugangspunkten und stellen Netzbenachrichtigungen und den Funkkanal ein.

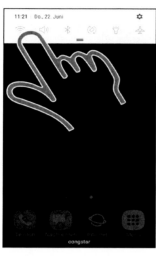 

❶ Aktivieren Sie das Benachrichtigungsfeld, dann tippen und halten Sie den Finger auf der 🛜-Schaltleiste.

❷ Das Handy listet die vorhandenen WLAN-Zugangspunkte auf, von denen Sie einen auswählen. Abhängig davon, ob Sie den Zugangspunkt schon mal genutzt haben, wird gegebenenfalls das Passwort abgefragt.

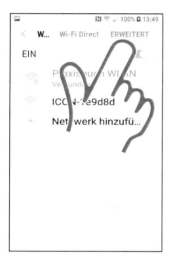 

❶❷ Das *ERWEITERT*-Menü (Pfeil) zeigt weitere Optionen an:

- *Adaptives WLAN*: Bei schlechter WLAN-Verbindung wechselt das Handy automatisch auf das Mobilfunkinternet.

- *Netzwerke verwalten*: Listet die WLAN-Zugangspunkte auf, die Sie bereits genutzt haben.

- *WPS-Taste drücken; WPS-PIN eingeben:* Die WPS-Funktion, auf die bereits Kapitel *9.1.2 WPS-Schnellverbindung* eingeht, soll den Verbindungsaufbau mit WLAN-Zugangspunkten erleichtern.

- *WLAN im Standbymodus eingeschaltet lassen*: Eine Reihe von Programmen auf dem Galaxy nutzen im Standbymodus (wenn das Display ausgeschaltet ist), die Internetverbindung. Beispielsweise werden E-Mails automatisch abgerufen. Deaktivieren Sie *Immer*, so erfolgt der Datenabruf stattdessen über das Mobilfunk-Internet. Sie sollten deshalb diese Option nicht deaktivieren.

- *Netzwerkzertifikate installieren*: Einige Programme benötigen spezielle Verschlüsselungszertifikate beispielsweise in Unternehmensnetzwerken, welche Sie hiermit installieren.

- *WLAN-Steuerungsverlauf*: Listet alle Anwendungen auf, welche das WLAN mal ein- oder ausgeschaltet haben.

9.3 WLAN unterwegs sicher einsetzen

In vielen Fällen stehen an Orten mit großem Publikumsverkehr (Hotels, Kongresshallen, Bars, Flughäfen, usw.) WLAN-Zugangspunkte, die teilweise sogar unverschlüsselt sind und daher ohne vorherige Kennworteingabe nutzbar sind. Datendiebe machen sich diesen Umstand zunutze, denn unverschlüsselte WLAN-Verbindungen lassen sich mit geringem technischen Aufwand abhören, um Logins und Passwörter der vom arglosen Anwender genutzten Onlinedienste abzufangen. Andererseits können Hacker selbst ein WLAN aufspannen, was ebenfalls Abhörmöglichkeiten eröffnet. Sofern verschlüsselte Verbindungen (SSL) wie sie zum Beispiel beim Online-Banking inzwischen üblich sind, genutzt werden, ist man natürlich recht sicher.

Wir raten generell von der Nutzung unbekannter WLANs ab. Fragen Sie beispielsweise in einem Hotel an der Rezeption, nach, welche verschlüsselten WLANs das Hotel anbietet und nutzen Sie nur diese. Übrigens sagt der Name eines WLANs noch nichts über dessen Authentizität aus, denn jeder WLAN-Betreiber hat die Möglichkeit, seinem WLAN einen seriös klingenden Namen wie »Telekom WLAN« zu geben.

10. Gmail

Gmail ist ein kostenloser E-Mail-Dienst, der auf dem PC über eine bequeme Web-Oberfläche genutzt wird. Besuchen Sie mit Ihrem Webbrowser auf dem PC die Webadresse *mail.google.com* für weitere Informationen und zur Neuregistrierung.

Im Gegensatz zu Mail-Programmen auf dem PC synchronisiert die Gmail-Anwendung alle Nachrichten mit der Gmail-Weboberfläche. Das heißt, Sie haben sowohl online, als auch auf dem Gerät, immer den gleichen Nachrichtenstand. Beachten Sie aber, dass einige Funktionen der Weboberfläche auf dem Gerät selbst nur eingeschränkt zur Verfügung stehen.

Bevor die Gmail-Anwendung genutzt werden kann, muss der Internetzugang, wie im Kapitel *8.1 Internetzugang einrichten* beschrieben, konfiguriert sein. Für Gmail müssen Sie auf dem Gerät erst ein Google-Konto einrichten, was Kapitel *24 Das Google-Konto* erläutert.

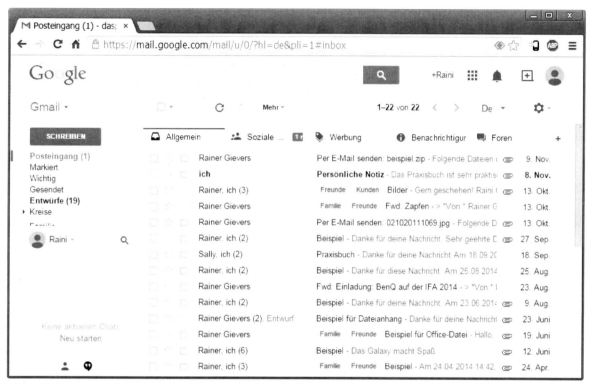

Die Weboberfläche von Gmail im PC-Webbrowser.

❶❷ *Gmail* finden Sie im *Google*-Ordner des Hauptmenüs (Pfeil).

❶❷ Betätigen Sie beim ersten Start *OK* und dann *WEITER ZU GMAIL*.

❶ Beim ersten Start erscheinen diverse Hinweise, welche Sie nun mit einer horizontalen Wischgeste beziehungsweise der ✕-Schaltleiste entfernen.

❷ Die großen bunten Symbole vor den einzelnen Nachrichten enthalten jeweils den ersten Buchstaben des Absenders, im Beispiel also »C« für einen C&A-Newsletter, usw.

10.1 Gmail in der Praxis

10.1.1 E-Mails abrufen

  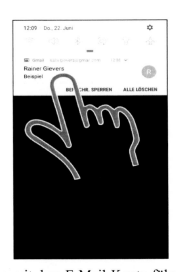

❶ Für die Synchronisierung der E-Mails in der Gmail-Anwendung mit dem E-Mail-Konto führen

Sie eine Wischgeste von oben nach unten in der E-Mail-Oberfläche durch (dies ist in der Regel aber nicht nötig, weil neue Nachrichten automatisch abgerufen werden).

❷ Wenn neue Nachrichten vorliegen, erscheint in der Titelleiste ein M-Symbol (Pfeil).

❸ Öffnen Sie das Benachrichtigungsfeld (siehe Kapitel *4.8.5 Titelleiste und Benachrichtigungsfeld*) und tippen Sie auf den Nachrichteneintrag, worauf der Gmail-Posteingang angezeigt wird. Sofern nur eine neue Nachricht empfangen wurde, zeigt Gmail diese statt des Posteingangs an.

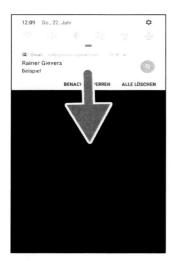 

❶❷ Auch das Archivieren (siehe Kapitel *10.2.3 Archivieren*) und Beantworten einer Nachricht ist direkt über zwei Schaltleisten im Benachrichtigungsfeld möglich. Dazu wischen Sie auf dem Nachrichteneintrag nach unten.

> Die Gmail-Anwendung arbeitet speicheroptimiert, das heißt beim Blättern in der Nachrichten- auflistung lädt sie automatisch die als nächstes anzuzeigenden Mails nach. Dies kann bei einer langsamen Mobilfunkverbindung manchmal einige Sekunden dauern. Sie sehen dann »*Konversationen werden geladen*«.

❶ Alle noch ungelesenen Nachrichten erscheinen in Fettschrift. Tippen Sie nun eine Nachricht an, die Sie lesen möchten.

❷ Die Bedeutung der Schaltleisten am oberen Bildschirmrand:

- ▢ (Archivieren): Entfernt eine Nachricht aus dem Posteingang, ohne sie zu löschen. Siehe auch Kapitel *10.2.3 Archivieren*.
- 🗑: Nachricht löschen.
- ✉ (Ungelesen): Setzt den Nachrichtenstatus auf »ungelesen« und schaltet wieder auf den Posteingang um.

❸ Über eine Kneifgeste (zwei Finger, beispielsweise Daumen und Zeigefinger, gleichzeitig auf das Display drücken), können Sie die Ansicht vergrößern/verkleinern. Verschieben Sie bei Bedarf dann mit dem Finger den angezeigten Bildschirmausschnitt. Alternativ tippen Sie zweimal schnell hintereinander auf den Nachrichtentext.

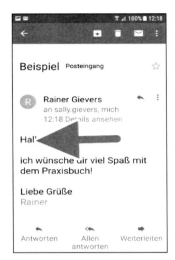  

❶ Ziehen Sie mit angedrücktem Finger nach links/rechts, um zur nächsten älteren/neueren Nachricht zu blättern.

❷ Die ⬅-Schaltleiste erstellt eine Antwort-Nachricht an den Absender.

❸ Das ⋮-Menü:

- *Allen antworten*: Sofern die E-Mail mehrere Empfänger enthält, können Sie Ihre Antwort-Nachricht an alle Empfänger senden. Wir raten davon aber ab, weil dies unter Umständen zu peinlichen Situationen führen kann, beispielsweise, wenn ein Kunde die interne Kommunikation eines Unternehmens zugesandt bekommt.

- *Weiterleiten*: Erstellt eine neue Nachricht mit dem Nachrichtentext.

- *Markieren; Markierung entfernen*: Markiert eine Nachricht als Favoriten beziehungsweise entfernt die Markierung wieder. Siehe Kapitel *10.2.6 Markierungen*.

- *Drucken*: Auf die Druckausgabe geht dieses Buch nicht ein.

- *xxx blockieren*: Künftig landen alle E-Mails des Absenders im *Spam*-Ordner.

Die Funktionen zum Antworten und Weiterleiten finden Sie auch am Ende der E-Mail.

10.1.2 Absender ins Telefonbuch aufnehmen

 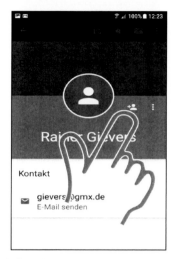 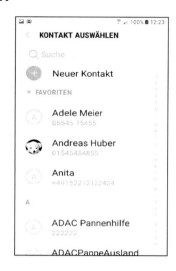

❶ Tippen Sie mit dem Finger auf die Silhouette.

❷❸ Betätigen Sie ⁺⚇ (Pfeil), worauf die Kontaktliste erscheint, in der Sie entweder einen bestehenden Kontakt auswählen oder mit *Neuer Kontakt* einen weiteren Kontakteintrag erstellen.

10.1.3 Dateianlagen

❶ Nachrichten mit Dateianlagen erkennen Sie am ⊖-Symbol (Pfeil) in der Nachrichtenauflistung.

❷❸ Bild-Dateianlagen zeigt Gmail in einer Vorschau. Tippen Sie sie jeweils für eine Vollbildanzeige an. Über ⋮/*Speichern* beziehungsweise ⋮/*Alle speichern* landen die Dateien im Gerätespeicher.

> Heruntergeladene Dateianlagen landen im Verzeichnis *download* auf dem Handy.

10.1.4 Labels

Labels haben bei Gmail die gleiche Funktion wie Ordner. Deshalb werden auch die klassischen E-Mail-Ordner *Postausgang*, *Entwürfe*, *Gesendet*, usw. bei Gmail als »Label« bezeichnet. Man darf einer Mail mehrere Labels gleichzeitig zuweisen.

 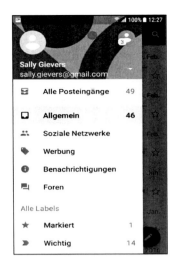 

❶❷ Zur Anzeige der E-Mails eines Labels tippen Sie oben links (Pfeil) für das Ausklappmenü:

Die Nachrichten sind eingeteilt nach (diese Informationen wurden der Gmail-Hilfe unter *support.google.com/mail/answer/3055016* entnommen):

- *Alle Posteingänge*: Falls Sie mehrere Google-Konten nutzen, zeigen Sie diese alle zusammen an. Siehe Kapitel *10.5 Nutzung mehrerer E-Mail-Konten*.
- *Allgemein:* Nachrichten von Freunden und Verwandten sowie sonstige Nachrichten, die nicht in einem der anderen Labels angezeigt werden.
- *Soziale Netzwerke*: E-Mails aus sozialen Netzwerken, Plattformen zum Teilen von Inhalten, Online-Partnervermittlungen, Spieleplattformen oder anderen sozialen Websites.
- *Werbung*: Werbeaktionen, Angebote und sonstige Werbe-E-Mails.
- *Benachrichtigungen:* Benachrichtigungen wie Bestätigungen, Belege, Rechnungen und Kontoauszüge.
- *Foren:* E-Mails aus Online-Gruppen, Diskussionsforen und Mailinglisten.

Unter *Alle Labels* finden Sie:

- *Markiert*: Der »Markiert«-Status kann Nachrichten oder Konversationen zugewiesen werden. Siehe dazu auch Kapitel *10.2.6 Markierungen*.
- *Wichtig*: Gmail erkennt automatisch Nachrichten, die für Sie interessant oder wichtig sind und ordnet sie unter *Wichtig* ein. Siehe auch Kapitel *10.2.5 Wichtig-Label und der sortierte Eingang*.
- *Gesendet*: Versandte Nachrichten.
- *Postausgang*: Zum Versand bereitstehende Nachrichten.
- *Entwürfe*: Nachrichten, die bereits vorbereitet, aber noch nicht versandt wurden.
- *Alle E-Mails*: Zeigt alle Mails sortiert als sogenannte Konversationen an.
- *Spam*: Als Spam erkannte Mails.
- *Papierkorb*: Von Ihnen gelöschte Mails.

Tippen Sie ein Label, deren zugeordneten E-Mails Sie ansehen möchten, an.

❸ Am oberen Bildschirmrand (Pfeil) sehen Sie, in welchem Ordner Sie sich gerade befinden.

> Auf die Funktion der einzelnen Label gehen die folgenden Kapitel ein. Nicht genutzte Label blendet die Gmail-Anwendung aus.
>
> Befinden Sie sich in einem anderen Ordner als *Allgemein*, dann kehren Sie mit der ⤺-Taste wieder zu *Allgemein* zurück.

Gmail

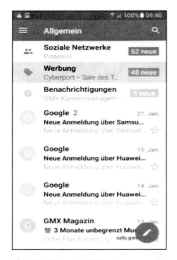 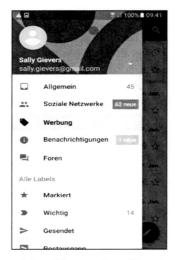 

❶ Mails mit Werbung oder von sozialen Netzwerken (Facebook, Twitter, Instagram, usw.) sortiert Gmail automatisch in die Label-Ordner *Soziale Netzwerke* beziehungsweise *Werbung* ein. Sie erhalten dann einen Hinweis in der Nachrichtenauflistung. Tippen Sie ihn an, wenn Sie den entsprechenden Label-Ordner öffnen möchten.

❷❸ Alternativ gehen Sie im Ausklappmenü auf das Label.

10.1.5 E-Mails beantworten

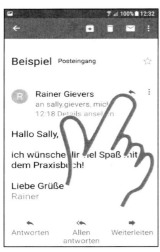  

❶ Zum Beantworten einer gerade angezeigten E-Mail betätigen Sie einfach die ↩-Schaltleiste (Pfeil).

❷ Geben Sie nun den Nachrichtentext ein und betätigen Sie ➤. Es erscheint dann für einige Sekunden der Hinweis »*Nachricht wird gesendet*«, während die Nachricht verschickt wird.

❸ Die von Ihnen verschickte E-Mail erscheint unter dem Nachrichtentext der beantworteten. Verlassen Sie den Bildschirm mit der ⤺-Taste.

 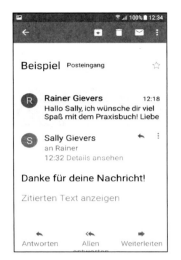 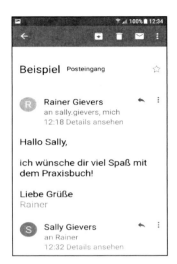

❶ Gmail verwaltet die Nachrichten als »Konversationen«, das heißt, alle Nachrichten, die Sie mit einem Kommunikationspartner austauschen, werden unter einem Eintrag zusammengefasst. Sie erkennen die Konversationen daran, dass beim Betreff ein »*ich*« und die Zahl der ausgetauschten Nachrichten erscheint. Tippen Sie den Betreff an, um die Konversation anzuzeigen.

❷❸ Es erscheinen Karteireiter mit den Nachrichten, die Sie mit dem Kommunikationspartner ausgetauscht haben. Tippen Sie einen Karteireiter an, um die zugehörige Nachricht auszufalten. Erneutes Antippen eines Karteireiters blendet die Nachricht wieder aus. Mit einer vertikalen Wischgeste können Sie zudem durch die aufgeklappten Nachrichten rollen.

❶❷ Mitunter sind in einer Konversation sehr viele Nachrichten enthalten, die Gmail dann hinter einem Kreis-Symbol verbirgt (Pfeil). Tippen Sie darauf, um die Nachrichten einzublenden.

10.1.6 E-Mail neu schreiben

❶ Betätigen Sie die rote Schaltleiste (Pfeil).

❷❸ Im *An*-Feld erfassen Sie nun den Empfänger. Gmail sucht bereits bei der Eingabe des Kontaktnamens passende E-Mail-Adressen und listet diese auf. Tippen Sie einfach die Gewünschte an.

Gmail blendet beim ersten Mal keine Kontaktvorschläge ein, sondern die Abfrage *Kontaktvorschläge zulassen*. Tippen Sie darauf, und dann auf ZULASSEN, um Kontaktvorschläge zu erlauben.

Die E-Mail-Adresse landet im Empfängerfeld. Falls Sie einen weiteren Empfänger hinzufügen möchten, geben Sie diesen einfach dahinter ein. Geben Sie nun Betreff und Nachrichtentext ein und betätigen Sie ➤ (oben rechts) zum Senden.

  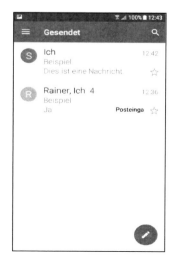

❶ Die versandte Mail finden Sie im *Gesendet*-Ordner. Aktivieren Sie dafür das Ausklappmenü (Pfeil).

❷❸ Wählen Sie *Gesendet* aus, worauf die versandten Nachrichten aufgelistet werden.

10.1.7 Weitere Funktionen bei der E-Mail-Erstellung

 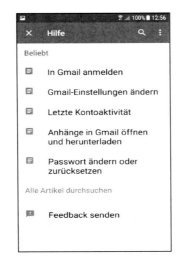

❶ Im E-Mail-Editor finden im ⋮-Menü folgende Optionen:

- *Aus Kontakten hinzufügen*: Weiteren Empfänger hinzufügen.
- *Entwurf speichern*: Speichert die E-Mail als Entwurf. Siehe Kapitel *10.1.8 Entwürfe*.
- *Verwerfen*: Nachricht ohne zu senden verwerfen.
- *Einstellungen*: Die Einstellungen beschreibt bereits Kapitel *10.3 Einstellungen*.
- *Hilfe & Feedback* (❷): Ausführliche Hilfeseiten. Falls Ihnen etwas an Gmail auffällt, das Ihnen nicht gefällt, oder Sie Verbesserungsvorschläge haben, können Sie diese außerdem an Google senden.

10.1.7.a Cc/Bcc

❶❷ Über ∨ (Pfeil) hinter dem *An*-Eingabefeld aktivieren Sie zusätzliche Eingabefelder. Deren Bedeutung:

- *Cc*: Der Begriff Cc steht für »Carbon Copy«, zu deutsch »Fotokopie«. Der ursprüngliche Adressat (im *An*-Eingabefeld) sieht später die unter *Cc* eingetragenen weiteren Empfänger. Die *Cc*-Funktion ist beispielsweise interessant, wenn Sie ein Problem mit jemandem per E-Mail abklären, gleichzeitig aber auch eine zweite Person von Ihrer Nachricht Kenntnis erhalten soll.

- *Bcc*: Im *Bcc* (»Blind Carbon Copy«)-Eingabefeld erfassen Sie weitere Empfänger, wobei der ursprüngliche Adressat im *An*-Feld nicht mitbekommt, dass auch noch andere Personen die Nachricht erhalten.

10.1.7.b Dateianlage

❶ Mit ⌇ (Pfeil) fügen Sie Ihrer E-Mail eine Datei als Anhang hinzu.

❷ Wählen Sie dann aus:

- *Datei anhängen*: Eine beliebige Datei (zum Beispiel ein Word-Dokument).
- *Aus Drive einfügen*: Eine Datei aus dem Online-Speicherdienst Google Drive (siehe Kapitel *22.6 Google Drive*) übernehmen.

In unserem Beispiel gehen wir auf *Datei anhängen*.

❸ Wählen Sie ein Bild aus. Falls Sie mehrere Bilder gleichzeitig senden möchten, dann tippen und halten Sie den Finger über einem Bild, bis es markiert ist, danach markieren Sie weitere Bilder durch kurzes Antippen. Anschließend gehen Sie auf *ÖFFNEN*.

Zum Entfernen der Bilddatei tippen Sie auf die ✕-Schaltleiste (Pfeil).

10.1.8 Entwürfe

Manchmal kommt es vor, dass man eine fertige Nachricht erst später verschicken möchte. Dafür bietet sich die Entwürfe-Funktion an.

 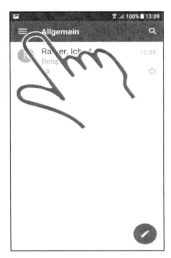 

❶ Geben Sie die Nachricht wie gewohnt ein. Danach betätigen Sie zweimal die ⮌-Taste, worauf die Meldung »*Nachricht als Entwurf gespeichert*« erscheint und Gmail zur Nachrichtenübersicht zurückkehrt.

❷❸ Aktivieren Sie das Ausklappmenü und rufen Sie darin *Entwürfe* auf.

❶ Tippen Sie in der Auflistung des *Entwürfe*-Ordners eine Nachricht an, die Sie bearbeiten und später verschicken möchten.

❷ Eine Besonderheit gibt es bei Nachrichten, die man als Antwort geschrieben hat und dann als Entwurf speichert: In diesem Fall wird der Entwurf in die Konversation eingebettet und es erscheint dort der Hinweis »*Entwurf*«. Zum Bearbeiten und späteren Senden des Entwurfs tippen Sie ✎ an.

10.1.9 E-Mails löschen

 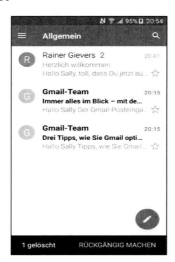

❶ Zum Entfernen einer E-Mail oder Konversation verwenden Sie in der E-Mail-Detailansicht 🗑.

❷ Die Nachricht ist dann entfernt und Gmail schaltet in den Posteingang um. Falls Sie sich mit dem Löschen vertan haben, ist es noch möglich, den Löschvorgang durch Antippen von *RÜCK-GÄNGIG MACHEN* am unteren Bildschirmrand rückgängig zu machen. Dieser Hinweis verschwindet allerdings, wenn Sie im E-Mail-Programm weiterarbeiten, also beispielsweise eine Nachricht öffnen oder den E-Mail-Ordner wechseln.

> Wenn Sie zum ersten Mal eine Nachricht löschen, fragt Sie das Handy, wie nach dem Löschen verfahren werden soll. Tippen Sie *Konversationsliste* an, damit Gmail dann in die Nachrichtenansicht zurückkehrt.

 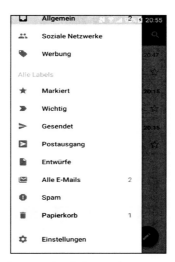

❶❷ Die gelöschten Mails sind aber noch nicht verloren, sondern werden im *Papierkorb*-Ordner zwischengespeichert. Diesen erreichen Sie, indem Sie ins Ausklappmenü gehen (Pfeil), dann das *Papierkorb*-Label auswählen.

❶ Im Prinzip verhält sich der *Papierkorb*-Ordner ähnlich wie der *Posteingang*, das heißt sie können hier die Nachrichten noch einmal ansehen. Die gelöschten Nachrichten werden im Papierkorb für 60 Tage vorgehalten.

❷❸ Zum »Retten« einer Nachricht aus dem Papierkorb verschieben Sie sie einfach wieder in den Posteingang. Gehen Sie in der Nachrichtenansicht auf ⋮/*Verschieben nach* und gehen Sie auf *Allgemein*. Danach finden Sie die Nachricht im *Allgemein*-Ordner wieder.

10.2 Weitere Funktionen

10.2.1 Nachrichten durchsuchen

❶ Betätigen Sie die ⌕-Schaltleiste, wenn Sie die Nachrichten eines Ordners durchsuchen möchten.

❷ Die ⌕-Taste (Pfeil) im Tastenfeld führt dann die Suche durch. Alternativ wählen Sie einen der Suchvorschläge aus.

❸ Tippen Sie eine Nachricht an, die Sie lesen möchten. Die ↩-Taste bringt Sie wieder in die Nachrichtenauflistung zurück.

10.2.2 E-Mail aus Telefonbuch senden

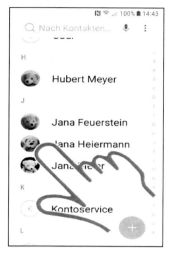  

❶ Auch das Senden von Nachrichten über das Telefonbuch (siehe Kapitel *7 Telefonbuch*) ist möglich. Dazu müssen Sie auf das Symbol vor einem Kontakteintrag tippen.

❷ Gehen Sie dann auf die E-Mail-Adresse.

❸ Wählen Sie den *Gmail*-Eintrag aus (falls Sie die im Kapitel *11 E-Mail* beschriebene E-Mail-Anwendung verwenden, gehen Sie auf *E-Mail*).

10.2.3 Archivieren

Obwohl Gmail Nachrichten, die mit dem gleichen Empfänger ausgetauscht wurden als »Konversationen« in einem Eintrag zusammenfasst, kann der Posteingang unübersichtlich werden. Unwichtige Nachrichten/Konversationen lassen sich deshalb im Posteingang ausblenden, was mit der Archivieren-Funktion geschieht.

  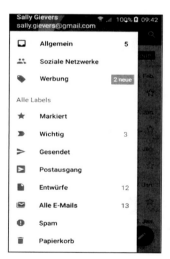

❶ Betätigen Sie in der E-Mail-Detailansicht ▯ (Pfeil). Die Nachricht ist nun »archiviert« und Gmail schaltet wieder auf den Posteingang um.

❷ Zum Anzeigen der archivierten Nachrichten aktivieren Sie das Ausklappmenü.

❸ Wählen Sie *Alle E-Mails* aus.

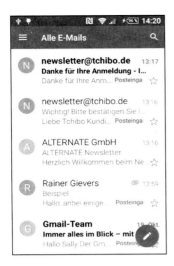

Gmail zeigt nun alle Nachrichten, das heißt, neben den archivierten auch die aus *Entwürfe*, *Gesendet*, usw. an.

> Alle Nachrichten, die im Posteingang vorhanden sind, sind mit einem grauen »*Posteingang*« markiert.
>
> Über zweimaliges Betätigen der ⟵-Taste oder erneutes Aktivieren des Ausklappmenüs und Auswahl von *Posteingang* beziehungsweise *Allgemein* bringt Sie wieder in den Posteingang zurück.
>
> Antwortet jemand auf eine archivierte Nachricht/Konversation, so verschiebt Gmail diese automatisch wieder in den Posteingang.

❶❷ Das Archivieren ist auch über eine Wischgeste in der Nachrichtenauflistung möglich. Wischen Sie dort einfach über einem E-Mail-Eintrag von rechts nach links beziehungsweise umgekehrt.

10.2.4 Unterdrücken

Die zuvor erwähnte Archivieren-Funktion mag zwar sehr praktisch sein, wenn Sie aber laufend Nachrichten einer Konversation (beispielsweise auf einer Mailing-Liste) erhalten, die Sie überhaupt nicht interessieren, ist es sehr lästig, immer wieder erneut die einzelnen Nachrichten zu archivieren.

Mit der Unterdrücken-Funktion lassen sich dagegen alle Nachrichten einer Konversation automatisch archivieren, das heißt, wenn neue Nachrichten in einer unterdrückten Konversation eingehen, werden diese automatisch ebenfalls archiviert. Sie sollten die Unterdrücken-Funktion aber vorsichtig einsetzen, weil Sie ja von neuen Nachrichten einer unterdrückten Konversation nichts mitbekommen. Dies ist aber meist nicht weiter schlimm, denn ist Ihre E-Mail-Adresse im Feld »*An*« oder »*Cc*« enthalten, wird die Konversation wieder in Ihren Posteingang eingeordnet. Sie verpassen also keine Nachrichten, die direkt an Sie adressiert sind.

Gmail

❶❷ In der Nachrichtenansicht rufen Sie ⋮/*Ignorieren* auf. Die Nachricht/Konversation verschwindet aus dem Posteingang.

 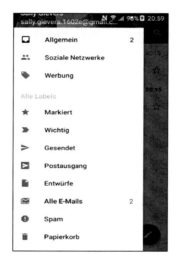 

❶ Zum Anzeigen der ignorierten Nachrichten aktivieren Sie das Ausklappmenü (Pfeil).

❷ Wählen Sie *Alle E-Mails* aus.

❸ Unterdrückte Nachrichten sind mit dem Label *Ignoriert* markiert (Pfeil).

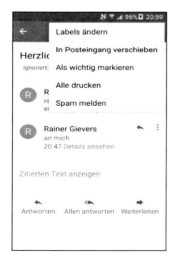

So verschieben Sie unterdrückte Nachrichten wieder in den Posteingang: Gehen Sie in die Nachrichtenansicht und rufen Sie ⋮/*In den Posteingang verschieben* auf.

10.2.5 Wichtig-Label und der sortierte Eingang

Erhalten Sie extrem viele Nachrichten, unterstützt Sie Gmail dabei, die lesenswerten von den weniger lesenswerten Nachrichten zu unterscheiden. Die Lesenswerten landen dann im *Sortierten Eingang*-Ordner. Aber wie funktioniert diese Filterung genau? Dazu schreibt Google in seiner Online-Hilfe (*support.google.com/mail/answer/186543*):

Gmail berücksichtigt automatisch eine Reihe von Signalen, um festzustellen, welche eingehenden Nachrichten wichtig sind, unter anderem:

- An wen Sie E-Mails senden: Falls Sie viele E-Mails an Thomas senden, sind E-Mails von Thomas höchstwahrscheinlich wichtig.
- Welche Nachrichten Sie öffnen: Nachrichten, die Sie öffnen, sind höchstwahrscheinlich wichtiger als ungeöffnete Nachrichten.
- Welche Themen Ihre Aufmerksamkeit wecken: Falls Sie Nachrichten über Fußball immer lesen, ist eine E-Mail zum Thema Fußball höchstwahrscheinlich wichtig.
- Welche E-Mails Sie beantworten: Falls Sie Nachrichten von Ihrer Mutter immer beantworten, sind ihre Nachrichten an Sie höchstwahrscheinlich wichtig.
- Wie Sie die Funktionen "Markieren", "Archivieren" und "Löschen" verwenden: Nachrichten, die Sie markieren, sind höchstwahrscheinlich wichtiger als Nachrichten, die Sie ungeöffnet archivieren.

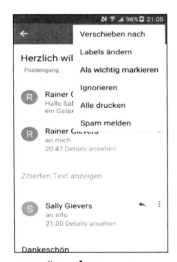 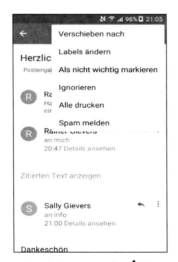

❶❷ Über ⁞/*Als wichtig markieren*, beziehungsweise ⁞/*Als nicht wichtig markieren* in der Nachrichtenansicht nehmen Sie Einfluss auf die automatische Einordnung weiterer E-Mails vom gleichen Absender.

> Wenn Sie, wie im nächsten Kapitel beschrieben, die *Art des Posteingangs* auf *Sortierter Eingang* umschalten, so zeigt Gmail beim Programmstart automatisch den sortierten Eingang mit den als wichtig eingestuften Nachrichten an.

10.2.5.a Benachrichtigung

Normalerweise erhalten Sie ja bei jeder empfangenen E-Mail eine akustische und visuelle Benachrichtigung, was schnell lästig wird. Über die Funktion »sortierter Eingang« können Sie die Benachrichtigung so einschränken, sodass Sie nur bei den von Gmail als »wichtig« eingestuften Mails einen Hinweis erhalten. Im Folgenden erfahren Sie, wie Sie den sortierten Eingang konfigurieren.

Gmail

❶❷ Gehen Sie im Ausklappmenü auf *Einstellungen* und wählen Sie dann Ihr Google-Konto aus.

❸ Tippen Sie *Art des Posteingangs* an und aktivieren Sie *Sortierter Eingang*.

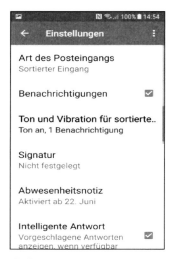 

❶❷ Danach rufen Sie *Ton und Vibration für sortierter Posteingang* auf.

❸ Hier stellen Sie ein:

- *Labelbenachrichtigungen*: Wenn aktiv, informiert Sie Gmail in der Titelleiste über neue Mails.

- *Ton; Vibration*: Der Signalton, beziehungsweise das Vibrationssignal, mit dem Sie über neu empfangene Nachrichten informiert werden.

- *Bei jeder E-Mail benachrichtigen*: Konfiguriert, ob beim Abruf von mehreren neuen E-Mails bei jeder E-Mail einzeln die Benachrichtigung erfolgt.

❶❷❸ Wie bereits erwähnt, zeigt Gmail nun nach dem Start immer nur den sortierten Posteingang mit den als »wichtig« erachteten Nachrichten an. Wenn Sie dagegen alle Nachrichten anzeigen möchten, rufen Sie das Ausklappmenü auf und wählen *Posteingang*.

10.2.6 Markierungen

Nachrichten, die für Sie wichtig sind, heben Sie einfach durch Markierung mit einem »Stern« hervor.

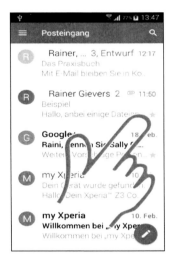 

❶ Um einen Stern zu setzen, tippen Sie einfach den ausgeblendeten Stern hinter einer Nachricht an. Ein zweites Antippen deaktiviert den Stern wieder.

❷ Auch in der Nachrichtenanzeige können Sie den Stern setzen/entfernen (Pfeil).

 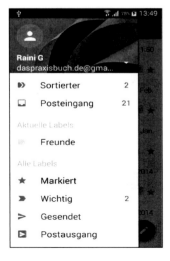 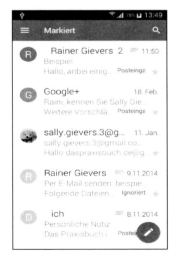

❶❷❸ Die Anzeige beschränken Sie mit *Markiert* im Label-Ausklappmenü auf die markierten Nachrichten.

10.2.7 Spam

Unter Spam versteht man unerwünschte Werbemails. Abhängig davon, ob Sie Ihre E-Mail-Adresse irgendwo mal auf einer Website hinterlassen haben oder durch Zufall ein Spam-Versender Ihre Gmail-Adresse mit Ausprobieren erraten hat, können pro Tag einige dutzend oder hundert Werbemails in Ihrem E-Mail-Konto auflaufen. Damit Ihre wichtige Kommunikation nicht im ganzen Spam untergeht, verfügt Ihr Gmail-Konto über einen automatischen Spam-Filter. Alle Spam-Mails landen dabei im *Spam*-Ordner.

Damit Google weiß, was für Sie Spam ist, müssen sie die unerwünschten Mails einzeln als Spam markieren.

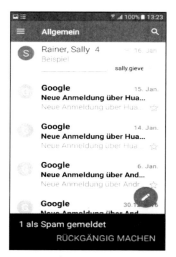

❶❷ Rufen Sie in der Nachrichtenansicht ⋮/*Spam melden* auf. Die betreffende Nachricht wird aus dem *Posteingang* entfernt und landet im *Spam*-Ordner.

> Nutzen Sie ⋮/*Phishing melden*, wenn Sie eine Spam-Nachricht erhalten, mit deren Hilfe Dritte Daten wie Ihre Kreditkartennummer abfragen oder zum Aufruf einer möglicherweise gefährlichen Webseite auffordern. Beliebt sind dabei unter anderem vorgeschobene Warnungen vor Online-Kontosperrungen, weshalb man seine Kontodaten inklusive PIN eingeben müsse. Weitere nützliche Hinweise zum wichtigen Thema »Phishing« finden Sie online unter *support.google.com/mail/answer/8253*.

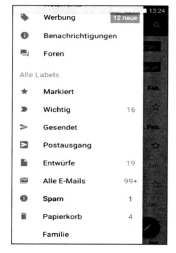

❶❷❸ So zeigen Sie den *Spam*-Ordner an: Aktivieren Sie das Label-Ausklappmenü, worin Sie *Spam* auswählen.

Wenn Sie meinen, dass eine Nachricht doch kein Spam ist, dann rufen gehen Sie in die Nachricht und rufen ⋮/*Kein Spam* auf.

> Es ist sehr **wichtig**, dass im *Spam*-Ordner wirklich nur unerwünschte Mails enthalten sind. Gmail vergleicht nämlich eingehende Nachrichten mit denen im Spam-Ordner und ordnet sie als Spam ein, wenn eine große Ähnlichkeit besteht. Schauen Sie deshalb ab und zu mal in Ihren *Spam*-Ordner, um falsche Einordnungen wieder rückgängig zu machen.

10.2.8 Stapelvorgänge

Wenn eine Aktion, wie Label ändern, Löschen, Markierung hinzufügen, usw. auf mehrere Nachrichten anzuwenden ist, verwenden Sie die Stapelvorgänge.

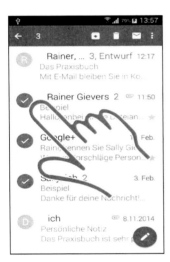 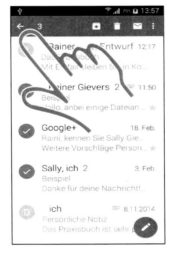

❶ Zum Markieren tippen Sie auf die bunten Kästchen vor den Nachrichten. Über die Schaltleisten am oberen Bildschirmrand können Sie dann die Nachrichten archivieren, löschen, einem Label zuweisen, auf gelesen/ungelesen setzen oder als Favoriten markieren.

❷ Den Markierungsmodus verlassen Sie gegebenenfalls mit der ←-Schaltleiste (Pfeil). Alternativ betätigen Sie die ⟲-Taste.

> Die Funktion »Stapelvorgänge« können Sie in den Einstellungen über *Kontrollkästchen ausblenden* deaktivieren, siehe Kapitel *10.3 Einstellungen*.

10.2.9 Wischgeste zum Archivieren

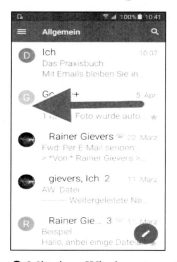 

❶ Mit einer Wischgeste nach links oder rechts über einer Nachricht archivieren Sie diese.

❷ Über die *RÜCKGÄNGIG MACHEN*-Schaltleiste können Sie den Vorgang wieder zurücksetzen.

Welche Aktion die Wischgeste durchführt, legen Sie in ⁞*/Einstellungen/Allgemeine Einstellungen* fest. Gehen Sie dort auf *Gmail-Standardaktion,* bei der Sie die Wahl zwischen *Löschen* und *Archivieren* haben.

10.3 Einstellungen

10.3.1 Allgemeine Einstellungen

  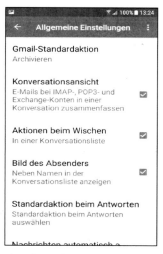

❶❷❸ Rufen Sie zunächst *Einstellungen* im Ausklappmenü auf und gehen dann auf *Allgemeine Einstellungen*.

- *Gmail-Standardaktion:* Steuert die im Kapitel *10.2.9 Wischgeste zum Archivieren* beschriebene Wischgeste. Deaktivieren Sie *Zum Archivieren wischen*, wenn Sie die Wischgeste nicht nutzen.
- *Konversationsansicht*: Wenn Sie E-Mails beantworten beziehungsweise jemand auf Ihre E-Mails antwortet, so fasst Gmail diese in einer sogenannten Konversation zusammen.
- *Aktionen beim Wischen*: Falls Sie die Wischgeste (siehe *10.2.9 Wischgeste zum Archivieren*) nicht nutzen möchten, deaktivieren Sie sie hier.
- *Bild des Absenders*: Zeigt Kontaktfotos in der Konversationsliste an.
- *Standardaktion beim Antworten*: Sofern in einer beantworteten Nachricht mehrere

weitere Empfänger enthalten sind, können Sie diesen mit der *Allen-Antworten*-Option neben dem ursprünglichen Empfänger ebenfalls Ihre Antwort-Mail zukommen lassen. Wir raten allerdings davon ab, *Allen Antworten* zu aktivieren, da sonst Außenstehende Ihre E-Mails erhalten könnten, die nicht für sie bestimmt sind.

- *Nachrichten automatisch anpassen*: Normalerweise zeigt die Gmail-Anwendung alle Nachrichten in Originalgröße an, sodass Sie im Nachrichtentext mit dem Finger rollen müssen. Aktivieren Sie *Nachrichten autom. anpassen*, wenn stattdessen die Nachrichten auf Bildschirmbreite verkleinert werden sollen.

- *Automatisch weiter*: Konfiguriert, wie sich Gmail verhält, wenn Sie eine Nachricht archivieren oder löschen. Standardmäßig landen Sie dann wieder in der Nachrichtenauflistung (*Konversationsliste*).

- *Weblinks in Gmail öffnen*: Öffnet in E-Mails angetippte Links direkt in der Gmail-Anwendung statt im Chrome-Browser.

Unter *Aktionsbestätigungen*:

- *Vor dem Löschen bestätigen; Vor dem Archivieren bestätigen; Vor dem Senden bestätigen*: Die Aktionen Archivieren, Löschen und Senden erfolgen bei Gmail ohne Rückfrage. Falls Sie das stört, aktivieren Sie hierüber die Sicherheitsabfrage.

10.3.2 Konto-Einstellungen

  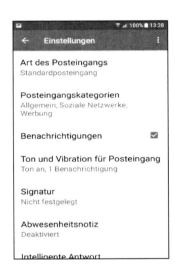

❶ Aktivieren Sie das Ausklappmenü und wählen Sie *Einstellungen*.

❷❸ Über *(Ihr Google-Konto)* konfigurieren Sie:

- *Art des Posteingangs*: Wählen Sie darin *Sortierter Eingang*, dann zeigt Gmail nicht mehr alle erhaltenen Nachrichten an, sondern nur solche, die als *Wichtig* markiert sind (siehe dazu Kapitel *10.2.5 Wichtig-Label und der sortierte Eingang*).

- *Posteingangskategorien*: Gmail sortiert Werbung, Nachrichten sozialer Netzwerke, usw. automatisch unter bestimmte Label ein. Siehe auch Kapitel *10.3.2.b Automatisch zugewiesene Labels*.

- *Benachrichtigungen*: Wenn neue Nachrichten empfangen wurden, meldet Gmail dies in der Titelleiste. Deaktivieren Sie *E-Mail-Benachrichtigung*, um diese Benachrichtigungen auszuschalten.

- *Ton und Vibration für Posteingang*: Benachrichtigungseinstellungen für den *Posteingang*.

- *Signatur*: Die Signatur ist ein Text, den Gmail automatisch beim Erstellen einer neuen Nachricht einfügt. Nutzen Sie sie, um den Empfängern Ihrer E-Mails auf weitere Kontaktmöglichkeiten per Telefon, oder ähnlich hinzuweisen.

- *Abwesenheitsnotiz*: Ein sehr nützliches Feature, wenn Sie mal nicht erreichbar sind und Personen, die Ihnen geschrieben haben, automatisch über Ihre Abwesenheit informieren möchten.

- *Intelligente Antwort*: Wenn Sie eine Nachricht anzeigen, schlägt Gmail automatisch drei mögliche Antworten vor. Diese sind vom Nachrichtenkontext abhängig. Derzeit funktioniert diese Funktion nur in englischer Sprache.

Unter *Datenverbrauch*:

- *Gmail synchronisieren*: Diese Schaltleiste führt Sie in die Kontenverwaltung, welche Kapitel *24.2 Weitere Kontenfunktionen* beschreibt, worin Sie unter anderem den Datenabgleich mit dem Google-Konto steuern. Für die meisten Nutzer dürfte es aber keinen Sinn machen, dort den E-Mail-Abruf vom Google-Mail-Konto zu deaktivieren.

- *E-Mails: Zu synchronisierende Tage*: Legt fest, wie lange empfangene Nachrichten von der Gmail-Anwendung aufbewahrt werden. Ältere Nachrichten werden natürlich nicht gelöscht, sondern sind weiterhin über die Weboberfläche von Gmail (*mail.google.com*) im Webbrowser anzeigbar.

- *Labels verwalten*: Konfigurieren Sie die Benachrichtigungen zu den einzelnen Labels.

- *Anhänge herunterladen*: Dateianhänge sind häufig mehrere Megabyte groß, weshalb diese nur automatisch heruntergeladen werden, wenn eine WLAN-Verbindung besteht. Lassen Sie diese Option am Besten aktiviert, da sonst beim Öffnen von Dateianhängen längere Wartezeiten entstehen.

- *Bilder*: Standardmäßig lädt Gmail immer alle eingebetteten Bilder aus dem Posteingang herunter und zeigt diese an. Dies betrifft vor allem Werbe-E-Mails von Unternehmen (Newsletter, u.ä.). Sie können aber auch diese Einstellung auf *Vor dem Anzeigen erst fragen* stellen, sodass Sie die Bilderanzeige in jeder betroffenen E-Mail erst bestätigen müssen.

10.3.2.a Abwesenheitsnotiz

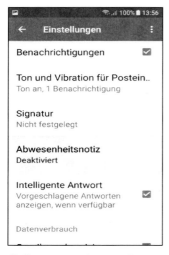 

❶❷ Unter *Abwesenheitsnotiz* geben Sie einen Text ein, der während des eingestellten Zeitraums an alle E-Mail-Sender geschickt wird. Aktivieren Sie *Nur an meinen Kontakte senden*, damit nur Ihnen bekannte (im Telefonbuch gespeicherte) Kontakte die Abwesenheitsnotiz erhalten. Vergessen Sie nicht, zum Schluss die Abwesenheitsnotiz über den Schalter oben rechts zu aktivieren!

10.3.2.b Automatisch zugewiesene Labels

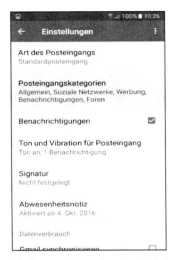
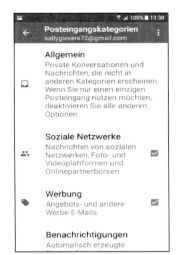

❶❷ Gmail weist Nachrichten, die von einem bestimmten Typ sind, automatisch Labeln zu. Dazu zählen laut Google (*support.google.com/mail/answer/3055016?hl=de*):

- *Allgemein*: Nachrichten von Freunden und Verwandten sowie sonstige Nachrichten, die nicht in einem der anderen Tabs angezeigt werden
- *Werbung*: Werbeaktionen, Angebote und sonstige Werbe-E-Mails
- *Soziale Netzwerke*: E-Mails aus sozialen Netzwerken, Plattformen zum Teilen von Inhalten, Online-Partnervermittlungen, Spieleplattformen oder anderen sozialen Websites
- *Benachrichtigungen*: Benachrichtigungen wie Bestätigungen, Belege, Rechnungen und Kontoauszüge
- *Foren*: E-Mails aus Online-Gruppen, Diskussionsforen und Mailinglisten

❶ Die automatisch zugewiesenen Labels listet Gmail als erstes im Ausklappmenü auf. Labels, die keine Nachrichten enthalten, werden ausgeblendet.

❷ Haben Sie dagegen alle automatisch zugewiesenen Labels deaktiviert, ordnet Gmail die empfangenen Nachrichten dem Label *Posteingang* beziehungsweise *Sortierter Eingang* (siehe Kapitel *10.2.5 Wichtig-Label und der sortierte Eingang*) zu.

Gmail

❶❷ Der *Allgemein*-Ordner erscheint sehr aufgeräumt, wenn die automatisch zugewiesenen Labels aktiv sind. Schaltflächen weisen dann im Allgemein-Ordner auf neu vorhandene Nachrichten in den Labels hin. Wählen Sie ein Label aus, um die zugewiesenen Nachrichten anzuzeigen.

10.4 Zugriff auf Gmail vom Startbildschirm

Auf dem Samsung Galaxy lässt sich ein direkter Zugriff auf die Gmail-Ordner/Labels vom Startbildschirm aus einrichten.

Beachten Sie zu den Widgets auch Kapitel *4.8.2 Widgets*.

 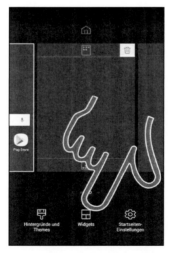 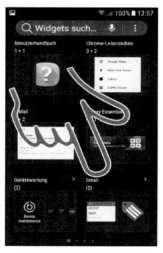

❶ Blättern Sie mit einer Wischgeste nach links oder rechts im Startbildschirm zu einem noch freien Bildschirm beziehungsweise entfernen Sie nicht benötigte Widgets (siehe auch Kapitel *4.8.2 Widgets*). Rufen Sie mit einer Kneifen-Geste (zwei Finger auf das Display halten und zusammen ziehen) den Bearbeitungsbildschirm auf.

❷ Betätigen Sie *Widgets* (Pfeil).

❸ Tippen Sie auf *Gmail* (gegebenenfalls müssen Sie vorher mit einer Wischgeste nach links mehrmals durch die aufgelisteten Widgets blättern).

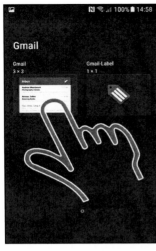 

❶ Zur Auswahl stehen *Gmail* und *Gmail-Label*. Während *Gmail* die empfangenen E-Mails direkt im Startbildschirm anzeigt, können Sie über das *Gmail-Label* direkt Gmail starten und dort den Posteingang anzeigen lassen. Wählen Sie *Gmail* aus. Positionieren Sie das Widget und lassen Sie den Finger anschließend los.

❷ Wählen Sie einen Ordner, empfohlenerweise *Allgemein*, aus.

❶❷ Zum Schluss sollten Sie noch die Widget-Größe anpassen: Halten und ziehen Sie die orangefarbigen Ränder nach außen. Schließen Sie mit der ⤺-Taste den Vorgang ab.

> Auch nachträglich ist jederzeit eine Größenänderung des Gmail-Widgets möglich, indem Sie den Finger auf dem Widget halten, bis es hervorgehoben ist und dann loslassen.

10.5 Nutzung mehrerer E-Mail-Konten

Viele Anwender besitzen mehrere Gmail-Konten, zum Beispiel für private und berufliche Nutzung. Deshalb lassen sich mehrere Mail-Konten auf dem Galaxy verwalten.

Gmail

 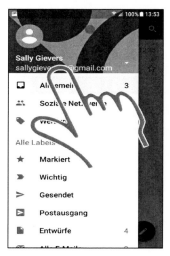 

❶ Aktivieren Sie das Ausklappmenü.

❷❸ Tippen Sie auf den Kontonamen und gehen Sie auf *Konto hinzufügen*.

❶ In unserem Fall wählen wir *Google* für ein Gmail-Konto aus. Betätigen Sie *WEITER*.

❷ Sie können nun *E-Mail-Adresse eingeben* wahlweise bereits bestehendes Google-Konto angeben oder über die Schaltleiste darunter ein neues Konto erstellen. In unserem Fall gehen Sie auf *E-Mail oder Telefonnummer*.

  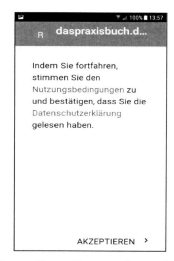

❶ Geben Sie Ihren Kontonamen (es reicht, nur den Namen vor dem »@gmail.com« einzugeben, denn der Rest wird ergänzt) und betätigen Sie *WEITER*.

❷ Erfassen Sie das Kennwort zu Ihrem Google-Konto und gehen Sie auf *WEITER*.

❸ Anschließend bestätigen Sie die Datenschutz- und Nutzungsbedingungen.

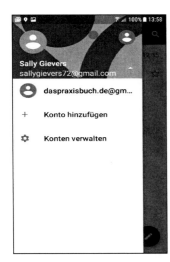 

❶ Damit ist die Kontenanlage abgeschlossen und Sie befinden sich wieder in der Gmail-Anwendung. Schließen Sie das Ausklappmenü mit der ⤺-Taste.

❷ Zwischen den Konten schalten Sie nun immer über die Schaltleisten im Ausklappmenü um.

Zur Google-Kontenverwaltung siehe auch Kapitel *24 Das Google-Konto*.

10.6 Andere E-Mail-Konten mit Gmail

Die Gmail-Anwendung wurde ursprünglich nur für den Einsatz mit dem Google-Konto und der damit verbundenen E-Mail-Adresse entwickelt.

Viele Anwender haben aber bereits eine E-Mail-Adresse, sei es von einem freien E-Mail-Anbieter wie GMX, Web.de, T-Online.de oder Outlook.com oder eine Firmen-E-Mail-Adresse. Deshalb liefern Gerätehersteller wie Samsung zusätzlich neben Gmail eine weitere E-Mail-Anwendung (siehe Kapitel *11 E-Mail*) mit. Seit einiger Zeit können Sie allerdings mit Gmail neben ihrem Gmail-Konto auch Ihre anderen E-Mail-Konten verwalten. Ob Sie davon Gebrauch machen, ist Ihnen überlassen.

10.6.1 E-Mail einrichten

Leider ist es uns aus Platzgründen hier nicht möglich, auf die Einrichtung aller möglichen E-Mail-Adressen einzugehen, weshalb wir uns hier beispielhaft auf einen kostenlosen Anbieter (Outlook.de) beschränken. Bei anderen Anbietern wie T-Online, GMX, usw. läuft es aber im Prinzip genauso ab.

 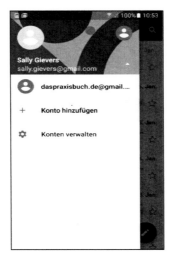 

Gmail

❶ Aktivieren Sie das Ausklappmenü, worin Sie auf Ihren Kontennamen tippen.

❷❸ *Gehen Sie auf Konto hinzufügen* und dann *Persönlich (IMAP/POP)*. Wählen Sie einen geeigneten E-Mail-Anbieter aus, beispielsweise *GMX*, wenn Sie eine E-Mail-Adresse von GMX verwenden. In unserem Beispiel nutzen wir Outlook.com und gehen deshalb auf *Outlook, Hotmail und Live*.

  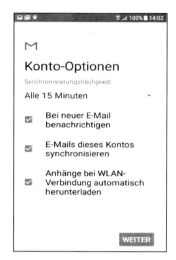

❶ Geben Sie Ihre E-Mail-Adresse und das Kennwort Ihres E-Mail-Kontos ein. Betätigen Sie dann *Weiter*.

❷ Erfassen Sie das Kennwort Ihres E-Mail-Kontos, aktivieren Sie *Angemeldet bleiben* und betätigen Sie *Anmelden* (falls Sie diese Schaltleiste nicht sehen, blenden Sie vorher mit der ↰-Taste das Tastenfeld aus). Die Einstellungen werden aus dem Internet geladen.

❸ Sie können nun unter *Synchronisierungshäufigkeit* den automatischen Abrufintervall einstellen. 15 Minuten reichen normalerweise aus, es ist aber später jederzeit möglich, einen manuellen Abruf per Tastendruck durchzuführen.

Weitere Einstellungen:

- *Bei neuer E-Mail benachrichtigen*: Akustisches und optisches Signal bei neu empfangenen Nachrichten.
- *E-Mails dieses Kontos synchronisieren*: Muss aktiv sein, damit das Handy den Abruf durchführt.
- *Anhänge bei WLAN-Verbindung automatisch herunterladen*: Die E-Mail-Anwendung lädt E-Mail-Anhänge herunter, sofern eine WLAN-Verbindung besteht. Ansonsten können Sie E-Mail-Anhänge von Hand herunterladen. Diese Option steht nur für Nutzer eines Outlook.com-E-Mail-Kontos zur Verfügung.

Betätigen Sie *WEITER*.

Zum Schluss können Sie noch den Kontonamen ändern, sowie den Namen, als dessen Empfänger Sie in den E-Mails erscheinen. Betätigen Sie *WEITER*, womit die Einrichtung abgeschlossen ist.

Auf dem gleichen Wege, wie Sie das E-Mail-Konto gerade angelegt haben, dürfen Sie auch weitere Konten anlegen.

10.6.2 E-Mail in der Praxis

 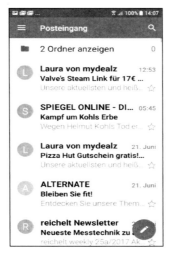 

❶ So schalten Sie zwischen mehreren E-Mail-Konten um: Aktivieren Sie das Ausklappmenü und betätigen Sie eine der runden Schaltleisten am oberen Rand (Pfeil).

❷ Viele Funktionen, die Sie bereits im Zusammenhang mit Ihrem Google-Konto kennen gelernt haben, sind auch mit Ihrem eigenen E-Mail-Konto möglich, weshalb wir hier nicht noch einmal darauf eingehen.

❸ Verwenden Sie *Alle Posteingänge* aus dem Ausklappmenü für die gleichzeitige Auflistung der Nachrichten aus allen E-Mail-Konten.

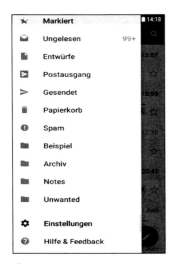  

❶ Für die Konfiguration rufen Sie das Ausklappmenü auf und gehen auf *Einstellungen*.

❷ Wählen Sie das E-Mail-Konto aus.

❸ Die Parameter:

- *Kontoname*: Unter diesem Namen erscheint das Konto in der E-Mail-Anwendung.
- *Mein Name*: Erscheint als Absendername in Ihren E-Mails.
- *Signatur*: Die Signatur erscheint unter allen Ihren E-Mails. Geben Sie dort zum Beispiel Ihre Kontaktdaten ein, damit Sie E-Mail-Empfänger auch auf anderen Wegen als über E-Mail erreichen können.
- *Konto verknüpfen*: Wenn Sie das E-Mail-Konto mit Ihrem Google-Konto verknüpfen, behandelt Gmail es nicht mehr als separates Konto. Alle Nachrichten werden dann im Gmail-Konto angezeigt. In diesem Buch gehen wir nicht weiter darauf ein.
- *Kurzantworten*: Häufig im E-Mail-Text verwendete Floskeln.

Unter *Datenverbrauch*:

- *Bilder:* Stellen Sie ein, ob im Nachrichtentext enthaltene Bilder sofort geladen und angezeigt werden, oder erst auf Nachfrage.
- *Synchronisationshäufigkeit*: Die Vorgabe *15 Minuten* dürfte für die meisten Nutzer ausreichend sein, zumal auch der manuelle Abruf (auf dem Bildschirm nach unten Wischen) jederzeit möglich ist.
- *Anhänge herunterladen*: Sofern eine WLAN-Verbindung besteht, lädt Gmail auch Nachrichten mit E-Mail-Anhängen komplett herunter – steht nur eine Mobilfunkverbindung zur Verfügung, so können Sie das Herunterladen aber auch manuell anstoßen.

Unter *Benachrichtigungseinstellungen:*

- *E-Mail-Benachrichtigungen*: In der Titelleiste erfolgt bei neu empfangenen Nachrichten ein Hinweis.
- *Klingelton auswählen; Vibration*: Benachrichtigungston für empfangene Nachrichten.

Unter *Servereinstellungen*:

- *Einstellungen des Eingangsservers; Einstellungen des Ausgangsservers*: Konfiguriert die Abruf- beziehungsweise Sendeeinstellungen. Hier sollten Sie nichts ändern.

11. E-Mail

Über die E-Mail-Anwendung verwalten, senden und empfangen Sie E-Mails. Zuvor müssen Sie den Internetzugang, wie im Kapitel *8 Internet einrichten und nutzen* beschrieben, richtig konfiguriert haben. Anwender, die mehrere E-Mail-Konten, zum Beispiel privat und geschäftlich nutzen, können problemlos auch mehrere Konten anlegen.

> Hinweis: Falls Sie noch niemals mit E-Mails zu tun hatten, empfehlen wir Ihnen das »**Praxisbuch E-Mail für Einsteiger**« mit der ISBN 978-3-945680-26-1 vom gleichen Autor wie dieses Buch.

 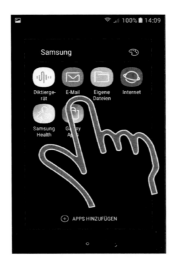

❶❷ Starten Sie die *E-Mail*-Anwendung aus dem *Samsung*-Ordner des Hauptmenüs.

11.1 E-Mail-Einrichtung

Die E-Mail-Anwendung nutzt wahlweise eines der beiden Protokolle POP3/SMTP und IMAP4:

- POP3 (Post Office Protocol Version 3) wird von allen E-Mail-Dienstleistern unterstützt und ermöglicht den Abruf von E-Mails. Es kann dabei festgelegt werden, ob man nur ein Teil, beispielsweise die ersten zwei Kilobyte, oder die komplette E-Mail heruntergeladen haben möchte. Der E-Mail-Empfang erfolgt immer nur in einen Ordner (*Posteingang*). Für den Versand ist SMTP (Simple Mail Transport Protocol) zuständig. Von Ihnen neu erstellte E-Mails werden gespeichert und, erst nachdem der E-Mail-Abruf durchgeführt wurde, versandt.

- IMAP4 (Internet Message Access Protocol Version 4) bietet ähnliche Funktionen wie POP3/SMTP, kann darüber hinaus aber E-Mails und Ordner synchronisieren, sodass auf dem E-Mail-Konto die Ordnerstruktur der E-Mail-Anwendung und umgekehrt gespiegelt wird. Von Ihnen erstellte E-Mails werden sofort versandt.

Für welches der beiden E-Mail-Protokolle Sie sich entscheiden, ist Geschmackssache, da sie sich in der Praxis nicht wesentlich unterscheiden. Allerdings unterstützt nicht jeder E-Mail-Dienst auch das modernere und komplexere IMAP4. Fragen Sie gegebenenfalls bei Ihrem E-Mail-Anbieter nach. Wenn Sie generell POP3 als Kontotyp einstellen, machen Sie allerdings auch nichts falsch.

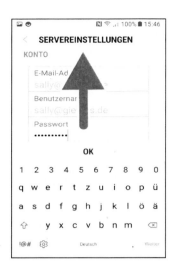

Wichtiger Hinweis: Bitte beachten Sie, dass insbesondere während der ersten Einrichtung der E-Mail-Anwendung das Tastenfeld häufig Eingabefelder überdeckt.

Die verdeckten Eingabefelder erreichen Sie durch eine Wischgeste von unten nach oben.

11.1.1 E-Mail-Konto automatisch einrichten

Die E-Mail-Anwendung kennt bereits die wichtigsten kostenlosen E-Mail-Dienste wie beispielsweise GMX, Outlook.de, Web.de und T-Online. Sie brauchen für diese Anbieter nur Ihre E-Mail-Adresse und das Passwort eingeben.

Besitzen Sie dagegen eine Website mit eigener E-Mail-Adresse, ist eine automatische Einrichtung nicht möglich. Lesen Sie in diesem Fall im Kapitel *11.1.2 E-Mail-Konto manuell einrichten* weiter.

> Von einigen E-Mail-Anbietern wird im Google Play Store (siehe Kapitel *27.1 Play Store*) auch eine spezielle E-Mail-Anwendung angeboten. Suchen Sie im Play Store einfach nach dem Namen des E-Mail-Anbieters.

❶ Betätigen Sie *NEUES KONTO HINZUFÜGEN*.

❷ Im Beispiel wird ein E-Mail-Konto für den kostenlosen E-Mail-Anbieter Outlook.com eingerichtet: Geben Sie Ihre E-Mail-Adresse und das Kennwort Ihres E-Mail-Kontos ein. Betätigen Sie *ANMELDEN*.

> Die E-Mail-Anwendung bietet die Option, die E-Mails aus einem bestehenden Google-Konto zu verwalten. Wir raten davon aber ab, weil die im Kapitel *11 E-Mail* beschriebene Anwendung diese Funktion besser erfüllt.

11.1.2 E-Mail-Konto manuell einrichten

Hier wird beschrieben, wie Sie eine E-Mail-Adresse einrichten, wenn Sie eine Website mit eigenem E-Mail-Konto besitzen.

❶ Geben Sie zuerst Ihre E-Mail-Adresse und das zugehörige Kennwort ein, danach gehen Sie auf *MANUELLES SETUP*.

❷ Zur Auswahl stehen nun *POP3*-Konto und *IMAP-Konto*. Wie bereits oben erwähnt, wird POP3 immer unterstützt, während dies für das modernere IMAP nicht der Fall ist. Wir wählen deshalb *POP3-Konto*.

❸ Geben Sie nun ein:

Unter *KONTO*:

- *E-Mail-Adresse*
- *Benutzername*: Der Name (»Login«), mit dem Sie sich beim E-Mail-Anbieter einloggen. Meistens handelt es sich dabei um Ihre E-Mail-Adresse.
- *Passwort*: Das Passwort zum E-Mail-Konto.

Unter *EINGANGSSERVER*:

- *POP3-Server*: Der POP3-Server, über den die E-Mails abgerufen werden. Häufig verwenden die E-Mail-Dienste dazu einen Namen im Format »*pop.xxxx.de*«.
- *Sicherheitstyp*: Zur Auswahl stehen *Keine, SSL* und *TLS*. Viele Anbieter verschlüsseln die Verbindung, weshalb Sie in der Regel *SSL* einstellen müssen.
- *Port*: Über den Server-Port läuft die E-Mail-Kommunikation ab. Sofern der E-Mail-Anbieter keine Vorgaben macht, sollten Sie ihn ebenfalls nicht ändern.
- *E-Mail von Server löschen*: Standardmäßig bleiben alle E-Mails auch nach dem Abruf durch das Galaxy auf dem Konto beim E-Mail-Anbieter erhalten. Sie können die E-Mails dann später erneut auf dem PC mit einem E-Mail-Programm herunterladen, beziehungsweise über die Weboberfläche des E-Mail-Anbieters ansehen und löschen. Nutzen Sie dagegen ausschließlich das Galaxy für den E-Mail-Abruf, setzen Sie die Option auf *Wenn aus Eingang gelöscht*.

Unter *AUSGANGSSERVER*:

- *SMTP-Server*: Tragen Sie den SMTP-Server ein, der zum E-Mail-Versand genutzt wird. Meist lautet er »*smtp.xxxx.de*«.
- *Sicherheitstyp*: Zur Auswahl stehen wie beim POP-Server die Vorgaben *Ohne*, *SSL* und *TLS*. Meistens muss hier *TSL* eingestellt werden.
- *Port*: Über den Server-Port läuft die Kommunikation mit dem Mail-Server. Sie sollten die Vorgabe unverändert lassen.

E-Mail

- *Anmeldung vor Senden von E-Mails erforderlich*: Die meisten E-Mail-Anbieter verlangen vor dem Nachrichtensenden eine vorherige Anmeldung. Lassen Sie daher die Voreinstellung unverändert.

- *Benutzername; Passwort*: Sofern für das Senden von Nachrichten ein anderes Login benötigt wird als für den Nachrichtenempfang, müssen Sie hier etwas anderes eingegeben. Ansonsten sollte die Vorgabe unverändert bleiben.

Betätigen Sie *ANMELDEN*.

11.1.3 Mehrere E-Mail-Konten verwalten

❶❷ Auf dem Galaxy dürfen Sie mehrere E-Mail-Konten verwenden. Aktivieren Sie dafür das Ausklappmenü und tippen Sie auf ⚙.

❸ Gehen Sie auf *Konto hinzufügen* und dann *NEUES KONTO HINZUFÜGEN*. Erfassen Sie, wie bereits in den vorherigen Kapiteln beschrieben, die Kontodaten.

❶❷ So schalten Sie später zwischen den Konten um: Aktivieren Sie das Ausklappmenü (oben links auf den Kontonamen tippen) und tippen Sie einen Kontonamen an.

 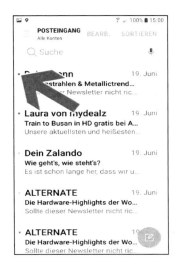

❶❷ Eine Besonderheit ist *Alle Konten*, das Sie ebenfalls im Ausklappmenü aktivieren können. Die E-Mails aus allen Konten werden dann zusammen angezeigt. Anhand der farbigen Punkte vor den Nachrichten (Pfeil) erkennen Sie, aus welchem Konto sie stammen.

 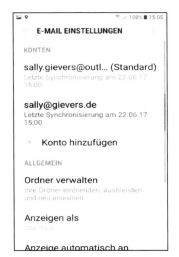 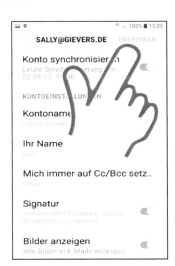

❶❷ Zum Entfernen eines Kontos rufen Sie ⚙ im Ausklappmenü auf und gehen auf das zu löschende Konto.

❸ Betätigen Sie *ENTFERNEN* oben rechts.

> Die Nachrichten in Ihrem E-Mail-Konto bleiben beim E-Mail-Anbieter erhalten. Wenn Sie also beispielsweise erneut das E-Mail-Konto auf dem Handy einrichten, sind auch Ihre Nachrichten wieder vorhanden.

11.2 E-Mail-Konto bearbeiten

11.2.1 Allgemeine Einstellungen

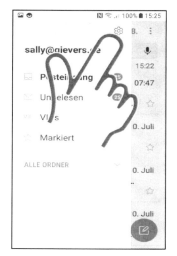  

❶❷ Die für **alle** Konten verwendeten Voreinstellungen finden Sie unter ⚙ im Ausklappmenü.

Unter *KONTEN*:

- Die von Ihnen angelegten E-Mail-Konten. Wird bereits im Kapitel *11.2 E-Mail-Konto bearbeiten* beschrieben.

Unter *ALLGEMEIN*:

- *Postfächer verwalten:* Legen Sie die Position und Anzeige der verschiedenen Ordner im Ausklappmenü fest. Normalerweise brauchen Sie hier nichts zu ändern.

- *Anzeigen als*: Die E-Mail-Anwendung zeigt im Posteingang alle empfangenen Nachrichten (*Standard*) an. Alternativ lassen sich auch Ihre Antworten mitanzeigen (*Gespräch*).

- *Anzeige automatisch anpassen*: Übergroße E-Mails werden automatisch verkleinert.

- *Benachrichtigungen* (❸): Stellen Sie für die verwendeten E-Mail-Konten ein, ob Sie eine Benachrichtigung bei neu vorliegenden Nachrichten erhalten möchten.

- *Spam-Adressen*: Geben Sie hier E-Mail-Adressen ein, die nicht im Posteingang, sondern nur im Spam-Ordner angezeigt werden.

- *Info zu E-Mail*

11.2.2 Konto-Einstellungen

❶ Rufen Sie das Ausklappmenü auf und gehen Sie darin auf ⚙.

❷❸ Wählen Sie ein Konto aus.

Die Parameter:

- *Konto synchronisieren:* Lassen Sie diese Option aktiv, damit der automatische, zeitgesteuerte Abruf erfolgt. Wenn Sie sie dagegen deaktivieren, müssen Sie neuen die Nachrichten von Hand herunterladen (indem Sie im Posteingang eine Wischgeste von oben nach unten durchführen).

Unter *KONTOEINSTELLUNGEN:*

- *Kontoname*: Unter diesem Namen erscheint das Konto in der E-Mail-Anwendung.
- *Ihr Name*: Erscheint als Absendername in Ihren E-Mails.
- *Mich immer auf Cc/Bcc setzen*: Alle Nachrichten, die Sie versenden, gehen in Kopie an Sie selbst – was sich zunächst unsinnig anhört macht Sinn, wenn Sie auch einen PC/Notebook für das E-Mail-Senden nutzen. Vom Handy versendete Mails tauchen dort ja nicht auf, weil nur solche aus dem Posteingang geladen werden. Mit *Mich immer Cc/Bcc setzen* landen dagegen Ihre gesendeten Nachrichten zusätzlich im Posteingang und sind dann auch auf dem PC/Notebook beim nächsten Nachrichtenabruf verfügbar.
- *Signatur:* Die Signatur erscheint unter allen von Ihnen erstellten E-Mails. Geben Sie darin beispielsweise alternative Kontaktmöglichkeiten an.
- *Bilder anzeigen*: Viele E-Mails, insbesondere von werbenden Firmen, enthalten Bilder, die das Galaxy standardmäßig nicht anzeigt. Erst wenn Sie in einer E-Mail die Schaltleiste *Bilder anzeigen* betätigen, zeigt das Handy die enthaltenen Bilder an. Dies ist sinnvoll, weil häufig die eingebetteten Bilder nicht zum Verständnis benötigt werden, aber das Bildernachladen aus dem Internet Zeit kostet. Aktivieren Sie *Bilder anzeigen*, damit die Bilder immer automatisch nachgeladen werden.

Unter *SYNCHRONISATIONSEINSTELLUNGEN*:

- *Abrufeinstellungen*: Legen Sie fest, zu welchen Zeiten Nachrichten aus dem E-Mail-Konto abgerufen werden.
- *Zeitraum zu ladender E-Mails*: Zeitraum, für den die E-Mail-Anwendung Nachrichten herunterlädt. Diese Option ist nur für Outlook.de-Nutzer verfügbar.
- *Abrufgröße festlegen:* Standardmäßig lädt das Galaxy von einzelnen E-Mails nur 50 KB herunter. Ist mal eine E-Mail größer und Sie zeigen Sie sie an, so erscheint eine *Weitere Details laden*-Schaltleiste, nach deren Betätigen automatisch der Rest der E-Mail heruntergeladen wird. Dieser Mechanismus spart Übertragungszeit, denn viele E-Mails, zum Beispiel Spam, liest man nicht, sondern löscht sie sofort nach Empfang.
- *Abrufgröße bei Roaming*: Ist Ihr Handy in einem ausländischen Mobilfunknetz eingebucht (sogenanntes Roaming), so lädt es aus Kostengründen von jeder neuen Nachricht nur maximal 2 KB herunter. Den vollständigen Nachrichtentext können Sie dann bei Bedarf manuell herunterladen.

Unter *WEITERE EINSTELLUNGEN*:

- *Servereinstellungen*: Konfiguriert die Abruf- beziehungsweise Sendeeinstellungen. Hier sollten Sie nichts ändern.

11.3 E-Mail-Anwendung in der Praxis

11.3.1 E-Mail-Ordner

❶ Die Nachrichten verwaltet die E-Mail-Anwendung in Ordnern, zwischen denen man über das Ausklappmenü (Pfeil) umschaltet.

❷ Das Menü ist unterteilt in:

- *Posteingang*: Empfangene E-Mails
- *Ungelesen*: Empfangene E-Mails, die Sie noch nicht geöffnet haben.
- *VIPs:* Auf diese Funktion geht Kapitel *11.3.4 VIP* ein.
- *Markiert*: Von Ihnen mit einem Stern markierte Nachrichten.
- *Gespeicherte E-Mails*: Nachrichten, die von Ihnen im Gerätespeicher gespeichert wurden (über ⁞/*E-Mail als Datei speichern*).
- *Entwürfe*: E-Mails, die Sie für späteren Versand erstellt haben.
- *Gesendet*: Verschickte E-Mails
- *Papierkorb*: Gelöschte E-Mails.
- *Spam*: Als Spam eingeordnete Nachrichten (nur bei E-Mail-Konten von Outlook.de beziehungsweise Microsoft-E-Mail-Servern).

Einige Ordner werden erst angezeigt, wenn Sie verwendet werden. Beispielsweise erscheint der *Markiert*-Ordner nachdem Sie eine oder mehrere Nachrichten, wie im Kapitel *11.4.4 Favoriten* beschrieben, markiert haben.

11.3.2 E-Mails abrufen

❶ Führen Sie eine Wischgeste nach unten durch für den E-Mail-Abruf. Alternativ können Sie auch in den Einstellungen (siehe Kapitel *11.2.2 Konto-Einstellungen*) festlegen, wie häufig der automatische Mail-Abruf erfolgt.

❷ Hat der Abruf geklappt, dürfte es im Fenster ungefähr so wie hier aussehen. Alle Nachrichten werden mit Absender, Empfangsdatum und Betreff anzeigt. Gelesene Nachrichten hebt die E-Mail-Anwendung mit grauem Hintergrund besonders hervor. Tippen Sie eine Nachricht an, so wird sie angezeigt.

❸ Um Speicherplatz zu sparen und weil meisten ohnehin nur die neuesten Nachrichten gelesen werden, zeigt das Galaxy ältere Nachrichten nicht an. Sobald Sie allerdings zum Ende der Nachrichtenauflistung rollen, lädt das Handy die nächsten älteren Nachrichten vom E-Mail-Konto nach. Während des Ladevorgangs erscheint dann ein Hinweis (Pfeil).

11.3.3 E-Mails lesen und beantworten

❶ Tippen Sie die anzusehende E-Mail an.

❷ Viele E-Mails enthalten Bilder, die Sie über *BILDER ANZEIGEN* einblenden (nur wenn Sie *Bilder anzeigen* in den Konto-Einstellungen deaktiviert haben, siehe Kapitel *11.2.2 Konto-Einstellungen*).

❸ Standardmäßig lädt die E-Mail-Anwendung nur Nachrichten bis 50 KB Größe. Sollte mal eine Nachricht diesen Wert übersteigen, müssen Sie *WEITERE LADEN* betätigen, um die jeweilige Nachricht vollständig anzuzeigen. Sie können die maximale Größe in den Konto-Einstellungen (siehe Kapitel *11.2.2 Konto-Einstellungen*) unter *Abrufgröße festlegen* ändern.

E-Mail

❶ Weitere Funktionen erhalten Sie über die Schaltleisten (Pfeil):

- *Antworten*: Erstellt eine Antwort-Nachricht an den Absender.
- *Allen antworten*: Allen Antworten, deren E-Mail-Adresse in der Nachricht enthalten ist. Wir raten von dieser Funktion ab, da die Gefahr besteht, dass unbeabsichtigt Dritte Ihre Antwort erhalten.
- *Weiterleiten*: E-Mail an einen weiteren Empfänger weiterleiten.
- *Löschen*: E-Mail löschen.
- *Thread*: Falls Sie bereits vom Absender mehrere E-Mails erhalten beziehungsweise ihm gesendet haben, listen Sie diese auf.
- ★ (neben dem Betreff): E-Mail als Favorit markieren (siehe Kapitel *11.4.4 Favoriten*).
- ⋀ ⋁ (am oberen Bildschirmrand): Zur nächsten/vorherigen Nachricht umschalten. Alternativ wischen Sie einfach von rechts nach links oder umgekehrt auf dem Bildschirm.

❷ Das ⋮-Menü:

- *Als ungelesen markieren*: Setzt den Lesestatus auf »ungelesen« zurück (anschließend Wechsel zur nächsten Nachricht).
- *Verschieben*: E-Mail in einen anderen Ordner verschieben. Macht genau genommen nur Sinn, wenn Sie eine bereits gelöschte Mail wieder aus dem *Papierkorb*-Ordner »retten« möchten (nur für Outlook.de-Konten).
- *E-Mail als Datei speichern*: Nachrichtentext als Datei auf dem Gerät speichern.
- *Erinnerung festlegen*: An die vorliegende E-Mail erinnern (nur für Outlook.de-E-Mail-Konten).
- *Als Spam registrieren*: Nachricht als Spam markieren (nur für Outlook.de-E-Mail-Konten)
- *Zu VIPs hinzufügen*: Markiert den Absender als VIP. Siehe Kapitel *11.3.4 VIP*.
- *Ereignis erstellen*: Erstellt aus dem E-Mail-Text einen Kalendertermin (siehe Kapitel *20 Kalender*).
- *Drucken*: Nachrichtentext auf einem Bluetooth-Drucker ausgeben. Wir gehen in diesem Buch nicht weiter auf das Drucken ein.

❶ Zur nächsten/vorherigen Nachricht wechseln Sie mit einer Wischgeste.

❷ Ziehen Sie zwei gleichzeitig auf dem Display gedrückte Finger auseinander, beziehungsweise zusammen, so vergrößert/verkleinert das Handy die Nachrichtenanzeige. Mit einem Fingerwischen ändern Sie dann den angezeigten Bildausschnitt.

11.3.4 VIP

Wenn Sie beruflich oder privat sehr viele Nachrichten erhalten, dürften Sie vielleicht schon mal eine wichtige übersehen haben. Damit Ihnen das nicht mehr passiert, können Sie mit der Hauptsender-Funktion bestimmte Absender als »wichtig« festlegen. Nachrichten von den wichtigen Absendern landen dann nicht nur im Posteingang, sondern auch in einem eigenen Ordner.

❶ So legen Sie einen Absender (genauer gesagt, seine E-Mail-Adresse) als wichtig fest: Gehen Sie in der Nachrichtenansicht auf ⋮/*Zu VIPs hinzufügen*.

❷ Umgekehrt entfernen Sie über ⋮/*Aus VIPs entfernen* einen Absender wieder aus der Hauptsender-Liste.

E-Mail

❶❷ Rufen Sie das Ausklappmenü auf und wählen Sie *VIPs*. Es werden nun alle Nachrichten von Absendern anzeigt, die Sie als wichtig einstufen.

11.3.5 E-Mails löschen

Die Lösch-Funktion in der E-Mail-Anwendung ist eine Philosophie für sich... Empfangene E-Mails werden standardmäßig nämlich nicht vom Internet-E-Mail-Konto gelöscht und lassen sich somit erneut mit dem E-Mail-Programm auf dem Desktop-PC abrufen oder auf der Weboberfläche des E-Mail-Anbieters anzeigen.

❶❷❸ Wie die Nachrichtenlöschung auf Ihrem Internet-E-Mail-Konto gehandhabt wird, bestimmt die Option *E-Mail von Server löschen* (Sie finden die Option in ⚙/*(Ihr Konto)/Server-Einstellungen*). Zur Auswahl stehen dabei *Niemals* und *Wenn aus Eingang gelöscht*. Voreingestellt ist *Niemals*. Gelöschte E-Mails bleiben also im Internet-E-Mail-Konto erhalten.

> Bei Gmail- und Outlook-Konten wird diese Funktion nicht unterstützt und ist daher nicht in den Einstellungen konfigurierbar.

Löschen Sie eine E-Mail, beispielsweise mit *Löschen* in der Nachrichtenansicht, so verschwindet die E-Mail zudem nicht sofort aus der Nachrichten-Anwendung, sondern landet im *Papierkorb*-Ordner.

❶❷ Alternativ löschen Sie eine E-Mail im Posteingang per Wischgeste nach links.

❶❷❸ Sie können sich davon auch selbst überzeugen, indem Sie das Ausklappmenü aktivieren und dann auf *Papierkorb* gehen.

E-Mail-Programme auf dem PC löschen standardmäßig alle empfangenen Mails vom Internet-E-Mail-Konto. Die E-Mail-Anwendung auf dem Galaxy erkennt das und entfernt bei sich die gelöschten Nachrichten ebenfalls. Wundern Sie sich also nicht, wenn auf dem Galaxy nach dem E-Mail-Abruf plötzlich Mails verschwunden sind!

E-Mail

11.3.6 Dateianlagen

In E-Mails enthaltene Dateianlagen kann man anzeigen und weiterverarbeiten.

❶ Über Dateianlagen informiert ∅ (Pfeil) in der Nachrichtenauflistung.

❷ Tippen Sie den Anhang in der Nachrichtenansicht an (eventuell müssen Sie vorher erst die vollständige Nachricht mit der *WEITERE LADEN*-Schaltleiste herunterladen).

❸ Zum Anzeigen in der jeweiligen Anwendung tippen Sie den Dateinamen an, während *SPEICHERN* die Datei(en) jeweils im *Download*-Verzeichnis des Handys ablegt.

11.3.7 Absender ins Telefonbuch aufnehmen

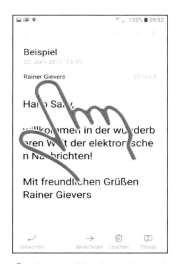  

❶ Tippen Sie den Absendernamen an (Pfeil).

❷ Gehen Sie auf *Kontakt anzeigen*.

❸ Soll die E-Mail-Adresse einem bereits vorhandenen Kontakt hinzugefügt werden, dann betätigen Sie *VORHANDENE AKTUALISIEREN*, ansonsten legen Sie mit *NEUER KONTAKT* einen weiteren Kontakt an.

11.4 E-Mail erstellen und senden

❶  erstellt eine neue Nachricht.

❷ Hier sind der Betreff, der Empfänger, sowie der Nachrichtentext einzugeben.

❸ Sobald Sie einige Buchstaben in das *An*-Feld eingetippt haben, öffnet sich die Empfängerliste. Sofern Sie keinen Kontakt aus dem Telefonbuch verwenden möchten, geben Sie die E-Mail-Adresse von Hand komplett selbst ein.

❶❷ Geben Sie noch Betreff und Nachrichtentext ein. Hinweis: Sobald Sie in das Textfeld tippen, blendet die E-Mail-Anwendung den Empfänger und Betreff aus. Über eine Wischgeste von oben nach unten blenden Sie sie wieder ein.

E-Mail

❶ Betätigen Sie nun *SENDEN* (oben rechts). Die neue E-Mail wird sofort verschickt.

❷❸ Weitere Empfänger lassen sich bei Bedarf übrigens hinzufügen, indem Sie in das *An*-Eingabefeld (Pfeil) tippen und dann einfach die Mail-Adresse, beziehungsweise den Kontaktnamen eingeben, worauf wiederum die Kontaktauswahl erscheint.

❶ Weitere Funktionen im ⁝-Menü:

- *In Entwürfe speichern*: Legt die erstellte Nachricht im *Entwürfe*-Ordner ab und kehrt in den Posteingang zurück. Siehe auch Kapitel *11.4.2 Entwürfe*.
- *Priorität* (❷): Weist der Nachricht eine Priorität *(Hoch, Normal* oder *Niedrig)* zu. Einige E-Mail-Programme werten die Priorität aus und heben dann die Nachricht hervor. Wir empfehlen allerdings, auf diese Funktion zu verzichten.
- *Rich-Text einschalten; Rich-Text ausschalten*: Blendet zusätzliche Schaltleisten ein, über die sie Ihren Nachrichtentext formatieren. Darauf gehen wir unten ein. »Rich-Text« lässt sich hier mit »angereicherter Text« übersetzen.

❸ Über die Rich-Text-Symbolleiste am unteren Bildschirmrand fügen Sie Skizzen und Bilder ein und können sowie Schriftart und Schriftfarbe ändern. Mit einer Wischgeste nach links/rechts zeigen Sie die restlichen Symbole an.

11.4.1 Cc/Bcc

❶❷ Eine Besonderheit sind die *Cc/Bcc*-Eingabefelder, die Sie über die ∨-Schaltleiste (Pfeil) aktivieren:

- *Cc*: Der Begriff Cc steht für »Carbon Copy«, zu deutsch »Fotokopie«. Der ursprüngliche Adressat (im *An*-Eingabefeld) sieht später die unter *CC* eingetragenen weiteren Empfänger. Die *CC*-Funktion ist beispielsweise interessant, wenn Sie ein Problem mit jemandem per E-Mail abklären, gleichzeitig aber auch eine zweite Person von Ihrer Nachricht Kenntnis erhalten soll.

- *Bcc*: Im Bcc (»Blind Carbon Copy«)-Eingabefeld erfassen Sie weitere Empfänger, wobei der ursprüngliche Adressat im *An*-Feld nicht mitbekommt, dass auch noch andere Personen die Nachricht erhalten.

11.4.2 Entwürfe

 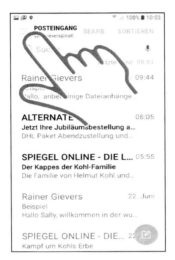 

❶ Betätigen Sie während der Nachrichtenerstellung statt *SENDEN* zweimal die ⟲-Taste (beim ersten Mal wird nur das Tastenfeld ausgeblendet), worauf das Handy nachfragt, ob Sie die Mail als Entwurf speichern möchten. Bestätigen Sie mit *SPEICHERN*, die E-Mail wird gespeichert und der Posteingang angezeigt.

❷ Möchten Sie den Entwurf später senden, rufen Sie das Ausklappmenü auf.

❸ Dann gehen Sie in den *Entwürfe*-Ordner. Die hier abgelegten Nachrichtenentwürfe können Sie nach dem Antippen wie gewohnt bearbeiten und dann verschicken.

11.4.3 E-Mail-Anhänge

❶ Über *ANHÄNGEN* fügen Sie eine Datei als Anhang hinzu.

❷❸ Die Fotos auf Ihrem Handy werden als erstes aufgelistet. Mit einer Wischgeste nach oben vergrößern Sie die Ansicht und können die zu sendenden Dateien abhaken. Schließen Sie den Vorgang mit *OK* ab.

E-Mail

❶ Alternativ wischen Sie nach links und haben dann Zugriff auf andere Dateiarten.

❷❸ Eine Wischgeste nach oben stellt weitere Optionen zur Verfügung.

In unserem Beispiel haben wir einige Bilder als Anhang hinzugefügt. Über die Minus-Schaltleisten hinter den Bildern machen Sie Ihre Auswahl jeweils rückgängig.

11.4.4 Favoriten

Sie können Nachrichten, die in irgendeiner Weise wichtig sind, als »Favoriten« markieren, um sie später schneller wiederzufinden.

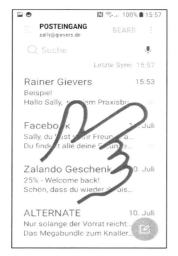 

Tippen Sie in der Nachrichtenauflistung (❶) beziehungsweise in der Nachrichtenansicht (❷) den Stern an (Pfeil), um die jeweilige Nachricht als Favorit zu markieren. Erneutes Antippen löscht den Stern wieder.

❶❷ Die Favoriten zeigen Sie an, indem Sie im Ausklappmenü auf *Markiert* gehen.

11.4.5 Stapelvorgänge

Wenn eine Aktion wie Label ändern, Löschen, Markierung hinzufügen, usw. auf mehrere Nachrichten anzuwenden ist, verwenden Sie die Stapelvorgänge.

❶❷ Zum Markieren tippen und halten Sie den Finger über einer Nachricht, bis diese »abgehakt« ist. Danach lassen sich weitere Nachrichten durch kurzes Antippen markieren. Über die *LÖSCHEN*-Schaltleiste am oberen Bildschirmrand können Sie dann die Nachrichten entfernen. Den Markierungsmodus verlassen Sie gegebenenfalls mit der ⤺-Taste.

❸ Weitere Funktionen zum Markieren mit einem Stern (siehe Kapitel *11.4.4 Favoriten*) oder mit denen Sie die Nachrichten auf Gelesen/Ungelesen setzen, finden Sie im ⋮-Menü.

E-Mail   175

11.4.6 E-Mail-Ansichten

 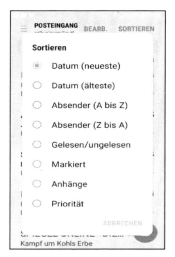

❶❷ Passen Sie die E-Mail-Auflistung über *SORTIEREN* Ihren Bedürfnissen an. Beispielsweise zeigt *Gelesen/ungelesen* alle noch nicht von Ihnen gelesenen Nachrichten als Erste an.

11.5 E-Mails auf dem Startbildschirm

❶❷ Über neu vorhandene E-Mails informiert die Titelleiste (Pfeil). Öffnen Sie das Benachrichtigungsfeld und gehen Sie auf den E-Mail-Eintrag, worauf der Posteingang anzeigt wird.

❶❷ Verwenden Sie das *E-Mail*-Widget aus dem *Widgets*-Register des Hauptmenüs, um den Posteingang direkt im Startbildschirm anzuzeigen (wie Sie Widgets anlegen, erfahren Sie im Kapitel *4.8.2 Widgets*).

12. Webbrowser

Das Galaxy besitzt, neben dem hier vorgestellten Webbrowser »Internet«, mit »Chrome« gleich zwei verschiedene Webbrowser, die sich funktionell kaum unterscheiden.

Eine Beschreibung des Chrome-Webbrowsers finden Sie im Kapitel *13 Chrome-Webbrowser*.

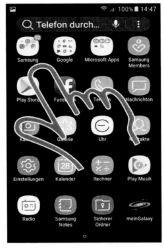 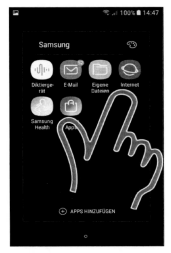 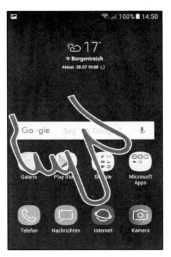

❶❷ Abhängig davon, ob Sie Ihr Galaxy bei einem Mobilfunkanbieter oder im freien Handel erworben haben, finden Sie den Webbrowser an unterschiedlicher Stelle. Bei einem Gerät von T-Mobile gehen Sie im Hauptmenü in den *Samsung*-Ordner und dann auf *Internet*.

❸ Meistens dürften Sie *Internet* auch im Startbildschirm finden.

Beim ersten Aufruf wird eine Vorschaltseite erscheinen, die Sie mit ÜBERSPRINGEN schließen.

Damit man den Browser nutzen kann, muss eine Internetverbindung (siehe Kapitel *8 Internet einrichten und nutzen*) aktiv sein.

❶❷ Beim ersten Start lädt der Browser eine Samsung-Webseite als Startseite (alternativ erscheint eventuell stattdessen eine Webseite Ihres Mobilnetzbetreibers). Tippen Sie in die Adresszeile, um eine Webadresse einzugeben (wenn gerade eine größere Webseite angezeigt wird, ist eventuell die Adresszeile nicht sichtbar, führen Sie dann eine vertikale Wischgeste von oben nach unten durch). Betätigen Sie dann die *Öffnen*-Taste (Pfeil) auf dem Tastenfeld.

❸ Die Webadresse wird geladen und angezeigt. Weil viele Webseiten für PC-Bildschirme optimiert sind, sehen Sie nur einen Teilausschnitt, den Sie einfach ändern, indem Sie mit dem Finger auf den Bildschirm drücken und dann in die gewünschte Richtung ziehen.

Wie Sie eine andere Startseite einstellen, erläutert Kapitel *12.4 Einstellungen*.

Besonders bei der Webseitenanzeige kann eine horizontale Bildschirmorientierung optimaler sein. Halten Sie dafür einfach das Galaxy waagerecht statt aufrecht.

❶❷ Eine Schaltleiste (Pfeil) stellt zusätzliche Funktionen zur Verfügung, mit denen Sie die angezeigte Webadresse an jemand anders senden, einen neuen Tab (siehe Kapitel *12.1 Fenster (Tabs)*) öffnen oder die Textgröße ändern. X schließt die Anzeige.

❸ Auch das sogenannte »Kneifen« wird unterstützt: Tippen und halten Sie Mittelfinger und Daumen gleichzeitig auf dem Bildschirm und ziehen Sie beide auseinander, was in die Webseite hereinzoomt. Ziehen Sie dagegen die beiden Finger zusammen, zoomen Sie wieder heraus. Es ist egal, ob Sie nun vertikal oder waagerecht »kneifen«.

Unter *Standard-Zoom* in den Einstellungen konfigurieren Sie, wie stark der Webseitenbereich vergrößert wird. Siehe Kapitel *12.4 Einstellungen*.

❶❷ Einem Link folgen Sie, indem Sie ihn antippen.

❸ Tippen und halten Sie den Finger über einem Link für weitere Funktionen:

- *In neuer Registerkarte öffnen*: Öffnet den Link in einem neuen Browser-Tab und zeigt diesen an.
- *Im Hintergrund öffnen*: Öffnet den Link in einem neuen Browser-Tab im Hintergrund.
- *Link speichern*: Speichert die Webseite als HTML-Datei auf der Speicherkarte im Verzeichnis *Download*.
- *Link kopieren*: Kopiert die Webadresse des Links in die Zwischenablage, von wo man sie später in andere Anwendungen wieder einfügen kann.

❶❷ Die Schaltleisten am unteren Bildschirmrand sind häufig ausgeblendet und erscheinen erst nach einer Wischgeste von oben nach unten.

Die Schaltleisten:

- *Zurück*: Zur letzten Webseite zurückkehren. Verwenden Sie dafür alternativ die ⬅-Taste. Beachten Sie aber, dass der Browser verlassen wird, wenn Sie die ⬅-Taste drücken, während die zuerst aufgerufene Seite angezeigt wird.
- *Vorwärts*: Bringt Sie eine Seite vorwärts (dies funktioniert nur, wenn Sie zuvor eine Seite zurückgeblättert hatten).
- *Startseite*: Startseite, standardmäßig die Samsung-Website, anzeigen. Die Startseite ändern Sie in den Einstellungen (siehe Kapitel *12.4 Einstellungen*).
- *Lesezeichen*: Lesezeichenverwaltung (siehe Kapitel *12.2 Lesezeichen*).
- *Tabs*: Geöffnete Browser-Tabs auflisten (siehe Kapitel *12.1 Fenster (Tabs)*).

❷ Bereits während der Eingabe einer Webadresse macht der Browser Vorschläge, wobei Sie an-

Webbrowser

hand der vorangestellten Symbole erkennen, woher diese stammen:

- ★: Lesezeichen (»Favorit«).
- ⏲: Verlauf (eine bereits von Ihnen besuchte Webseite).
- ⊕: Mit Google nach dem Begriff suchen.
- ᴼ: Suchvorschlag von Google aufrufen. Tippen Sie das dahinter stehende ↖ an, um weitere Vorschläge zum Suchbegriff zu erhalten.

Wählen Sie in der Liste einfach die anzuzeigende Webseite aus.

12.1 Fenster (Tabs)

❶❷ Manchmal ist es sinnvoll, mehrere Browserfenster gleichzeitig offen zu haben. In diesem Fall tippen und halten Sie einen Finger über dem Link, bis das Popup-Menü erscheint. Wählen Sie dann *In neuer Registerkarte öffnen*.

❸ Sie befinden sich nun im neu geöffneten Browserfenster (Browser-Tab).

❶ So wechseln Sie zwischen den Browser-Tabs: Gehen Sie auf *Tabs* am unteren Bildschirmrand.

❷ Es erscheint die Vorschau der aktiven Fenster, worin Sie das anzuzeigende antippen. Eine Wischgeste nach rechts oder links schließt einen Browser-Tab. Dies geschieht auch mit den ✕-Schaltleisten.

❸ Weitere Funktionen erhalten Sie über die Schaltleisten am unteren Bildschirmrand (Pfeil):

- *GEHEIMEN MODUS EINSCHALTEN*: Aktiviert den sogenannten Inkognito-Modus. Sie browsen anonym, das heißt, der Browser speichert nach Verlassen des Inkognito-Tabs keine Daten und löscht von Websites angelegte Cookies.

- *NEUER TAB* (am unteren Bildschirmrand): Öffnet einen neuen, leeren Tab.

Es dürfen maximal 16 Browser-Tabs gleichzeitig geöffnet sein.

12.2 Lesezeichen

 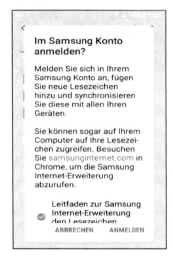 

❶ Für die Lesezeichenverwaltung betätigen Sie die *Lesezeichen*-Schaltleiste (Pfeil).

❷ Den Hinweis auf das Samsung-Konto schließen Sie mit *ABBRECHEN*.

❸ Tippen Sie ein Lesezeichen an, damit die zugehörige Webadresse im Browser geladen wird.

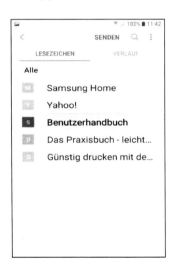 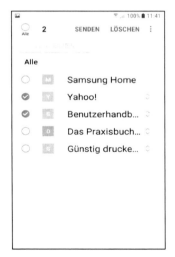

❶ Tippen und halten Sie den Finger über einem Lesezeichen, worauf die Lesezeichenverwaltung auf den Markierungsmodus umschaltet.

❷ Markieren Sie bei Bedarf weitere Lesezeichen durch Antippen. *LÖSCHEN* entfernt die markierten Lesezeichen.

Webbrowser

❶❷ Tippen Sie auf den Stern neben der Adressleiste, um eine angezeigte Webseite als Lesezeichen zu speichern.

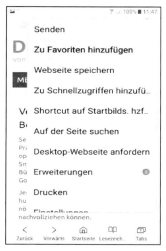 

❶ Alternativ gehen Sie auf ⋮/*Zu Favoriten hinzufügen*.

❷ Anschließend geben Sie dem Lesezeichen noch einen Namen und betätigen *SPEICHERN*.

12.3 Dateien herunterladen

❶❷ Wenn Sie einen Link antippen, der auf eine Datei verweist, fragt Sie das Betriebssystem gegebenenfalls nach dem Anzeigeprogramm. PDF-Dateien werden dagegen direkt von einer Google-Anwendung angezeigt.

Alle heruntergeladenen Dateien landen im Verzeichnis *Download* im Gerätespeicher.

12.4 Einstellungen

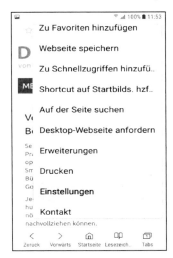 

❶ Für die Browserkonfiguration gehen Sie auf ⋮/*Einstellungen*.

❷ Die hier angebotenen Optionen:

- *Startseite*: Sie stellen hier ein, welche Webseite beim Browserstart als Startseite angezeigt wird.

- *Standardsuchmaschine*: Zu Ihren Eingaben in der Adressleiste macht der Browser Vorschläge von der hier eingestellten Suchmaschine. Die Voreinstellung ist dabei Google.

- *Formulare autom. ausf.*: Sie können Ihren Namen, Telefonnummer und E-Mail-Adresse angeben. Der Browser füllt dann automatisch Eingabefelder in Formularen damit aus.

- *Manueller Zoom*: Manche für Mobilgeräte optimierte Webseiten werden standardmäßig in einer auf das Gerät abgestimmten Größe geöffnet und ermöglichen dann eventuell keinen Zoom. Aktivieren Sie diese Option, um das Zoomen trotzdem auf allen Webseiten zu ermöglichen.

- *Datenschutz*: Auf die Datenschutzeinstellungen gehen wir als nächstes weiter unten ein.

- *Mit Samsung Cloud synchronisieren*: Die Lesezeichen legt der Browser im Samsung-Konto ab, auf das Kapitel *26 Das Samsung-Konto* eingeht.

- *Erweitert*: Die erweiterten Einstellungen beschreiben wir weiter unten.

  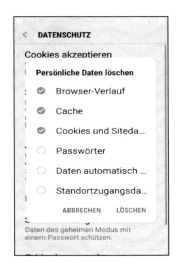

❶❷ Unter *Datenschutz* stellen Sie ein:

- *Cookies akzeptieren*: Wie bereits oben erwähnt, sind Cookies wichtig, damit man von Webseiten eindeutig zugeordnet werden kann. Insbesondere Websites, in die man sich über Login und Passwort einloggen kann, sowie Webshops, sind häufig auf Cookies angewiesen. Sie sollten also die Option *Cookies akzeptieren* nicht deaktivieren.

- *Suchen vorschlagen*: Die hier erfassten Texte mit Ihren Adressdaten schlägt der Browser automatisch vor, wenn Sie in ein passendes Eingabefeld tippen (zum Beispiel Adressfelder in einem Online-Shop).

- *Anmeldeinfos speichern*: Verwaltet die von Ihnen während der täglichen Browser-Nutzung in Formularen eingegebenen Logins und Passwörter. Diese werden bei erneutem Besuch der Anmelde-Formulare automatisch eingefügt.

- *Persönliche Daten löschen* (❸): Löscht vom Browser gespeicherte Daten wie den Verlauf, Cache, Cookies, usw.

- *Sicherheit für geheimen Modus*: Falls Sie den im Kapitel *12.1 Fenster (Tabs)* beschriebenen Geheimmodus des Browsers nutzen, können Sie diesen über ein Passwort schützen. Im Hintergrund geöffnete Webseiten können Sie dann erst nach Passworteingabe anzeigen.

- *Fehlerdaten senden*: Damit unterstützen Sie Samsung bei der Verbesserung des Browsers. Beachten Sie, dass dabei eventuell persönliche Daten übertragen werden..

❶❷ Das *Erweitert*-Menü konfiguriert:

- *Statusleiste*: Blendet die Titelleiste ein/aus.

- *JavaScript*: JavaScript ist eine Programmiersprache, die in Webseiten eingebettet sein kann, um dort interaktive Funktionen zu realisieren. Dazu gehören zum Beispiel Eingabefeldprüfungen. Weil sonst viele Webseiten nicht mehr funktionieren, sollten Sie JavaScript immer aktiviert haben.

- *Pop-up-Blocker*: Viele Websites öffnen Popup-Fenster, beispielsweise mit Werbung, wenn man sie besucht. Deshalb werden Popup-Fenster standardmäßig blockiert.

- *Inhalt speichern unter*: Ablageort für von Ihnen aus dem Browser gespeicherte Dateien.

- *Verwalten von Webseitendaten*: Webseiten können sogenannte Cookies hinterlegen, die Sie hierüber löschen. Dies dürfte in der Praxis nie nötig sein.

- *Web-Benachrichtigung:* Einige Websites nutzen sogenannte Web-Benachrichtigungen, um Sie über Dinge zu informieren, die Ihre Aufmerksamkeit erfordern. Beispielsweise könnte eine Kalender-Website Sie über Termine informieren.

- *Textgröße der Webseite*: Die Textgröße lässt sich hier nur für Webseiten ändern, die nicht für Mobilgeräte angepasst sind.

12.5 Desktop-Anzeige

❶ Viele Websites werten den verwendeten Browser aus und optimieren dann die Webseitenanzeige für die Besucher entsprechend. Ein gutes Beispiel ist Ebay, wo man mit Smartphones nur eine vereinfachte und funktionsbeschränkte Weboberfläche zu sehen bekommt.

❷❸ Eine vollwertige Anzeige erhalten Sie im Browser, wenn Sie ⁞/*Desktop-Webseite anfordern* aktivieren. ⁞/*Mobile Webseite anfordern* schaltet wieder auf die Handy-optimierte Ansicht um.

12.6 Erweiterungen

Viele Webbrowser für den PC unterstützen Erweiterungen (»Add-ons« oder »Plug-ins«), die meist von Dritten entwickelt wurden. Beliebt sind dabei vor allem Werbeblocker und diverse Assistenten für das Online-Shopping.

Auch der Internet-Browser auf dem Galaxy unterstützt Erweiterungen, die sich häufig eher an erfahrene Anwender richten.

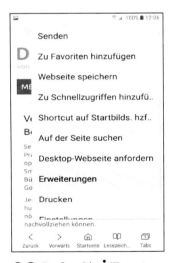 

❶❷ Rufen Sie ⁞/*Erweiterungen* auf:

- *Amazon Assistant*: Die Erweiterung soll dem Preisvergleich dienen, wenn Sie nach Produkten suchen. Wir raten davon ab, weil nur bei Amazon gelistete Produkte angezeigt werden und die im Kapitel *28.2.5 Preisvergleich* vorgestellten Programme einen unabhängigen Preisvergleich liefern.

- *CloseBy*: Einige größere Ladenketten haben Bluetooth-Sender installiert, die Ihnen Werbung auf den Browser senden. Wir raten mangels Nutzen davon ab.

- *Inhaltssperren*: Installiert einen sogenannten Werbeblocker. Diese Funktion ist sehr nützlich, weil die Werbeanzeigen meist den Ladevorgang von Webseiten verlangsamen.

- *QR-Code-Leser*: Aktiviert die Funktion *QR-Code scannen* im ⁝-Menü. Nach dem Scannen eines QR-Codes, beispielsweise in einer Werbeanzeige, öffnet der Browser die im QR-Code hinterlegte Webseite im Browser.
- *Schnellmenü*: Das Schnellmenü ist die einzige Erweiterung, die schon beim ersten Aufruf des Browsers aktiv ist. Sie erhalten darüber einige zusätzliche Funktionen.
- *Videoassistent*: Passt die Webseitenanzeige von Videos an.

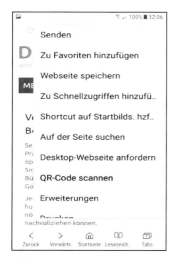  

❶❷ So nutzen Sie die QR-Code-Funktion: Gehen Sie im Browser auf ⁝/*QR-Code scannen* worauf sich die Kamera aktiviert. Der QR-Code wird gelesen und der Browser zeigt die darin hinterlegte Webadresse an.

❶❷ Das Schnellmenü ist eine Schaltleiste, die nach dem Antippen ein kleines Menü öffnet. Tippen und halten Sie es mit dem Finger, worauf sich die Schaltleiste im Browserfenster verschieben lässt.

13. Chrome-Webbrowser

 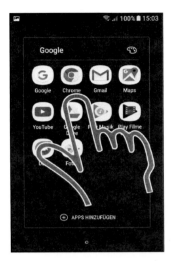 

❶❷ Sie starten den Webbrowser über *Chrome* aus dem *Google*-Ordner des Hauptmenüs.

❸ Je nachdem, wo Sie Ihr Galaxy erworben haben – im Beispiel bei T-Mobile – können Sie *Chrome* auch aus dem Startbildschirm aufrufen.

❶ Beim ersten Aufruf müssen Sie die Nutzungsbedingungen akzeptieren, indem Sie *AKZEPTIEREN & WEITER* betätigen.

❷ Betätigen Sie *WEITER*.

❶ Führen Sie auf dem Bildschirm eine Wischgeste nach oben durch.

Chrome-Webbrowser

❷ Schließen sie den Bildschirm mit *OK*.

Die Synchronisation der Lesezeichen mit dem Google-Konto können Sie später jederzeit in den Google-Kontoeinstellungen (siehe Kapitel *24.3 Datensicherung im Google-Konto*) aus- oder einschalten.

Hinweis: Neben dem Chrome-Browser ist auf dem Galaxy mit *Internet* (siehe Kapitel *12 Webbrowser*) ein weiterer Webbrowser vorhanden.

❶ Später müssen eventuell erst mit dem Finger auf dem Bildschirm nach unten ziehen (Wischgeste), um die Adressleiste anzuzeigen. Tippen Sie dann in das Eingabefeld am oberen Bildschirmrand.

❷ Nach Eingabe der Webadresse betätigen Sie die *Öffnen*-Taste (Pfeil) auf dem Tastenfeld. Bereits während der Eingabe macht der Browser Vorschläge. Wählen Sie in der Liste einfach die anzuzeigende Webseite aus.

❸ Die Webadresse wird geladen und angezeigt. Bei manchen Webseiten, die für PC-Bildschirme optimiert sind, sehen Sie nur einen Teilausschnitt, den Sie einfach ändern, indem Sie mit dem Finger auf den Bildschirm drücken und dann in die gewünschte Richtung ziehen (»Wischgeste«).

❶ Durch »Kneifen« ändern Sie die Anzeige: Tippen und halten Sie Mittelfinger und Daumen gleichzeitig auf dem Bildschirm und ziehen Sie beide auseinander, was in die Webseite hereinzoomt. Ziehen Sie dagegen die beiden Finger zusammen, zoomen Sie wieder heraus. Es ist egal, ob Sie nun vertikal oder waagerecht »kneifen«.

❷❸ Die ⤴-Schaltleiste bei den Vorschlägen verzweigt auf weitere Vorschläge.

❶ Einem Link folgen Sie, indem Sie ihn antippen.

❷ Tippen und halten Sie den Finger über einem Link für weitere Funktionen:

- *In neuem Tab öffnen*: Öffnet den Link in einem neuen Browser-Tab.

- *In Inkognito-Tab öffnen*: Öffnet den Link im privaten Modus, bei der alle Cookies oder andere Daten wieder gelöscht werden, wenn man den Tab später schließt.

- *URL kopieren; Linktext kopieren*: Kopiert die Webadresse beziehungsweise den Linktext in die Zwischenablage, von wo man sie später in andere Anwendungen wieder einfügen kann.

- *Link herunterladen*: Speichert die Webseite auf der Speicherkarte im Verzeichnis *download*.

Verwenden Sie die ⤺-Taste, um zur letzten angezeigten Seite zurückzukehren. Beachten Sie aber, dass der Browser verlassen wird, wenn Sie die ⤺-Taste drücken, während die zuerst aufgerufene Seite angezeigt wird.

❶ Viele Websites werten den verwendeten Browser aus und optimieren dann die Webseiten für die Besucher entsprechend. Ein gutes Beispiel ist Ebay, wo man mit Smartphones und Tablets nur eine vereinfachte und funktionsbeschränkte Weboberfläche zu sehen bekommt.

❷❸ Eine vollwertige Anzeige erhalten Sie im Browser, wenn Sie ⋮/*Desktop-Version* aktivieren. Beachten Sie, dass sich dann die Ladezeiten erhöhen.

13.1 Tabs

Heutzutage bietet jeder PC-Webbrowser die Möglichkeit, mehrere Webseiten gleichzeitig anzuzeigen, wobei die sogenannten Tabs zum Einsatz kommen. Sofern Sie bereits Tabs auf dem PC-

Chrome-Webbrowser

Webbrowser genutzt haben, dürften Sie also vieles wiedererkennen.

❶❷ Tippen und halten Sie einen Finger über dem Link, bis das Popup-Menü erscheint. Wählen Sie dann *In neuem Tab öffnen*. Der Browser-Tab wird im Hintergrund geöffnet.

Einen leeren Tab öffnen Sie mit ⋮/*Neuer Tab*.

❶ Die geöffneten Tabs zeigt dann die ②-Schaltleiste (Pfeil) an.

❷ Eine Wischgeste blättert durch die Tabs. Tippen Sie einen Tab an, den Sie wieder im Browser anzeigen möchten.

❸ Wischen nach links oder rechts schließt einen Tab.

❶❷ Eine Besonderheit ist der Inkognito-Modus, den Sie über ⁝/*Neuer Inkognito-Tab* aktivieren: In diesem Tab surfen Sie anonym, das heißt, der Browser speichert nach Verlassen des Inkognito-Tabs keine Daten und löscht von Websites angelegte Cookies.

 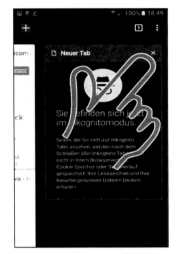

❶❷ Den Inkognito-Modus verlässt man, indem Sie 2-Schaltleiste (Pfeil) antippen und dann die ✕-Schaltleiste betätigen.

13.2 Lesezeichen

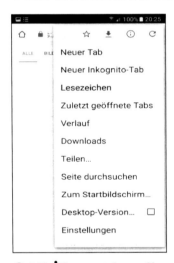 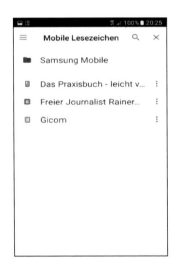

❶ Mit ⁝/*Lesezeichen* öffnen Sie die Lesezeichenverwaltung.

❷ Tippen Sie einfach auf ein Lesezeichen, das Sie öffnen möchten.

❶ So speichern sie ein Lesezeichen: Aktivieren Sie das ⋮-Menü und tippen Sie darin ★ an.

❷❸ Das Lesezeichen wird angelegt. Falls Sie es noch bearbeiten möchten (zum Beispiel einen anderen Namen geben) dann betätigen Sie *BEARBEITEN*. Schließen Sie den Bildschirm anschließend über die ←-Schaltleiste oben links.

❶❷ Das Bearbeiten des Lesezeichens ist alternativ auch über das ⋮-Menü möglich. Tippen Sie darin ★ an.

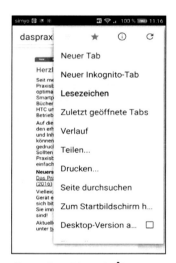 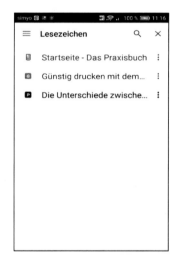 

❶ Rufen Sie mit ⋮/*Lesezeichen* die Lesezeichenverwaltung auf und tippen Sie den *Mobile Lesezeichen*-Ordner an.

❷ Tippen Sie in der Lesezeichenverwaltung ein Lesezeichen an, damit die zugehörige Webadresse im Browser geladen wird.

❸ Halten Sie den Finger über einem Lesezeichen für diese Funktionen gedrückt. Das Handy schaltet in den Markierungsmodus und bei Bedarf können Sie weitere Lesezeichen durch kurzes Antippen markieren. Die Bedeutung der Schaltleisten:

- ✏: Lesezeichen bearbeiten (es darf nur ein Lesezeichen markiert sein).
- ⤴: Lesezeichen in einen anderen Ordner verschieben. Auf die Ordner-Funktion geht dieses Buch nicht ein.
- 🗑: Lesezeichen löschen.

Die ↶-Taste beendet den Markierungsmodus.

Die Lesezeichen werden mit Ihrem Google-Konto synchronisiert, das heißt, wenn Sie sich auf einem anderen Android-Gerät bei Ihrem Google-Konto anmelden, sind dort im Browser Ihre Lesezeichen verfügbar. Wenn Sie dies nicht möchten, müssen Sie in Ihrem Google Konto (siehe Kapitel *24 Das Google-Konto*) die Lesezeichen-Synchronisierung (*Chrome synchronisieren*) deaktivieren.

13.3 Dateien herunterladen

❶ Wenn Sie einen Link antippen, der auf eine Datei verweist, lädt der Browser diese automatisch herunter und öffnet sie im passenden Programm.

Alle heruntergeladenen Dateien landen im Verzeichnis *download* auf der Speicherkarte.

Nach dem Download fragt Sie das Galaxy eventuell nach dem Programm, mit dem Sie die Datei öffnen möchten. Dies geschieht immer, wenn mehr als eine vorinstallierte Anwendung den gleichen Dateityp verarbeiten kann. Wählen Sie eine der Optionen aus.

13.4 Zum Suchen tippen

Die »Zum Suchen tippen«-Funktion liefert zu von Ihnen in Webseiten markierten Wörtern Suchergebnisse.

❶ Tippen und halten Sie den Finger auf einer Webseite über einen Begriff an, zu dem Sie mehr wissen möchten.

❷ Am unteren Bildschirmrand gehen Sie dann auf den Begriff.

Chrome-Webbrowser

❸ Schließen Sie den Hinweis mit *ZULASSEN*.

Der Webbrowser zeigt die Google-Suchergebnisse an. Ziehen Sie diese mit einer Wischgeste nach unten, um sie zu schließen, oder nach oben, was sie im Vollbildschirm anzeigt.

13.5 Einstellungen

  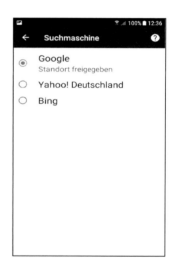

❶ Für die Browserkonfiguration gehen Sie auf ⋮/*Einstellungen*.

❷ Die hier angebotenen Optionen:

- *(Ihr Konto)@gmail.com*: Verwaltet die Synchronisation der Lesezeichen mit Ihrem Google-Konto.

Unter *Grundeinstellungen*:

- *Suchmaschine* (❸): Stellt die zu verwendende Suchmaschine ein (die Suche erfolgt automatisch, wenn Sie einen Begriff in der Browser-Adresszeile eingeben).

- *AutoFill und Zahlungen*: Die hier erfassten Texte mit Ihren Adressdaten schlägt der Browser automatisch vor, wenn Sie in ein passendes Eingabefeld tippen (zum Beispiel Adressfelder in einem Online-Shop).

- *Passwörter speichern*: Verwaltet alle Passwörter, die zwischengespeichert und das nächste Mal automatisch eingefügt werden. Sofern das Galaxy von mehreren Personen genutzt wird, sollten Sie diese Option deaktivieren.

- *Startseite*: Die Startseite lädt der Chrome-Browser beim ersten Aufruf. Sie können hier eine beliebige andere Webseite einstellen.

Unter *Erweitert:*

- *Datenschutz*: Löschen Sie hier vom Chrome-Browser gespeicherte Daten und stellen Sie ein, ob der Browser bei der Adresseingabe Vorschläge macht.
- *Bedienungshilfen*: Standardschriftgröße bei den angezeigten Webseiten.
- *Website-Einstellungen*: Cookies, Übermittlung des Standorts, JavaScript, usw. zulassen.
- *Datensparmodus*: Beschleunigt die Datenübertragung, indem aufgerufene Webseiten zuerst von Google selbst eingeladen, komprimiert und dann im Chrome geladen werden. Dies ist nicht möglich für verschlüsselte Websites (beispielsweise beim Online-Banking). Sofern Sie auf Ihren Datenschutz Wert legen, sollten sie auf diese Funktion verzichten.

13.5.1 Datenschutz

 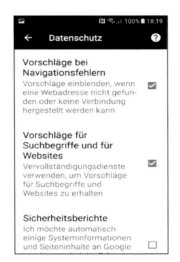 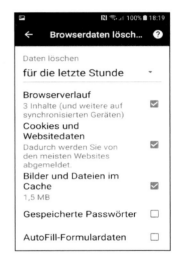

❶❷ Das *Datenschutz*-Menü konfiguriert:

- *Vorschläge bei Navigationsfehlern*: Wenn Sie eine Webadresse falsch eingeben, sodass sie nicht geladen werden kann, erscheint normalerweise die Meldung »Diese Webseite ist nicht verfügbar«. Aktivieren Sie *Vorschläge bei Navigationsfehlern*, so macht der Chrome-Browser Vorschläge wie die Webadresse korrekt lauten könnte.
- *Vorschläge für Suchbegriffe und für Websites*: Schon während der Eingabe einer Webadresse, beziehungsweise von Suchbegriffen macht der Browser Vorschläge zu den möglicherweise gesuchten Webseiten, die man dann direkt anzeigen lassen kann.
- *Sicherheitsberichte*: Google wird automatisch informiert, wenn Websites versuchen, sicherheitsrelevante Sperren des Browsers zu überwinden.
- *Safe Browsing*: Der Browser blockiert automatisch den Zugriff auf Webseiten, die Google als gefährlich identifiziert hat.
- *Vorhersagedienst zum schnelleren Laden von Seiten verwenden*: Nicht von Google dokumentiert.
- *Nutzungs- und Absturzberichte*: Legt fest, ob der Chrome-Browser anonyme Nutzungsberichte an Google senden darf, die Google dann für Optimierungen verwendet.
- *"Do Not Track"*: Der Browser sendet an aufgerufene Webseiten einen Befehl, dass diese keine Benutzerdaten auswerten darf (beispielsweise für Werbung). Siehe auch *de.wikipedia.org/wiki/Do_Not_Track*.
- *Zum Suchen tippen*: Zu einem von Ihnen markierten Stichwort zeigt Google Definitionen und Suchergebnisse.
- *Physical Web*: An einigen Orten werden Ihnen per Bluetooth (siehe Kapitel *32 Bluetooth*) Links auf relevante Webseiten übertragen. Dies können beispielsweise Sonderangebote des Supermarkts sein, in dem Sie sich gerade befinden sein oder eine Website des

Museums, in dem Sie sich gerade befinden.

❸ Rufen Sie *Browserdaten löschen* auf für das Auswahlmenü:

- *Browserverlauf*: Die Adressen einmal besuchter Seiten speichert der Browser zwischen und zeigt sie dann als Auswahl an, wenn Sie eine ähnliche Webadresse in der Adresszeile angeben.
- *Cookies und Websitedaten*: Cookies sind Daten, die von Webseiten auf Ihrem Gerät abgelegt werden, um Sie bei einem späteren Besuch wiedererkennen zu können. Es dürfte nur sehr selten Sinn machen, die vom Browser angelegten Cookies zu löschen.
- *Gespeicherte Passwörter; AutoFill-Formulardaten*: Enfernt die automatisch vom Browser gespeicherten Daten, die Sie in Eingabefeldern eingetippt hatten.

Nachdem Sie die gewünschten Optionen eingestellt haben, betätigen Sie *Daten löschen*.

13.5.2 Bedienungshilfen

❶❷ Das *Bedienungshilfen*-Menü sind für Personen mit eingeschränkter Sehkraft gedacht:

- *Text-Skalierung*: Vergrößert die Textdarstellung.
- *Zoom zwingend aktivieren*: Manche für Handys optimierte Webseiten lassen sich nicht durch Doppeltippen oder eine Kneifgeste vergößern. Wenn Sie das stört, aktivieren Sie diese Option.

13.5.3 Website-Einstellungen

 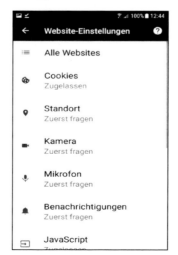

❶❷ In den *Website-Einstellungen* legen Sie fest, welche Daten oder Funktionen von Ihnen besuchte Websites nutzen dürfen. Sofern Sie nicht genau wissen, was Sie tun, sollten Sie die Voreinstellungen nicht verändern:

- *Cookies*: Wie bereits oben erwähnt, sind Cookies wichtig, damit man von Webseiten eindeutig zugeordnet werden kann. Insbesondere Websites, in die man sich über Login und Passwort einloggen kann, sowie Webshops, sind häufig auf Cookies angewiesen. Sie sollten also die Option *Cookies* nicht deaktivieren.

- *Standort*: Google kann für Suchanfragen Ihren aktuellen (GPS-)Standort auswerten, genauso verwenden manche Websites Ihren Standort, um für Ihre Standort optimierte Angebote bereitzustellen. Ein Beispiel dafür ist die Google-Suchmaschine selbst.

- *Kamera; Mikrofon*: Nur wenige Websites dürften den Zugriff auf Ihre Kamera oder das Mikrofon benötigen. Uns fällt jedenfalls kein Grund dafür ein.

- *Benachrichtigungen*: Auch wenn die angezeigte Webseite sich gerade im Hintergrund befindet (in einem anderen Browser-Tab), kann sie auf Ereignisse aufmerksam machen.

- *JavaScript*: JavaScript ist eine Programmiersprache, die in Webseiten eingebettet sein kann, um dort interaktive Funktionen zu realisieren. Dazu gehören zum Beispiel Eingabefeldprüfungen. Weil sonst viele Webseiten nicht mehr funktionieren, sollten Sie JavaScript immer aktiviert haben.

- *Pop-ups*: Viele Websites öffnen Popup-Fenster (Tabs), beispielsweise mit Werbung, wenn man sie besucht. Deshalb werden Popup-Fenster standardmäßig blockiert.

- *Hintergrund-Sync:* Auch wenn sich eine angezeigte Webseite im Hintergrund befindet, kann sie die Anzeige aktualisieren.

- *Medien*: Wählen Sie aus, ob kopiergeschützte Videos abgespielt werden dürfen. Auch das Autoplay, mit dem Videos sofort abgespielt werden, sobald sie eine Webseite aufrufen, stellen Sie hier ein.

- *Google Übersetzer*: Der Chrome-Browser unterstützt die automatische Übersetzung von fremdsprachlichen Texten. Sobald sie eine ausländische Webseite aufrufen, werden Sie gefragt, ob eine Übersetzung gewünscht wird.

- *Speicher*: Listet die von den bisher besuchten Websites angelegten Cookies auf.

- *USB*: Listet die Dateien auf einem angeschlossenem USB-Stick auf.

13.6 Lesezeichen auf dem Startbildschirm

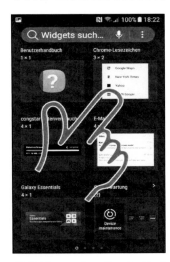 

❶❷ Der schnelle Aufruf von Lesezeichen aus dem Startbildschirm ist über das *Lesezeichen*-Widget möglich. Gehen Sie dazu auf *Chrome* in den Widgets. Wie Sie diese auf dem Startbildschirm anlegen, erfahren Sie im Kapitel *4.8.2 Widgets*.

❶❷ Alternativ rufen Sie ⋮/*Zum Startbildschirm hinzufügen* auf, während eine aktuelle Webseite angezeigt wird. Ändern Sie gegebenenfalls den Namen und betätigen Sie *HINZUFÜGEN*.

❸ Die Webseite können Sie nun direkt über den Schnellzugriff aufrufen.

14. WhatsApp

WhatsApp ist ein sogenannter Messenger, über den Sie Nachrichten an andere Personen senden und von diesen empfangen können. Im Prinzip ähnelt die WhatsApp-Funktionsweise dem SMS-Versand, wobei allerdings für die Kommunikation eine Internetverbindung benötigt wird und keine zusätzlichen Kosten anfallen.

Nutzer von WhatsApp müssen sich nicht mit einem Login und Passwort bei WhatsApp anmelden, sondern identifizieren sich durch ihre Handynummer. Dies bringt leider den Nachteil mit sich, dass eine Nutzung nur über Handys und Tablets mit SIM-Karte möglich ist. Deshalb war es lange Zeit unmöglich, auf einem PC WhatsApp zu verwenden. Mit einem Trick, bei dem von der Handykamera ein Code auf dem Bildschirm eingelesen wird, umgehen die WhatsApp-Entwickler inzwischen dieses Problem. Ein Tablet oder Handy mit SIM-Karte wird aber weiterhin benötigt.

14.1 Erster Start

 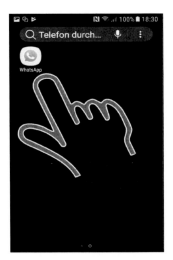

❶ Suchen und installieren Sie *WhatsApp Messenger* aus dem Google Play Store (siehe Kapitel *27.1 Play Store*).

❷ Künftig rufen Sie *WhatsApp* im Hauptmenü (Pfeil) auf.

❶❷ Beim ersten Start des Programms betätigen *ZUSTIMMEN UND FORTFAHREN* und schließen die folgenden Sicherheitsabfragen mit *WEITER* beziehungsweise *ZULASSEN*.

❶ Beim ersten Start des Programms müssen Sie sich erst beim WhatsApp-Netzwerk identifizieren, was über eine SMS geschieht. Geben Sie Ihre Handynummer ein und schließen Sie den Vorgang mit der grünen Schaltleiste neben dem Eingabefeld ab.

❷ Betätigen Sie die Sicherheitsabfrage mit *OK*.

❸ Gehen Sie auf *WEITER* und dann *ZULASSEN*. Danach warten Sie, während der Bestätigungsvorgang durchläuft.

❶ Schließen Sie den Dialog mit *BERECHTIGUNG GEWÄHREN*. Eventuell müssen Sie danach noch Ihr Google-Konto auswählen. Anschließend betätigen Sie *ZULASSEN*.

❷ Sofern Sie WhatsApp bereits mal genutzt haben, erhalten Sie die Möglichkeit, alle WhatsApp-Nachrichten wiederherzustellen. Dazu wählen Sie Ihr Google-Konto aus. Andernfalls gehen Sie auf *ABBRECHEN* beziehungsweise *ÜBERSPRINGEN*.

❶ Erfassen Sie Ihren Namen und tippen Sie auf *WEITER*.

❷ Der WhatsApp-Hauptbildschirm erscheint.

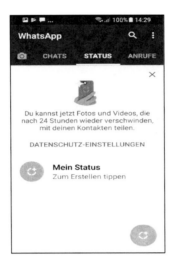

❶ Die Register am oberen Bildschirmrand schalten um zwischen:

- ◉: Foto/Video erstellen/versenden.

- *CHATS*: Schreiben Sie mit anderen WhatsApp-Nutzern. Dabei ist es auch möglich, Sprachaufnahmen und Dateien zu versenden.

- *STATUS* (❷): Stellen Sie ein Foto beziehungsweise einen Text ein, den andere für eine bestimmte Zeitspanne zu Gesicht bekommen. Falls Sie die Snapchat-Anwendung kennen, dürfte Ihnen diese Funktion bekannt vorkommen.

- *ANRUFE*: Sie können mit anderen WhatsApp-Nutzern telefonieren. Dabei baut das Tablet keine Sprachverbindung über das Mobilfunknetz auf, sondern die Sprachübertragung erfolgt über das Internet. Deshalb fallen keine Telefonkosten an.

14.2 Nachrichten schreiben

Damit Sie einer anderen Person per WhatsApp schreiben können, muss er sich mit seiner Handynummer in Ihrem Telefonbuch (siehe Kapitel *7 Telefonbuch*) befinden. Außerdem muss auf seinem Handy oder Tablet ebenfalls WhatsApp installiert sein.

WhatsApp

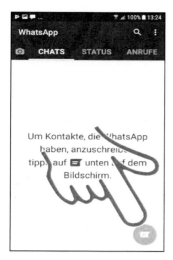 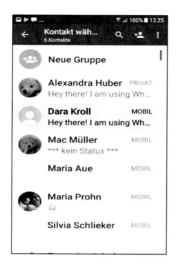 

❶ Betätigen Sie ▰.

❷ WhatsApp listet alle Kontakte mit WhatsApp auf, von denen Sie einen auswählen.

❸ Nach Eingabe eines Textes versenden Sie ihn mit ➤.

❶ Ein Haken hinter jeder Ihrer Nachrichten informiert über den Versandstatus:

- ✓: Nachricht wurde erfolgreich versandt, aber noch nicht dem Empfänger zugestellt (beispielsweise weil er sich in einem Funkloch befindet oder sein Handy abgestellt hat).
- ✓✓: Der Empfänger hat die Nachricht erhalten. Dies ist kein Hinweis darauf, dass er sie auch gelesen hat.

❷ Der Hinweis »online« (Pfeil) informiert am oberen Bildschirmrand darüber, dass Ihre Nachrichten sofort zugestellt werden.

14.3 Nachrichten empfangen

❶ Sie müssen die WhatsApp-Anwendung nicht permanent geöffnet haben, denn auch wenn Sie gerade nicht damit arbeiten, informiert Sie das Galaxy mit akustischem Signal und Hinweis in der Titelleiste (Pfeil) über neu vorliegende Nachrichten.

❷❸ Starten Sie dann entweder die WhatsApp-Anwendung oder gehen Sie im Benachrichtigungsfeld auf den WhatsApp-Eintrag.

14.4 Weitere Funktionen

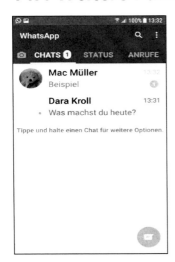 

❶❷ Auf die Konversationen mit Ihren Kontakten greifen Sie über die Auflistung im Hauptmenü zu.

❶ Besonders beliebt ist die Option, Fotos oder Sprachaufnahmen zu verschicken, was über die Schaltleisten am unteren Bildschirmrand (Pfeil) erfolgt.

❷❸ Beim Fotoversand knipsen Sie zunächst mit der blauen Schaltleiste (Pfeil) ein Bild, danach erfolgt mit ✓ der Versand.

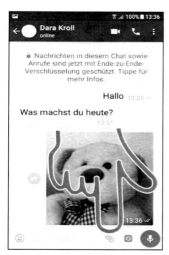 

❶❷ Andere Dateien, darunter auch bereits auf dem Handy vorhandene Fotos, verschicken Sie dagegen über die ⌀-Schaltleiste.

14.5 Telefonie über WhatsApp

Wie bereits erwähnt, bietet WhatsApp eine Telefonie-Funktion, welche über das Internet statt über eine Mobilfunk-Sprachverbindung erfolgt und deshalb kostenlos ist.

  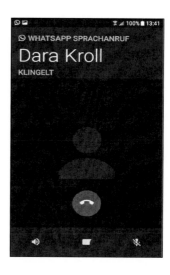

❶❷❸ Anrufe führen Sie jederzeit in einem Chat über die ☎-Schaltleiste (Pfeil) durch (die Schaltleiste daneben dient Videoanrufen). Schließen Sie die folgenden Popups mit *ANRUF* beziehungsweise *ZULASSEN*.

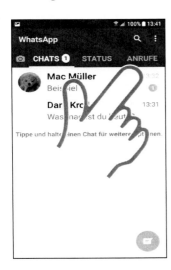 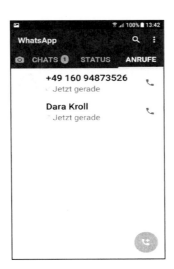

❶❷ Die durchgeführten Anrufe listet das *ANRUFE*-Register (Pfeil) auf.

15. Google Maps

Google Maps zeigt nicht nur Straßenkarten, sondern auch Satellitenansichten an und dient als mobiles Navigationsgerät. Beachten Sie, dass Google Maps die Kartenausschnitte jeweils aus dem Internet lädt, also eine WLAN- oder Mobilfunkverbindung bestehen muss.

Google Maps können Sie auch auf dem Desktop-PC im Webbrowser nutzen: Geben Sie dort *maps.google.de* als Webadresse ein.

15.1 Google Maps nutzen

❶❷ Sie finden *Maps* im *Google*-Ordner des Hauptmenüs.

❸ Schließen Sie den einmaligen Hinweis mit GOOGLE MAPS BESCHLEUNIGEN.

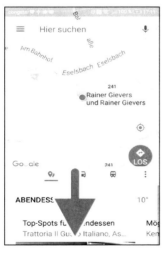

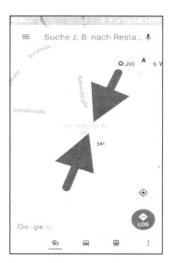

❶ Das Schnellmenü – welches wir später noch beschreiben – schließen Sie mit einer Wischgeste.

❷ Mit angedrücktem Finger bewegen Sie den angezeigten Kartenausschnitt, der dann aus dem Internet nachgeladen wird.

❸ Zum Vergrößern/Verkleinern des Kartenausschnitts verwenden Sie die »Kneifen«-Geste, bei der Sie den auf dem Display angedrückten Daumen und den Zeigefinger nach außen oder innen ziehen. Auch schnelles zweimaliges Antippen einer Kartenstelle vergrößert die Ansicht.

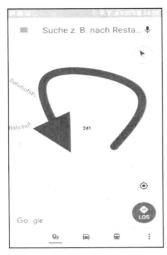 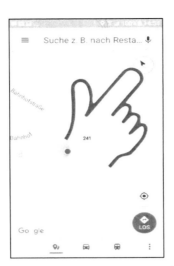

❶ Bei Google Maps ist Norden standardmäßig oben. Fußgänger dürften deshalb die Drehfunktion begrüßen: Tippen Sie mit zwei Fingern, zum Beispiel Daumen und Zeigefinger, auf das Display und drehen Sie beide Finger dann um sich selbst. Der Kartenausschnitt dreht sich mit. Als Fußgänger richten Sie so den Kartenausschnitt genau in Gehrichtung aus.

❷ Eine Kompassnadel oben rechts zeigt nun die Nord/Süd-Achse an. Tippen Sie darauf, richtet sich der Kartenausschnitt wieder nach Norden aus.

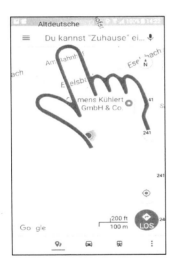 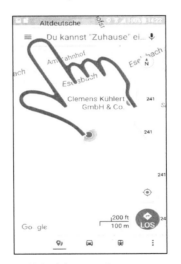 

❶ Die Bedienelemente am oberen Bildschirmrand:

- Suchfeld (Pfeil): Nach Orten, Firmen, Adressen oder Sehenswürdigkeiten suchen.
- ⏺ (Sprachsteuerung): Sprechen Sie einen Ort oder einen Point of Interest, nach dem Google Maps suchen soll.
- ⊙ (»Mein Standort«, unten rechts im Bildschirm): Zeigt nach Antippen Ihre vom GPS-Empfänger ermittelte Position auf der Karte an. Dazu muss allerdings der GPS-Empfang (siehe nächstes Kapitel) aktiviert sein.
- ◆ (»*LOS*«, unten rechts im Bildschirm): Plant eine Route und gibt Ihnen eine Wegbeschreibung.

❷❸ Tippen Sie auf ≡ (Pfeil), woraufhin sich das Ausklappmenü mit weiteren Funktionen öffnet. Zum Schließen des Ausklappmenüs führen Sie auf dem Bildschirm eine Wischgeste von rechts nach links durch oder betätigen die ⬅-Taste.

- *Meine Orte* verwaltet die von Ihnen als Favoriten markierten Points of Interest, worauf Kapitel *15.8.1 Markierungen* noch eingeht.
- *Meine Zeitachse*: Ordnet Fotos, die Sie unterwegs mit der Kamera-Anwendung gemacht haben in einer Zeitachse ein. In der Praxis werden Sie diese Funktion selten verwenden.
- *Meine Beiträge*: Zu den von Ihnen besuchten Sehenswürdigkeiten, Restaurants, Museen,

usw. (sogenannte Points of Interest) können Sie Bewertungen abgeben.

- *Standort teilen*: Anderen Personen automatisch Ihren Standort mitteilen.
- *Losfahren*: Startet die im Kapitel *15.6 Navigation* beschriebene Navigationsfunktion.
- *Entdecken*: Listet Sehenswürdigkeiten in der Nähe auf.
- *Nur WLAN*: Verhindert, dass die Kartendaten über die Internet-Mobilfunkverbindung heruntergeladen werden. Stattdessen verwendet Google Maps ausschließlich die WLAN-Verbindung.
- *Offlinekarten:* Google Maps benötigt normalerweise eine permanente Internetverbindung. Damit Sie auch unterwegs die Navigation funktioniert, bietet Google das vorherige Herunterladen der Kartendaten an. Darauf geht noch Kapitel *15.4 Kartenausschnitt auf dem Gerät speichern* ein.
- Mit *Verkehrslage, Öffentl. Verkehrsmittel, Fahrrad, Satellit, usw.* blenden Sie verschiedene Infos in der Karte ein ein. Wählen Sie sie ein erneut im Ausklappmenü aus, um die Einblendung wieder zu deaktivieren.

15.2 Eigene Position

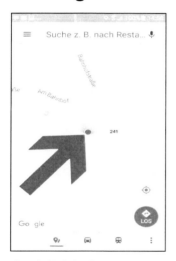 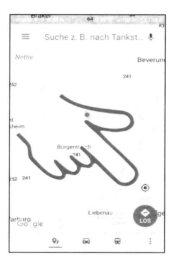

❶ Vielleicht ist Ihnen schon der kleine blaue Punkt aufgefallen, der Ihren aktuellen Standort anzeigt.

❷ Sie haben mit Wischgesten die Kartenansicht geändert? Dann bringt Sie einmaliges Antippen von ⊙ wieder zum aktuellen Standort zurück.

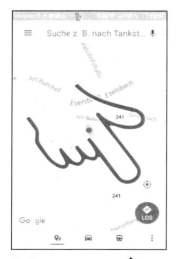 

❶❷ Antippen der ⊙-Schaltleiste wechselt in eine isometrische Ansicht, bei der sich die Kartendarstellung nach der Geräteorientierung richtet. Erneutes Antippen schaltet wieder auf die

Standardansicht zurück.

15.3 Das Schnellmenü

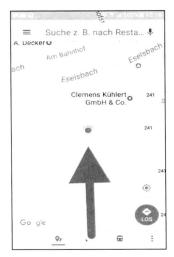 

❶ Das Schnellmenü am unteren Bildschirmrand öffnen Sie mit einer Wischgeste nach oben.

❷ Wischen nach unten schließt es wieder.

Die Optionen:

- 🍴 (❶): Vorschläge für Geschäfte, Sehenswürdigkeiten, Bars, usw. Tippen Sie einen Vorschlag an, um ihn auf der Karte anzuzeigen. Wir gehen darauf im Kapitel *15.8 Google Local* noch ein.

- 🚗 (❷): Legen Sie über *Privatadresse hinzufügen* beziehungsweise *Geschäftsadresse hinzufügen* die Adresse von Ihrem Zuhause und Ihrem Arbeitsplatz an. Sie können diese dann später für die Navigation nutzen. Siehe auch Kapitel *15.6 Navigation*.

- 🚌 (❸): Zeigt in einigen Regionen die Routen des öffentlichen Nahverkehrs an.

15.4 Kartenausschnitt auf dem Gerät speichern

Google Maps hat gegenüber normalen Navis den Vorteil, immer tagesaktuelle Karten bereitzustellen, welche aus dem Internet nachgeladen werden. Problematisch wird es nur, wenn man das Handy unterwegs nutzt, da dann ja das Fehlen des WLAN-Empfangs die Kartenaktualisierung verlangsamt, denn häufig steht dann nur eine langsame Mobilfunkverbindung zur Verfügung, mit der Google Maps kaum Spaß macht. Deshalb unterstützt Google Maps die lokale Speicherung der Kartendaten auf dem Gerät.

❶ Öffnen Sie das Ausklappmenü und gehen Sie auf *Offlinekarten*.

❷ Betätigen Sie *WÄHLE DEINE EIGENE KARTE*.

❸ Die Größe des lokal gespeicherten Kartenausschnitts stellen Sie ein, indem Sie den Kartenausschnitt vergrößern, beziehungsweise verkleinern (mit zwei Fingern auf das Display halten und dann beide auseinander-/zusammenziehen). Der Kartenausschnitt darf allerdings maximal ca. 40 x 40 Kilometer groß sein. Betätigen Sie dann *HERUNTERLADEN*. Während des Herunterladens können Sie ganz normal mit Ihrem Handy weiterarbeiten.

❶ Die gespeicherten Karten finden Sie im Ausklappmenü unter *Offlinekarten*.

❷ Tippen Sie den Karteneintrag an, um ihn zu bearbeiten.

❸ Sie können die Kartendaten nun löschen oder bearbeiten.

15.5 Suche

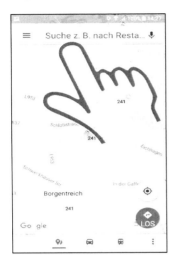 

❶ Gehen Sie ins Suchfeld (Pfeil), um Adressen oder Sehenswürdigkeiten (Points of Interest) aufzufinden.

❷ Geben Sie eine Adresse ein und bestätigen Sie mit 🔍 im Tastenfeld. Eventuell macht das Programm hier schon Vorschläge, die Sie direkt auswählen können.

❶ Google Maps zeigt die Adresse mit einer Markierung in der Karte an. Am unteren Bildschirmrand erscheint ein Ortshinweis, daneben die Fahrtzeit mit dem Auto. Tippen Sie auf den Ortshinweis (Pfeil).

❷ Es öffnet sich ein Dialog mit weiteren Bedienelementen:

- *SPEICHERN*: Den Ort als Favorit speichern. Siehe Kapitel *15.8.1 Markierungen*.
- *TEILEN*: GPS-Position als Web-Link per Bluetooth, SMS oder E-Mail versenden.
- *HERUNTERLADEN*: Karte für spätere Offline-Nutzung verfügbar machen (siehe Kapitel *15.4 Kartenausschnitt auf dem Gerät speichern*).

Google Maps

 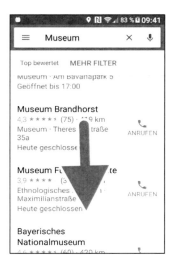 

❶ Häufig findet Google Maps auch mehrere Orte oder Points of Interest, die dann aufgelistet werden. Führen Sie in der Liste eine Wischgeste von unten nach oben durch, um die Listeneinträge zu durchblättern. Tippen Sie einen Eintrag für weitere Infos an.

❷❸ Umgekehrt schließen Sie die Liste, indem Sie (gegebenenfalls mehrfach) von oben nach unten wischen, worauf Sie wieder zur Kartenansicht gelangen. Hier stellt Google Maps alle Fundstellen mit Symbolen dar. Wenn Sie weitere Infos über einen Point of Interest haben möchten, tippen Sie ihn an.

Tipp 1: Geben Sie im Suchfeld auch die Postleitzahl ein, wenn zu vermuten ist, dass eine gesuchte Stadt mehrfach vorkommt.

Tipp 2: Möchten Sie beispielsweise wissen, welche Sehenswürdigkeiten es in einer bestimmten Region/Stadt gibt, dann wechseln Sie zuerst den entsprechenden Kartenausschnitt (Sie können auch die Stadt suchen) und geben dann im Suchfeld einen allgemeinen Begriff wie »Museum« ein.

Zum Löschen der Suchergebnisse in der Karte tippen Sie oben rechts neben dem Suchfeld die ✘-Schaltleiste an.

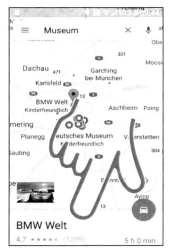  

❶ Tippen Sie den Dialog am unteren Bildschirmrand für weitere Infos zum Standort, Öffnungszeiten, Bewertungen, usw. an.

❷❸ Weitere Infos stehen Ihnen mit einer Wischgeste von unten nach oben zur Verfügung.

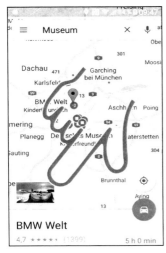 

❶ Zu vielen Sehenswürdigkeiten beziehungsweise Standorten existieren Panoramafotos, die Sie über das Foto (Pfeil) aktivieren.

❷ Mit einer Wischgeste ändern Sie die Ansicht. Die ⤺-Taste beendet die Fotoansicht und kehrt in Google Maps zurück.

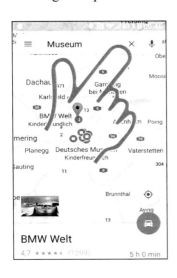

✘ (Pfeil) beendet die Suche.

15.6 Navigation

Google Maps Navigation stellt eine vollwertige Alternative zu normalen Autonavigationsgeräten dar, wobei man allerdings den Nachteil in Kauf nehmen muss, dass laufend Kartenmaterial aus dem Internet nachgeladen wird. Sie können aber veranlassen, dass die Anwendung Kartenmaterial vorab aus dem Internet herunterlädt. Für den Praxiseinsatz empfiehlt sich der Kauf einer Universal-Halterung für das Auto.

> Als Alternative zu Google Maps empfehlen wir das kostenlose »HERE WeGo«, das Sie aus dem Google Play Store (siehe Kapitel *27.1 Play Store*) installieren können.

15.6.1 Routenplaner

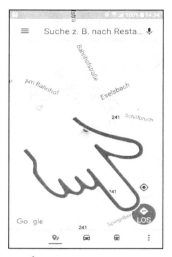  

❶ ⬥ (Pfeil) berechnet den optimalen Fahrtweg zwischen zwei Orten.

❷ Tippen Sie auf das erste Eingabefeld *Mein Standort*.

❸ Geben Sie den Startort ein (falls Sie Ihre aktuelle, per GPS ermittelte Position verwenden möchten, geben Sie hier nichts ein). Betätigen Sie 🔍 auf dem Tastenfeld oder wählen Sie einen der Vorschläge unter dem Eingabefeld aus.

> **Wichtig:** Wenn Sie tatsächlich anschließend navigieren möchten, müssen Sie **Mein Standort leer lassen**, weil sonst nur eine Routenvorschau möglich ist.

❶ Danach tippen Sie auf *Ziel auswählen*.

❷ Geben Sie auch hier eine Adresse beziehungsweise eine Stadt ein und schließen mit 🔍 auf dem Tastenfeld ab.

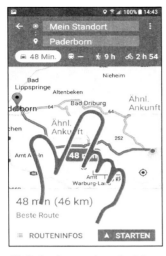 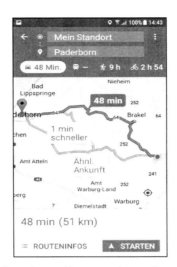 

❶❷ Insbesondere bei längeren Strecken gibt es meist mehrere Fahrtmöglichkeiten. Google Maps blendet dann in der Kartenansicht mögliche Routen ein. Tippen Sie darin einfach einen der grauen Routenvorschläge an.

❸ Über die Piktogramme am oberen Bildschirmrand (Pfeil) wählen Sie die Art Ihres Fahrzeugs (Auto, öffentliche Verkehrsmittel, Fußgänger oder Fahrrad), was direkte Auswirkungen auf die empfohlenen Routen hat.

❶ Alternativ tippen und halten Sie den Finger auf einem Point of Interest, beziehungsweise Kartenbereich, bis am unteren Bildschirmrand das Popup erscheint.

❷ Danach gehen Sie auf *ROUTE*, woraufhin der zuvor im Popup angezeigte Ort als Zielort übernommen wird.

❸ Wählen Sie, falls nötig wie zuvor bereits beschrieben, einen der Routenvorschläge aus.

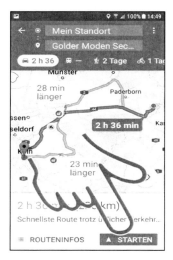 

❶ Betätigen Sie *STARTEN*, worauf Google Maps in den Navigationsmodus wechselt.

❷ ✕ (unten links) beendet den Routenplaner.

> Da die Navigation innerhalb von Google Maps abläuft, stehen dort viele der bereits ab Kapitel *15 Google Maps* beschriebenen Funktionen zur Verfügung. Zum Beispiel können Sie mit angedrücktem Finger den Kartenausschnitt verschieben, oder durch »Kneifen« mit zwei Fingern im Kartenmaterial heraus- und hineinzoomen.

❶❷ Fast immer existieren alternative Routen. Zwischen den Navigationsvorschlägen schalten Sie mit Antippen der Zeitkästchen um (um den Routenverlauf zu kontrollieren, ist es hier zudem möglich, mit einer Kneifgeste beziehungsweise Doppeltippen den Kartenausschnitt zu verkleinern/vergrößern).

> Hinweis: Die farbigen Strecken (schwarz, rot, orange oder grün) weisen auf die aktuelle Verkehrslage hin. Die Daten stammen von Android-Handys/Tablets, welche in anonymer Form ihre Position an Google-Server übermitteln, woraus Google den Verkehrsfluss ermittelt. Es sind nur Strecken eingefärbt, für die genügend Daten vorliegen.
>
> Eine Streckenänderung während der Navigation ist nicht möglich. Sie müssen für diesen Fall den Navigationsmodus mit der ✕-Taste unten links beenden und dann die Routenplanung erneut aufrufen.

❶ Google Maps lädt standardmäßig unterwegs das benötigte Kartenmaterial aus dem Internet. Unterwegs geschieht dies über das Mobilfunknetz, aber nicht überall hat das Handy Empfang. Deshalb können Sie über die Schaltleiste am oberen Bildschirmand die Kartendaten vorab herunterladen.

❷ Das Benachrichtigungsfeld informiert über den Download-Verlauf.

> Weil Google Maps laufend den gerade angezeigten Kartenausschnitt im Hintergrund speichert, erscheint der Dialog für den Kartendownload nur bei weit entfernten Zielen.

15.6.2 Navigation in der Praxis

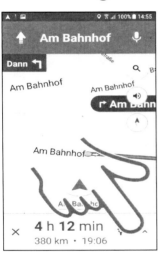  

❶❷ Betätigen Sie ∧ für weitere Optionen:

- *Reiseverlauf freigeben*: Ausgewählte Personen sehen Ihre aktuelle Position.
- *Suche entlang der Route*: Lassen Sie sich Tankstellen, Restaurants, usw. in Routennähe auf der Karte anzeigen.
- *Wegbeschreibung*: Auflistung der Fahrtanweisungen
- *Verkehr auf Karte anzeigen*: Google Maps informiert in der Karte mit Symbolen über das Verkehrsgeschehen.
- *Satellitenkarte anzeigen*: Satellitenbild einblenden. Beachten Sie, dass dabei das aus dem Internet übertragene Datenvolumen stark ansteigt!
- *Einstellungen* (❸):
  - *Entfernungseinheiten:* Entfernungsangaben in der Sprachausgabe beziehungsweise in den Bildschirmanzeigen richten sich nach dem Land, in dem Sie sich befinden. Bei Bedarf können Sie aber auch *Kilometer* oder *Meilen* fest einstellen.

Google Maps

- *Sprachlautstärke*: Die Sprachlautstärke lässt sich zwischen *Lauter*, *Normal* und *Leiser* umschalten.
- *Sprachnavigation bei Anrufen*: Auch während Sie Telefonieren erfolgen Sprachanweisungen durch Google Maps (nur für Geräte mit SIM-Kartensteckplatz).
- *Testton abspielen*: Prüfen Sie die Lautstärke der Sprachanweisungen.
- *"Ok Google"-Erkennung*: Auf die Spracherkennung geht noch Kapitel *21 Google Assistant* ein.
- *Norden immer oben*: Kartenansicht folgt nicht Richtungsänderungen. Wir raten von dieser Einstellung ab.
- *Benachrichtigungen beim Fahren*: Nicht von Google dokumentiert.
- *Verknüpfung mit Fahrmodus erstellen*: Legt im Startbildschirm eine Verknüpfung auf die aktuelle Route an.

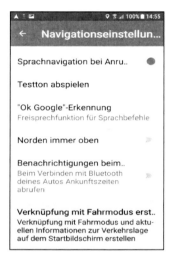 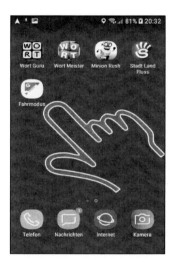

❶ Betätigen von *Verknüpfung mit Fahrmodus erstellen* legt eine Verknüpfung im Startbildschirm an.

❷ Antippen der Verknüpfung im Startbildschirm startet sofort die Navigation. Die Verknüpfungen sind besonders für Routen interessant, die Sie häufiger abfahren.

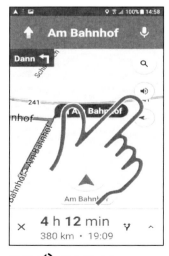 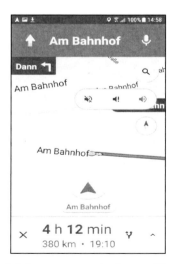

❶❷ 🔊 (Pfeil) klappt zwei Schaltleisten aus, mit denen Sie die Sprachausgabe abschalten oder nur Benachrichtigungen zulassen (beispielsweise »*Kein Empfang*«) oder alle Ansagen wieder erlauben.

15.6.3 Schnelle Navigation

Die Strecke zwischen Wohnort und Arbeit dürften die meisten Anwender am häufigsten fahren. Während Pendler, die nur wenige Kilometer zur Arbeitsstelle zurücklegen, dafür kein Navi brauchen, sieht es für längere Strecken anders aus. Häufig lohnt es sich dann Google Maps, weil es das aktuelle Verkehrsgeschehen berücksichtigt.

❶ Den Wohnort und die Adresse des Arbeitsplatzes sollten Sie zunächst abspeichern. Aktivieren Sie das Ausklappmenü und wählen Sie *Meine Orte*.

❷ Gehen Sie nun auf *Zuhause* beziehungsweise *Arbeit* und geben Sie die Adressen ein.

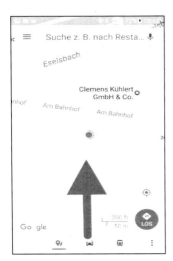  

❶❷ Zum Navigieren rufen Sie das Schnellmenü auf, aktivieren das 🚗-Register und wählen dann *Zuhause* oder *Arbeit* aus.

❸ Die Navigation startet.

15.7 Ansichten

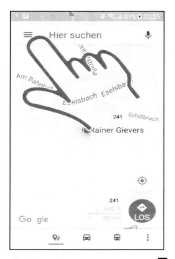  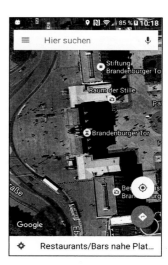

❶❷ Aktivieren Sie über ≡ (Pfeil) das Ausklappmenü, worin Sie auf *Satellit* gehen.

❸ Die Satellitenansicht ist insbesondere dann praktisch, wenn man sich genau orientieren will, weil die normale Kartenansicht kaum Hinweise auf die Bebauung und markante Geländemerkmale gibt.

> Um die eingestellten Ansichten wieder auszuschalten, tippen Sie einfach im Ausklappmenü erneut darauf.

 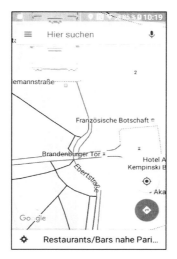

❶ *Verkehrslage* aus dem Ausklappmenü blendet die aktuelle Straßenlage in der Kartenanzeige ein, wobei das Verkehrsgeschehen mit schwarz (Stau), rot/orange (zähflüssig) oder grün (freie Fahrt) bewertet wird. Für die Staudaten, welche Google Maps im Minutentakt aktualisiert, wertet Google das Bewegungsprofil von Android-Handys und Tablets aus. Jedes Android-Gerät sendet ja in anonymisierter Form im Minutenabstand seine aktuelle, per GPS ermittelte Position an die Google-Server, woraus sich dann ein Bewegungsmuster errechnen lässt. Leider müssen dafür genügend Handys/Tablets auf einer Strecke vorhanden sein, weshalb der Staudienst nur in Ballungsräumen zur Verfügung steht.

❷ Verwenden Sie *Fahrrad* aus dem Ausklappmenü, um Fahrradtouren anhand der ausgewiesenen Fahrradwege zu planen.

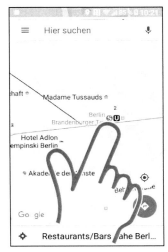  

❶ Ebenfalls praktisch ist die Kartenansicht *Öffentl. Verkehrsmittel*. Google Maps zeichnet dann alle Haltestellen öffentlicher Verkehrsmittel ein. Tippen Sie auf eine Haltestelle in der Kartenansicht.

❷❸ Danach betätigen Sie die Schaltleiste am unteren Bildschirmrand, um Infos zu den Abfahrtszeiten und nächstgelegenen Haltestellen zu erhalten. Gegebenenfalls müssen Sie mit einer Wischgeste von unten nach oben durch die Haltestellenliste rollen.

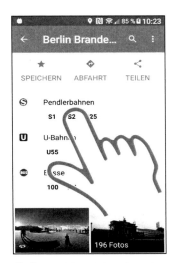 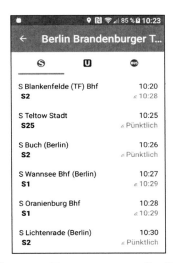

❶❷ Wählen Sie eine der angebotenen Transportwege für Infos zu den angefahrenen Stationen aus.

15.8 Google Local

Der Suchmaschinenbetreiber Google führt eine riesige Datenbank mit den Standorten von »Points of Interest« (POIs), darunter Unternehmen, Sehenswürdigkeiten, Restaurants, usw. Wenn Sie eine Suche, beispielsweise nach »Restaurant«, in Google Maps durchführen, greift Google Maps auf diese Datenbank zurück und listet die Fundstellen auf. Mit einem Fingerdruck kann man sich dann die Position eines Restaurants in der Karte, sowie weitere Infos, darunter auch Kundenbewertungen, Öffnungszeiten und Telefonnummern anzeigen. Diese Suche beschreibt bereits Kapitel *15.5 Suche*. Google Local vereinfacht die Suche und arbeitet mit Google Maps zusammen, um die Kartenposition anzuzeigen.

Tipp: Sofern Sie eine Firma betreiben und noch nicht bei Google Local gelistet werden, sollten Sie sich unter der Webadresse *www.google.de/local/add* kostenlos registrieren und Ihre Daten hinterlegen. Alternativ gehen Sie im Ausklappmenü von Google Maps auf *Fehlendes Unternehmen hinzufügen*.

Google Maps

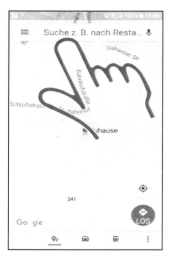  

❶ Die Funktionen von Google Local stehen automatisch nach Antippen der Suchleiste zur Verfügung.

❷ Sie haben nun zwei Möglichkeiten; Entweder geben Sie einen Suchbegriff ein oder Sie wählen Sie eine der vorgebenen Kategorien aus.

❸ Blättern Sie mit einer Wischgeste und wählen Sie einen Eintrag aus, zu dem Sie mehr Infos wünschen. Alternativ beschränken Sie mit *Mehr* jeweils die Anzeige auf eine bestimmte Kategorie, beispielsweise Museen, Cafés, usw.

> Etwas simpler ist die Option, einfach in den Kartenbereich zu wechseln, für den Sie Points of Interest suchen (zum Beispiel mit der im Kapitel *15.5 Suche* beschriebenen Suchfunktion), die Suche mit ✕ beenden, die Suchleiste erneut antippen und dann eine der Schaltleisten, beispielsweise für Restaurants zu betätigen.
>
> Alle Points of Interest erscheinen zudem direkt in der Karte, wenn Sie tief genug hereinzoomen.

15.8.1 Markierungen

Points of Interest, die Sie häufiger benötigen, können Sie für spätere Verwendung markieren. Die Markierungen werden dann in Ihrem Google-Konto und nicht nur lokal auf Ihrem Samsung Galaxy gespeichert.

 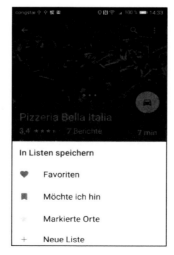 

❶ In der Detailansicht setzen Sie eine Markierung durch *SPEICHERN* (Pfeil).

❷ Anschließend wählen Sie die Favoritenart aus.

❸ In der Kartenansicht von Google Maps sind die markierten Orte mit einem Symbol hervorgehoben. Tippen sie darauf für weitere Infos.

❶❷ Die von Ihnen gespeicherten Orte finden Sie im Ausklappmenü unter *Meine Orte*.

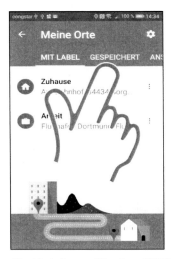 

❶ Aktivieren Sie das *GESPEICHERT*-Register.

❷ Tippen Sie einen Ort an, den Google Maps dann in der Karte anzeigt.

15.9 Einstellungen

❶ Öffnen Sie das Ausklappmenü über die ☰-Schaltleiste.

❷ Gehen Sie auf *Einstellungen*.

❸ Die verfügbaren Optionen:

- *Adressen bearbeiten*: Legen Sie für die einfachere Routenberechnung (siehe Kapitel *15.6*

Navigation) Heim- und Arbeitsadresse fest. Diese werden dann bei der Routeneingabe vorgeschlagen.

- *Google-Standorteinstellungen*: Diverse Einstellungen für Google Local, auf die Kapitel *15.8 Google Local* eingeht.
- *Persönliche Inhalte*: Darauf gehen wir weiter unten ein.
- *Tipps zur Standortgenauigkeit*: Sofern das Handy Ihre Position nicht exakt orten kann, gibt das Gerät hier Hinweise.
- *Google Maps-Verlauf:* Listet alle Orte auf, nach denen Sie gesucht beziehungsweise zu denen Sie navigiert haben. Auch als Favoriten markierte Orte (siehe Kapitel *15.8.1 Markierungen*) werden hier aufgelistet.
- *Verknüpfte Konten*: Es besteht die Möglichkeit, mehere Google-Konten in einem Konto zusammenzufassen, die dann hier aufgelistet werden.
- *Benachrichtigungen*: Informiert über Veranstaltungen (zum Beispiel Sportereignisse), welche die Verkehrssituation in Ihrer Nähe beeinflussen.
- *Entfernungseinheiten*: Sie können die Anzeige zwischen Meilen und Kilometer umschalten.
- *Maps in Satellitenansicht starten*: Die Satellitenansicht benötigt eine schnelle Internetverbindung und verbraucht in kurzer Zeit ein hohes Datenvolumen, weshalb wir von deren Nutzung abraten.
- *Maßstab auf der Karte anzeigen*: Informiert beim Zoomen in der Karte über den gerade aktiven Kartenmaßstab.
- *Navigationseinstellungen:* Hier können Sie nur über *Karte neigen* festlegen, dass während der Navigation (siehe Kapitel *15.6 Navigation*) die Karte leicht geneigt dargestellt wird.
- *Schütteln, um Feedback zu senden*: Falls Sie Verbesserungsvorschläge haben oder auf einen Programmfehler stoßen, können Sie ihn den Entwicklern melden.
- *Info, Datenschutz & Bedingungen*
- *Aus Google Maps abmelden*: Über das Menü wechseln Sie das Google-Konto, in denen Google Maps angefallene Daten von Ihnen ablegt.

❶❷ Die Optionen in *Persönliche Inhalte* beziehen sich zum großen Teil auf die sogenannte Zeitachse. Dies ist eine Funktion, die genau auflistet, wo sich sich zu bestimmten Zeitpunkten befunden haben. Wegen des damit verbundenen Eingriffs in Ihre Privatsphäre müssen Sie die Zeitachse erst im Ausklappmenü unter *Meine Zeitachse* aktivieren, bevor Sie sie nutzen können.

Unter *Meine Karte*:

- *Google-Kontakte*: Sofern Sie bei Ihren Kontakten im Telefonbuch (siehe Kapitel *7*

Telefonbuch) eine Adresse eingegeben haben, erscheinen diese in Google Maps.

Unter *Meine Zeitachse:*

- *Google Fotos*: Fotos, die Sie mit der Kamera erstellt haben, werden in der Zeitachse eingeblendet.
- *E-Mails zu Stationen auf der Zeitachse*: Falls es neues zu Standorten gibt, die Sie mal besucht haben, erhalten Sie eine E-Mail.

Unter *App-Verlauf:*

- *Web- und App-Aktivitäten sind aktiviert*: Steuert, welche Aktivitäten in der Zeitachse verzeichnet werden.

Unter *Standorteinstellungen:*

- *Standortberichtigungen sind aktiviert; Standortverlauf ist aktiviert*: Erlaubt die Speicherung Ihres Standorts in der Zeitachse.
- *Standortverlauf löschen; Zeitraum zum Löschen des Standortverlaufs*: Verwaltet Ihren Standortverlauf, der in der Zeitachse erscheint.

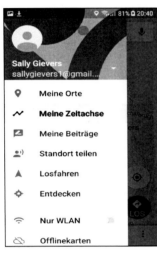 

❶❷ Die oben erwähnte Zeitachse finden Sie unter *Meine Zeitachse* im Ausklappmenü.

16. Kamera

Die eingebaute Kamera erstellt Fotos mit einer Auflösung von 13 Megapixeln, Videos mit HD-Auflösung. Auf die Frontkamera kann man ebenfalls umschalten, wobei diese ebenfalls Fotos mit 13 Megapixeln unterstützt.

❶ Sie rufen die *Kamera*-Anwendung aus dem Startbildschirm oder Hauptmenü auf.

❷ Alternativ starten Sie die Kamera aus der Galerie-Anwendung über ⁞/*Kamera*. Die Galerie-Anwendung beschreibt Kapitel *17 Galerie*.

❸ Auch aus dem Sperrbildschirm ist ein Kamera-Aufruf möglich. Ziehen Sie einfach vom Kamera-Symbol aus nach oben.

> Die Kamera legt die Fotos und Videos auf dem Gerät im Verzeichnis *DCIM\Camera* ab.
>
> Beim Fotografieren gibt es angesichts der vollautomatischen Aufnahmesteuerung moderner Digitalkameras eigentlich nicht viel zu beachten. Trotzdem ruinieren viele Anwender ihre Aufnahmen. Unsere Tipps: Wischen Sie vor jedem Fotografieren die Kameralinse mit einem Mikrofasertuch ab, damit Ihre Aufnahmen nicht durch »Nebel« entstellt werden. Zum Zweiten sollten Sie nach Möglichkeit Ihre Motive immer so fotografieren, dass die Sonne in Ihrem Rücken steht. Sie überfordern sonst die Belichtungssteuerung.

❶ Sofern Sie eine SD-Speicherkarte in Ihr Handy eingelegt haben, wird Sie die Kamera danach fragen, ob Sie Ihre Fotos darauf ablegen möchten. Wir raten dazu mit *OK* zu bestätigen, denn der Gerätespeicher ist meist kleiner als die Speicherkarte.

❷ Die Kamera kann den Aufnahmeort in Fotos ablegen, damit Sie wissen, wo Sie sie erstellt haben. Bestätigen Sie die Abfrage mit *EINSCHALTEN*.

❶❷ Beim ersten Aufruf erläutert ein Assistent, wie Sie die Kamera nutzen. Betätigen Sie *Weiter* und dann *OK*.

In der Kamera-Oberfläche steuern Sie alle Funktionen über die Schaltleisten:

Auf der linken Seite:

- ⚙: Weitere Einstellungen.
- ⚡: LED-Blitz ein/aus/automatisch.
- 📷: Zwischen Front- und Rückkamera umschalten.
- 🖼 279: Informiert über den freien Speicherplatz. In diesem Fall reicht er voraussichtlich für 279 Fotos.

Auf der rechten Seite:

- ☺: Hautfarbe einstellen (bei Fotos von Personen).
- (Vorschaubild): Zeigt das zuletzt erstellte Foto an. Tippen Sie darauf, um das Foto in der Galerie-Anwendung anzuzeigen.
- (Weiße Schaltleiste): Foto erstellen.
- ●: Video aufnehmen.

Die Kameraelektronik benötigt relativ viel Strom, weshalb sich die Kamera-Anwendung bei Nichtnutzung automatisch beendet.

Abhängig davon, wie Sie das Handy halten, erscheinen die Schaltleisten bei Ihnen auf der jeweils gegenüberliegenden Bildschirmseite.

16.1 Einstellungen

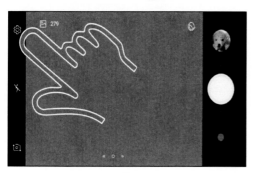 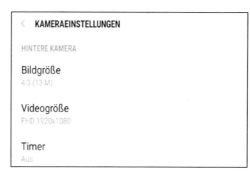

❶❷ Betätigen Sie ⚙ (Pfeil) für weitere Einstellungen:

Unter *HINTERE KAMERA*:

- *Bildgröße; Videogröße*: Die Auflösung ist in mehreren Stufen einstellbar. Je höher die Auflösung, desto besser ist die Bild- beziehungsweise Videoqualität. Beachten Sie allerdings, dass damit auch der Größe der erstellten Dateien erheblich zunimmt.
- *Timer*: Nach Betätigen des Auslösers erstellt die Kamera nach 2, 5 oder 10 Sekunden das Foto.

Unter *VORDERE KAMERA*:

- *Bildgröße; Videogröße*
- *Bilder wie angezeigt speichern*: Wählen Sie aus, ob mit der Frontkamera erstellte »Selfies« spiegelverkehrt gespeichert werden.
- *Art der Fotoaufnahme*: Ist nur aktiv, wenn Sie die Frontkamera nutzen:
  - *Tippen, um Bilder aufzunehmen*: Tippen Sie auf das Display, worauf das Handy automatisch das Foto erstellt.
  - *Gestensteuerung*: Halten Sie kurz die Handfläche über der Kamera und ziehen Sie sie weg. Die Kamera wartet ca. 2 Sekunden und erstellt dann das Foto.
- *Timer*: Nach Betätigen des Auslösers erstellt die Kamera nach 2, 5 oder 10 Sekunden das Foto.

Unter *ALLGEMEIN*:

- *Raster*: Blendet Gitterlinien im Sucher ein, was bei einigen Motiven, zum Beispiel Architektur, die optimale Kamerapositionierung erleichtert.
- *Geotagging*: Wenn eingeschaltet, werden in jedem Foto die GPS-Koordinaten Ihrer aktuellen Position mitgespeichert. Später können Sie sich in der Galerie-Anwendung die Aufnahmeorte anzeigen lassen.
- *Bilder direkt anzeigen*: Das Handy zeigt Ihnen ein erstelltes Foto sofort in der Galerie an.
- *Schnellstart*: Starten Sie die Kamera-Anwendung durch zweimaliges schnelles Betätigen der Ein/Aus-Taste auf der rechten Geräteseite
- *Speicherort*: Wählen Sie zwischen dem internen Gerätespeicher oder einer eingelegten Speicherkarte. Die Kamera-Anwendung weist nach dem Einlegen einer SD-Karte außerdem mit einem Dialog darauf hin und bietet an, die Karte zu verwenden.
- *Schwebende Kamera-Schaltfläche*: Zusätzliche Schaltfläche, die frei verschiebbar ist und ebenfalls die Kamera auslöst.
- *Lautstärketaste-Funktion*: Standardmäßig erstellt das Betätigen einer Lautstärkentaste auf der linken Geräteseite ein Foto. Alternativ weisen Sie den Lautstärketasten die Funktionen *Video drehen* oder *Systemlautstärke* zu.
- *Einstellungen zurücksetzen*: Alle Einstellungen auf den Auslieferungszustand des Handys zurücksetzen.

16.2 Zoom

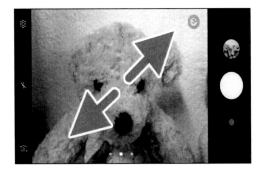

Zoomen Sie mit einer Kneifgeste (zwei Finger gleichzeitig auf das Display halten und auseinander/zusammenziehen). Der Bildausschnitt wird elektronisch vergrößert, was mit einem hohen Qualitätsverlust verbunden ist. Es wird nämlich nur der Bildausschnitt hochgerechnet. Sie sollten deshalb den Zoom in der höchsten Auflösungsstufe am besten überhaupt nicht einsetzen.

16.3 Foto erstellen

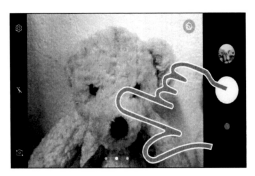 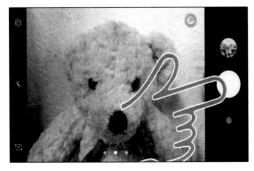

❶ Tippen Sie zuerst auf den scharf zu stellenden Bereich im Sucher.

❷ Anschließend betätigen Sie die weiße Schaltleiste auf der rechten Seite. Die Kamera speichert das Foto und kehrt sofort in den Fotomodus zurück.

 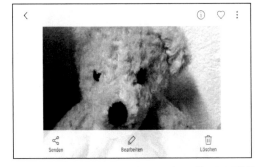

❶ Das erstellte Foto erscheint oben rechts als Vorschau. Tippen Sie es für die Vollbildschirmansicht an.

❷ Tippen Sie auf das Foto, um die Bedienelemente zu aktivieren:

- *Senden*: Foto hochladen bei Google Drive, Facebook, usw., oder versenden per Bluetooth, Nachricht (MMS), Gmail, usw.
- *Bearbeiten*: Im Bildeditor öffnen.
- *Löschen*: Foto ohne Speichern verwerfen.

Die ⌐-Taste bringt Sie wieder in die Kamera-Anwendung zurück.

16.4 Positionsdaten

In Ihren Fotos kann die Kamera-Anwendung die jeweiligen GPS-Positionsdaten hinterlegen, sodass man später jederzeit auf einer digitalen Landkarte anzeigen kann, wo genau die Fotos entstanden sind. Interessant ist so etwas zum Beispiel für Wanderer, Urlauber oder Bootsfahrer, die dann auch gleich ihre genommene Route erfahren.

Kamera

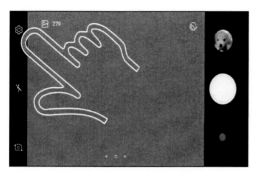 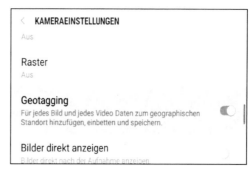

❶ Zuerst müssen Sie dafür sorgen, dass die Kamera die GPS-Koordinaten speichert. Gehen Sie auf ⚙.

❷ Prüfen Sie ob Geotagging aktiviert ist (Schalter ist blau) und schließen Sie den Bildschirm mit der ⮐-Taste.

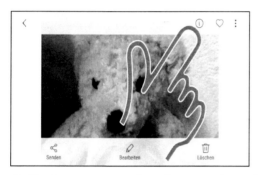 

❶ Sie können zum Standort, an dem das Foto entstand, über die Galerie-Anwendung (siehe Kapitel *17 Galerie*) anzeigen: Rufen Sie dort die Vollbildansicht auf und gehen Sie auf ⓘ (Pfeil).

❷ Tippen Sie auf den Kartenausschnitt, worauf die Kartenanwendung Google Maps startet und die Aufnahmeposition anzeigt. Tippen Sie auf die Karte für eine Vollbildansicht.

16.5 Motivprogramme

Die Galaxy-Kamera unterstützt diverse Motivprogramme, über die Sie Ihrer Kreativität freien Lauf lassen können.

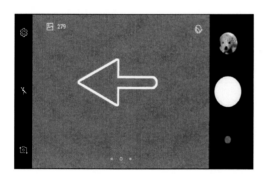 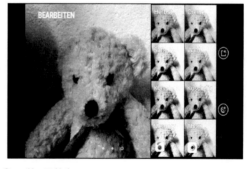

❶ Wischen Sie auf dem Bildschirm nach links für die Bildprogramme.

❷ Über die Schaltleisten wählen Sie zwischen verschiedenen Effekten. *Kein Effekt* schaltet wieder alle Effekte aus.

16.6 Foto-Modi

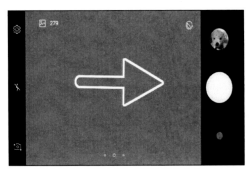 

❶❷ Wischen Sie von links nach rechts für die Foto-Modi:

- *Auto*: Automatische Belichtungskorrektur. Standardeinstellung, die für die meisten Gelegenheiten ausreicht.

- *Pro:* Im Pro-Modus dürfen Sie viele Bildeinstellungen selbst vornehmen, darunter ISO, Belichtung und Focus.

- *Panorama*: Aus mehreren Einzelfotos ein Panorama erstellen.

- *Serienaufnahme*: Solange Sie den Auslöser gedrückt halten, erstellt die Kameras hintereinander Fotos.

- *HDR*: Abhängig von den Lichtverhältnissen erstellt die Kamera ein Foto mit besonders hohem Kontrast. Sie müssen dazu das Handy sehr ruhig halten, weil das Handy mehrere Aufnahmen erstellt, die es dann kombiniert.

- *Nachtmodus*: Lange Belichtungszeit bei ungünstigen Lichtverhältnissen. Es empfiehlt sich, das Handy ruhig zu halten beziehungsweise einen Tisch oder ähnliches als Stütze zu verwenden.

- *Sport*: Aufnahme von bewegten Motiven.

- *Sound & Shot*: Zeichnet zum Foto einige Sekunden die Umgebungsgeräusche auf.

16.7 Video-Funktion

❶ Tippen Sie die ●-Schaltleiste (Pfeil) an, worauf die Aufnahme startet.

❷ Mit der Stopp- und Pause-Taste beenden beziehungsweise pausieren Sie die Aufnahme.

> Viele Funktionen im Videomodus sind identisch zur Kamerafunktion, auf die bereits die vorhergehenden Kapiteln eingehen.

17. Galerie

Mit der Galerie-Anwendung zeigen Sie Bilder und Videos auf dem Handy an.

❶ Sie starten die *Galerie*-Anwendung aus dem Hauptmenü oder Startbildschirm.

❷ Es dauert nun mitunter einige Sekunden, bis eine Vorschau der gefundenen Bilder erscheint.

17.1 Ansichten

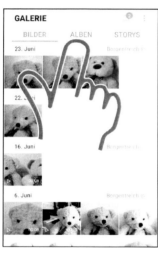 

❶ Standardmäßig zeigt das Galaxy die Bilder nach Aufnahmedatum sortiert an. Die Sortierung ist über die Register (Pfeil) umschaltbar zwischen:

- *BILDER*: Datumssortierung.
- *ALBEN*: Bei den Alben handelt es sich um Verzeichnisse.
- *STORYS*: Von Ihnen zusammengestellte Fotoalben.

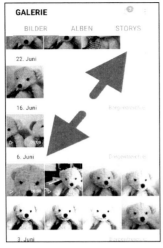 

❶❷ Über eine Kneifgeste (mit zwei Fingern gleichzeitig auf den Bildschirm halten und dann auseinander oder zusammenziehen) verkleinern/vergrößern Sie die Bildervorschau.

17.1.1 Datumssortierung

Die Datumssortierung ist praktisch, um Bilder wiederzufinden, von denen Sie das ungefähre Aufnahmedatum wissen.

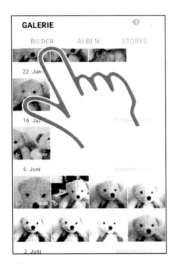 

❶ Aktivieren Sie das *BILDER*-Register.

❷ Die Bildervorschau durchrollen Sie mit einer Wischgeste.

17.1.2 Albensortierung

Die Albenansicht macht vor allem Sinn, wenn Sie selbst Bilder beziehungsweise Bilderverzeichnisse auf das Galaxy kopiert haben (siehe Kapitel *30 Gerätespeicher*).

Galerie

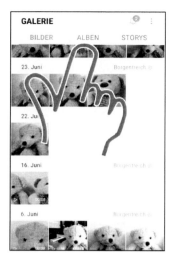 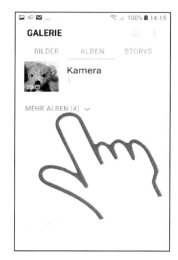 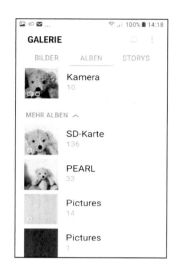

❶ Wählen Sie *Alben* im Ausklappmenü.

❷ Eine Übersicht der Verzeichnisse erscheint. Vorhanden sind häufig:

- *Kamera*: Fotos/Videos im Gerätespeicher.
- ... weitere Ordner, die Sie angelegt haben, welche Fotos oder Videos enthalten.

Betätigen Sie *MEHR ALBEN*, um die weiteren auf dem Galaxy vorhandenen Bilderverzeichnisse anzuzeigen.

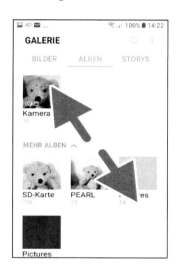

Die Albenansicht ändern Sie mit einer Kneifgeste (mit zwei Fingern gleichzeitig auf den Bildschirm halten und dann auseinander oder zusammenziehen).

> Bei den Alben handelt es sich um Verzeichnisse. Sie brauchen also nur auf dem Gerät eine Bild- oder Videodatei in ein Verzeichnis kopieren, worauf dieses in der Galerie-Anwendung als Album erscheint. Wie Sie Dateien auf das Galaxy kopieren, erfahren Sie im Kapitel *30 Gerätespeicher*.

 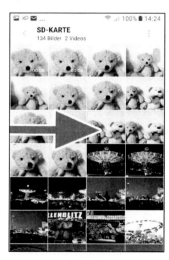 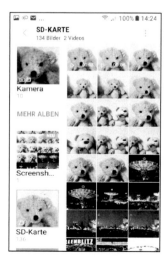

❶ Tippen Sie ein Album an, welches nun angezeigt wird.

❷ Blättern Sie durch die Bilder mit einer Wischgeste. Durch Wischen nach links beziehungsweise rechts blenden Sie die Albenauflistung an.

Verlassen Sie das Album mit der ⤺-Taste, worauf Sie in die Albenübersicht zurückkehren.

17.2 Bilder verarbeiten

 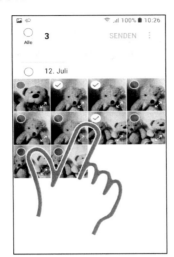

❶ Rufen Sie in der Bildervorschau das ⋮-Menü auf und gehen Sie auf *Bearbeiten*.

❷ Markieren Sie Elemente, indem Sie sie antippen (dabei nicht auf ⤢ tippen, weil damit die Vollbildansicht aufgerufen wird).

Über die Schaltleisten am oberen Bildschirmrand können Sie:

- *LÖSCHEN*: Dateien entfernen.
- ⋮: Bilder in ein anderes Album kopieren oder verschieben.

17.3 Vollbildansicht

❶❷ Nach Antippen des Vorschaubilds (Pfeil) erscheint das Foto in der Vollbildansicht. Die Funktionen:

- Ziehen des angedrückten Fingers auf dem Foto nach links/rechts (»Wischgeste«): Vorheriges/nächstes Foto anzeigen.
- Zweimaliges schnelles Antippen auf dem Foto: Vergrößert/verkleinert die Darstellung.
- ⋮-Menü: Weitere Funktionen zum Versenden, Löschen oder Bearbeiten des aktuell angezeigten Fotos, auf die das nächste Kapitel noch eingeht.

> Halten Sie das Handy um 90 Grad gedreht, um gegebenenfalls ein querformatiges Foto auf dem gesamten Bildschirm anzuzeigen.
>
> Die zusätzlichen Schaltleisten verschwinden nach einigen Sekunden. Antippen des Bildschirms schaltet sie wieder ein.

❶❷ Das Samsung Galaxy unterstützt die »Kneifen«-Geste, um in Fotos herein- oder heraus zu zoomen: Tippen und halten Sie dazu gleichzeitig den Mittelfinger und Daumen einer Hand auf das Display und ziehen dann die beiden Finger auseinander, beziehungsweise zusammen. Übrigens spielt es keine Rolle, ob Sie nun vertikal oder waagrecht »kneifen«.

Alternativ halten Sie zwei Finger gleichzeitig auf dem Bildschirm gedrückt und kippen das Galaxy nach vorne oder nach hinten oder Sie tippen einfach mit einem Finger zweimal schnell hintereinander an die gleiche Stelle auf dem Bildschirm.

17.3.1 Einzelnes Bild bearbeiten

Rufen Sie das ⋮-Menü auf:

- *Nach links drehen; Nach rechts drehen*: Bildorientierung ändern.
- *Diashow:* Albumfotos nacheinander anzeigen.
- *Als Profilbild festlegen*: Foto als Kontaktfoto (siehe Kapitel *7.5 Kontaktfoto und Klingelton*)
- *Als Hintergrund festlegen:* Hintergrund für Displaysperre, Startbildschirm oder beides einstellen (siehe Kapitel *4.8.4 Hintergrundbild*).
- *Drucken*: Auf die Druckausgabe geht dieses Buch nicht ein.

17.4 Videos

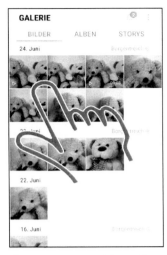 

❶ Fotos und Videos listet die Galerie-Anwendung zusammen auf. Dabei erkennen Sie Videos anhand des ▷-Symbols. Tippen Sie ein Video an.

❷ Zum Abspielen tippen Sie einmal in den Bildschirm.

17.5 Positionsdaten

Im Handel werden seit einiger Zeit Digitalkameras angeboten, die über einen eingebauten GPS-Empfänger verfügen. In den Fotos werden dann die jeweiligen Positionsdaten hinterlegt, sodass man – eine entsprechende Software vorausgesetzt – später jederzeit auf einer digitalen Landkarte anzeigen kann, wo genau die Fotos entstanden sind. Interessant ist so etwas zum Beispiel für Wanderer, Urlauber oder Bootsfahrer, die dann auch gleich ihre genommene Route erfahren.

❶ In der Galerie-Anwendung gehen Sie, während ein Bild in der Vollbildansicht angezeigt wird, auf ⓘ.

❷ Tippen Sie die Kartenvorschau an.

Galerie

❶ Es werden nun Vorschaubilder nach Aufnahmeort sortiert in der Karte eingeblendet. Tippen Sie davon eines an.

❷ Anschließend wischen Sie unten in der Bilderauflistung nach rechts/links und wählen Sie davon eines der anzuzeigenden Fotos aus.

Beachten Sie bitte, dass die in den Fotos enthaltenen GPS-Koordinaten je nach GPS-Genauigkeit während des Fotografierens um mehrere hundert Meter von der Realität abweichen können. In Kapitel *16.4 Positionsdaten* erfahren Sie, wie Sie mit der eingebauten Kamera Fotos mit eingebetteten GPS-Positionsdaten erstellen.

17.6 Storys

Über die Story-Funktion stellen Sie mehrere Fotos in eine Art Album zusammen. Dieses kann man nicht nur auf dem Handy anzeigen, sondern auch im Internet für andere zur Ansicht freigeben.

  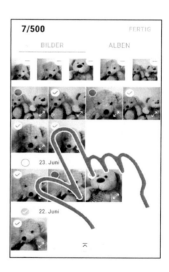

❶ Gehen Sie in das *STORYS*-Register.

❷ Über ⋮/*Story erstellen* kreieren wir ein neues Story-Album.

❸ Nach dem Markieren von mehreren Bildern (achten Sie darauf, die Abhakkästchen anzutippen und nicht das jeweilige Bild) gehen Sie auf *FERTIG*.

❶❷ Nach Eingabe eines Namens erscheinen die in der Story enthaltenen Fotos als Übersicht. Über *EINLADEN* machen Sie die Story Ihren Kontakten aus dem Telefonbuch (siehe Kapitel 7 *Telefonbuch*) zugänglich.

Die ⤺-Taste bringt Sie wieder in die Story-Übersicht zurück.

18. Play Musik

Play Musik ist der offizielle MP3-Player von Google. Sie benötigen ihn nur, wenn Sie Songs im von Google betriebenen Online-Musik-Shop einkaufen möchten, denn die Wiedergabe der erworbenen Songs ist nur in der Play-Music-Anwendung möglich. Natürlich spielt aber Play Musik auch alle Songs ab, die Sie sich selbst aufs Gerät kopiert haben.

> Wie Sie vom PC aus auf den Speicher zugreifen, um beispielsweise MP3-Dateien darauf zu kopieren, erfahren Sie im Kapitel *30 Gerätespeicher*.

❶ Rufen Sie *Play Musik* aus dem Hauptmenü auf. Eventuell finden Sie *Play Musik* auch im *Google*-Ordner.

❷ Die penetrante Werbung für den kostenlosen Test der Google Musik-Flatrate schließen Sie mit *NEIN DANKE*.

❸ Danach gehen Sie erneut auf *NEIN DANKE*.

 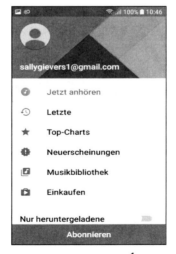

❶❷ Betätigen Sie jeweils die ≡- beziehungsweise ←-Schaltleiste zum Ausblenden/Einblenden des Klappmenüs (alternativ führen Sie eine horizontale Wischgeste von links nach rechts beziehungsweise umgekehrt durch). Hierin finden Sie die Funktionen:

- *Jetzt anhören*: Das Programm schlägt, basierend auf den bisher abgespielten Titeln, den nächsten Song vor. Die Songvorschläge werden mit der Zeit dann immer genauer.

- *Letzte*: Zuletzt von Ihnen angehörte Alben.

- *Top-Charts; Neuerscheinungen*: Beide Menüs setzen ein kostenpflichtiges monatliches Abo der der Google Musik-Flatrate voraus.

- *Musikbibliothek*: Die Songs auf Ihrem Gerät.
- *Einkaufen*: Weitere Songs im Play Store erwerben.

Auf die restlichen Menüeinträge gehen wir im Laufe dieses Kapitels ein.

  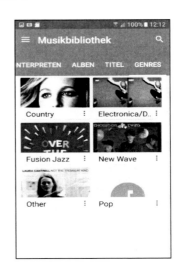

❶ Gehen Sie im Ausklappmenü auf *Musikbibliothek*.

❷ Der MP3-Player ordnet alle Songs automatisch den Kategorien INTERPRETEN, ALBEN, TITEL und GENRES zu. Zwischen den Kategorien wechseln Sie mit einer Wischgeste. Falls Sie alle Songs auflisten möchten, gehen Sie auf TITEL.

> Für die Zuordnung nach Interpret, Alben und Genres und wertet der MP3-Player das sogenannte MP3-ID-Tag (siehe *de.wikipedia.org/wiki/ID3-Tag*) in den MP3-Dateien aus. Beachten Sie, dass sehr häufig die MP3-ID-Tags falsch oder überhaupt nicht ausgefüllt sind. Man sollte sich daher nicht auf deren Richtigkeit verlassen.

❶ Tippen Sie in der Auflistung im *TITEL*-Register einen Song an, der dann abgespielt wird.

❷❸ Über die Schaltleiste am unteren Bildschirmrand (Pfeil) springen Sie jederzeit in den Wiedergabebildschirm. Zur Titelauflistung gelangen Sie dann wieder mit der ⤺-Taste, alternativ geschieht dies auch über Antippen des Song-Titels am oberen linken Bildschirmrand.

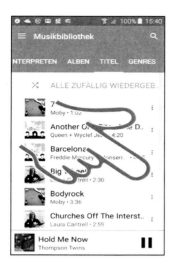 

❶❷ Das mit ⁝ in der Titelauflistung bei einem Song aktivierbare Popup-Menü:

- *Schnellmix starten:* Stellt eine Abspielliste aus ähnlich klingenden Songs zusammen.
- *Als nächsten Titel spielen*: Das Lied landet in der Warteliste und wird als Nächstes gespielt.
- *In Wiedergabeliste*: Fügt das Lied am Ende der Warteliste hinzu.
- *Zur Playlist hinzufügen*: Wird bereits im Kapitel *18.2 Playlists* beschrieben.
- *Interpreten aufrufen*: Alle Songs des Interpreten beziehungsweise der Band auflisten.
- *Album aufrufen*: Das zugehörige Album anzeigen.
- *Löschen*: Entfernt die Songdatei aus dem Speicher.
- *Artikel dieses Interpreten*: Startet eine Song-Suche im Google Play Store.

Der Menüpunkt *Schnellmix starten* ist nur bei Songs verfügbar, die bei Google hochgeladen wurden (siehe Kapitel *18.4 Der Google Play Musik-Dienst*).

 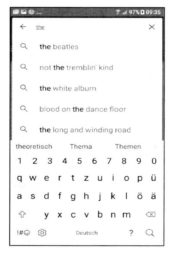

❶❷ 🔍 Führt eine Suche durch (falls Sie die obere Leiste nicht sehen, wischen Sie einfach auf dem Bildschirm einmal von oben nach unten). Schon während der Eingabe zeigt das Handy dabei die Fundstellen sortiert nach Interpreten, Alben und Titel an. Tippen Sie einen Eintrag an, den Sie anzeigen, beziehungsweise abspielen möchten. Die Suche beenden Sie mit der ↰-Taste.

18.1 Der Wiedergabebildschirm

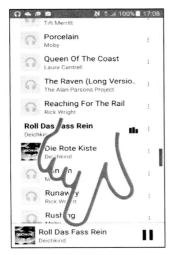

❶❷ Antippen des Musiktitels am unteren Bildschirmrand bringt Sie in den Wiedergabebildschirm.

Tippen Sie in einen beliebigen Bereich des Fortschrittsbalkens (Pfeil), wenn Sie zu einem bestimmten Punkt im abgespielten Song springen möchten.

Weitere Funktionen:

- ⇄: Alle Songs in der Wiedergabeliste nach dem Durchlaufen erneut abspielen. Tippen Sie diese Schaltleiste erneut an, wird nur immer der aktuelle Song wiederholt.
- ✕: Zufällige Wiedergabe der Songs aus der aktuellen Wiedergabeliste.
- ▶|/|◀: Zum vorherigen/nächsten Titel springen (dies ist auch über eine Wischgeste nach links oder rechts möglich).
- ▶/ ‖ : Starten/Pausieren der Wiedergabe.

Das ⋮-Menü:

- *Schnellmix starten*: Der Schnellmix ist eine automatisch vom Galaxy erstellte Playlist, die anhand des Musiktyps des markierten Songs erstellt wird.
- *Zur Playlist hinzufügen*: Wird bereits im Kapitel *18.2 Playlists* beschrieben.
- *Interpreten aufrufen*: Alle Songs des Interpreten beziehungsweise der Band auflisten.
- *Album aufrufen*: Das zugehörige Album anzeigen.
- *Wiedergabeliste leeren; Wiedergabeliste speichern*: In der Titelliste können Sie sich über das Popup-Menü den nächsten abzuspielenden Song in eine Warteschlange übernehmen, die Sie hiermit wieder löschen. Siehe auch Kapitel *18.1.1 Warteschlange*.

18.1.1 Warteschlange

Die Warteschlange bestimmt, welcher Song aus der Titelliste (beziehungsweise einer Playlist) als jeweils nächster abgespielt wird.

Play Musik

❶ Auf die Warteschlange schalten Sie mit der ⩫-Schaltleiste (Pfeil) um.

❷ Tippen Sie den Finger auf die »Noppen« vor einem Song und ziehen Sie den Song nach oben oder unten, um die Abspielreihenfolge zu ändern. Dies bedarf etwas Geschicklichkeit, denn Sie dürfen den Finger nicht angedrückt lassen, weil Sie sonst den Song auswählen. Der oberste Song in der Liste wird jeweils als nächster gespielt.

In den Abspielbildschirm kehren Sie über die ⮌-Taste zurück.

❶❷ Auch in der Titelliste, der Alben-, Genre- und Interpreten-Auflistung ist es vorgesehen, mittels /*In die Wiedergabeliste* die jeweiligen Songs auf die Warteschlange zu setzen.

18.2 Playlists

Wenn mehrere Hundert Songs auf dem Galaxy vorhanden sind, wird es mühselig, sich die abzuspielenden Songs herauszusuchen. Abhilfe schaffen die Wiedergabelisten (»Playlists«), denen man einfach einmalig die Songs zuordnet.

18.2.1 Playlist erstellen

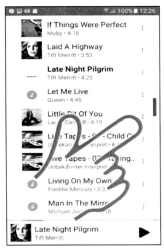  

❶ Tippen Sie auf ⋮ hinter einem Titel.

❷ Gehen Sie auf *Zur Playlist hinzufügen*.

❸ Sie können hier eine bereits vorhandene Playlist auswählen, in unserem Fall möchten wir aber eine weitere Playlist anlegen, was über *NEUE PLAYLIST* geschieht.

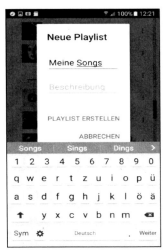  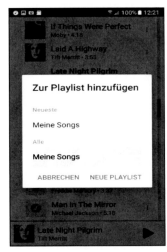

❶ Geben Sie den Namen der Wiedergabeliste ein und betätigen Sie *PLAYLIST ERSTELLEN* (Tastenfeld eventuell vorher mit der ⟵-Taste schließen).

❷❸ Im Folgenden können Sie nun einzelne Songs über ⋮/*Zu Playlist hinzufügen* der neu erzeugten Playlist hinzufügen.

> Das Hinzufügen von mehreren Songs ist über das *ALBEN*- oder *INTERPRETEN*-Register möglich.
>
> Es ist leider nicht vorgesehen, in der Titelliste mehrere Songs auf einmal zu markieren, die man dann der Playlist hinzufügt.

18.2.2 Playlist nutzen

❶ Zum Abspielen einer Playlist rufen Sie das *PLAYLIST*-Register auf (dafür eventuell mehrmals auf dem Bildschirm von links nach rechts wischen).

❷ Tippen Sie die Wiedergabeliste kurz an.

❸ Tippen Sie dann entweder ▶ (Pfeil) oder einen beliebigen Song in der Liste zum Start der Wiedergabe an.

18.2.3 Playlist bearbeiten

  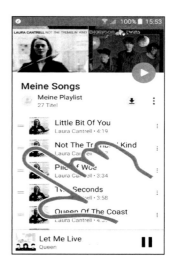

❶❷ Das Löschen einer Playlist erfolgt über ⋮/*Löschen* (Pfeil). Es verschwindet nur die Playlist, während die darin vormals enthaltenen Songs natürlich im Gerätespeicher erhalten bleiben.

❸ So ändern Sie die Abspielreihenfolge: Öffnen Sie die Playlist. Halten Sie den Finger links neben einem Songtitel und ziehen Sie mit dem Finger nach oben/unten (ohne Verzögerung nach oben/unten ziehen). Nach dem Loslassen wird der Song an der gewünschten Position eingeordnet.

18.3 Wiedergabe im Hintergrund

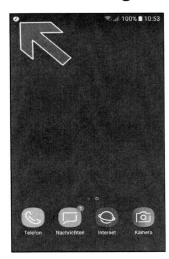 

❶ Während der Wiedergabe muss der MP3-Player nicht unbedingt im Vordergrund laufen: Betätigen Sie die ⬜-Taste (unterhalb des Displays), so läuft die Wiedergabe weiter und in der Titelleiste weist ein ❶ (Pfeil) auf die aktive Wiedergabe hin.

❷ Ein Steuerfeld erhalten Sie nach Öffnen des Benachrichtigungsfelds (siehe Kapitel *4.8.5 Titelleiste und Benachrichtigungsfeld*) angezeigt. Dort tippen Sie auf den Songtitel für den Abspielbildschirm.

18.4 Der Google Play Musik-Dienst

Google Play Musik ist eine Musikplattform, über die man seine Musiksammlung als »Stream« anhören kann. Beim sogenannten »streaming« erfolgt die Wiedergabe direkt aus dem Internet, ohne dass der abgespielte Song lokal auf dem Gerät gespeichert wird. Ein Vorteil des Streamings ist die zentrale Ablage aller Songs auf einem Server, wobei die Wiedergabe auf jedem beliebigen Endgerät, vom PC bis zum Handy möglich ist – es wird nur eine Internetverbindung benötigt, die noch nicht einmal besonders schnell sein muss.

Im Prinzip funktioniert Google Musik wie der Konkurrent Apple iTunes, mit dem Unterschied, dass die meisten Anwender ihre eigenen Songs (bis zu 20.000) selbst bei Google Musik hochladen. Weitere Songs oder Alben können über die Website von Google Musik oder über eine Android-Anwendung erworben werden. Ein Kopieren Ihrer gekauften oder von Ihnen selbst hochgeladenen Songs ist nicht vorgesehen, das heißt, für die Wiedergabe benötigt man auf jeden Fall ein Android-Gerät oder einen Webbrowser, über den man die Google Play-Oberfläche aufruft.

> Falls Sie Ihre Musik nicht nur auf dem Handy oder Tablet abspielen möchten, sondern auch ganz klassisch von CD, sollten Sie auf Google Play Music verzichten, denn es ist offiziell keine Möglichkeit vorgesehen, die einmal im Google Play Store gekaufte, beziehungsweise selbst hochgeladene Musik wieder herunterzuladen, um Sie beispielsweise auf eine CD zu brennen. Im Internet sind allerdings bereits einige mehr oder weniger illegale »Hacks« zu finden, mit denen man dies trotzdem auf relativ unbequeme Art und Weise schafft.

Play Musik   247

Die Weboberfläche von Google Musik, die Sie auf dem PC-Webbrowser unter *music.google.com* aufrufen. Sie verwalten damit nicht nur Ihre Songs, sondern können diese auch abspielen und natürlich weitere Songs beziehungsweise Alben im Play Store kaufen.

Beim ersten Aufruf der Google Play Musik-Weboberfläche wird Ihnen der Download des Music Managers angeboten (falls Sie hier *Überspringen* anklicken, können Sie jederzeit den Download über die *Musik hochladen*-Schaltfläche nachholen. Mit dem Music Manager laden Sie Ihre bereits auf dem PC vorhandene Musik bei Google Musik hoch.

18.4.1 Erste Einrichtung

Wie bereits zuvor erwähnt, muss man in der Play Musik-Anwendung zwischen den lokal auf dem Gerät vorhandenen Songs (die man beispielsweise über eine USB-Verbindung vom PC auf das Gerät kopiert hat) und den auf Google-Servern liegenden Songs unterscheiden. Letztere sind Ihrem Google-Konto gespeichert. Sofern Sie mehrere Google-Konten auf dem Galaxy nutzen, sollten Sie deshalb darauf achten, immer das gleiche Google-Konto für den Upload eigener Songs, beziehungsweise den Kauf von Songs/Alben zu verwenden.

Beim ersten Aufruf der Play Musik-Anwendung erfolgte bereits eine Abfrage, welches Google-Konto Sie verwenden möchten.

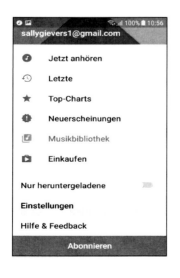 

❶❷ Sofern Sie mehrere Google-Konten auf dem Galaxy gleichzeitig nutzen, sollten Sie zuerst das gerade eingestellte Konto überprüfen. Dazu gehen Sie auf *Einstellungen* im Ausklappmenü und stellen unter *Konto* das Konto ein.

18.4.2 Kauf von Songs oder Alben

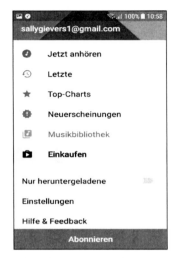

❶❷ Der Musikverkauf findet im Play Store statt (siehe Kapitel *27.1 Play Store*). Aktivieren Sie hier das Ausklappmenü und gehen Sie darin auf *Einkaufen*.

❸ Im Play Store erfolgt der Song-Erwerb wie bereits im Kapitel *27.1.8 Softwarekauf im Google Play Store* anhand des Softwarekaufs beschrieben.

Alternativ erwerben Sie die Songs über die Webadresse *play.google.com* auf dem Heim-PC.

18.4.3 Play Musik in der Praxis

In der Play Musik-Anwendung werden die lokal auf dem Gerät und auf dem Google Musik-Server vorhandenen Songs zusammen aufgelistet. Auch in der Google Play Musik-Webseite angelegte Playlists sind hier verfügbar. Von der Bedienung her werden Sie keinen Unterschied zu den ab Kapitel *18.1 Der Wiedergabebildschirm* beschriebenen Funktionen bemerken.

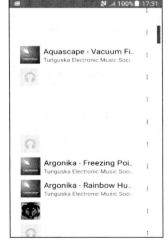

❶ Damit Sie auf die gestreamten Songs Zugriff haben, muss im Ausklappmenü der Eintrag *NUR HERUNTERGELADEN* deaktiviert sein.

❷ Verlieren Sie die Internetverbindung, so erscheinen alle nur online vorhandenen Songs ausgegraut und der Abspielbildschirm zeigt gegebenenfalls einen Hinweis.

Beachten Sie, dass Google Musik nur immer von einem Gerät aus nutzbar ist. Verwenden Sie beispielsweise zusätzlich noch ein Tablet, auf dem Sie mit Ihrem Google-Konto angemeldet sind, dann pausiert dort die Wiedergabe.

18.4.4 Konfiguration

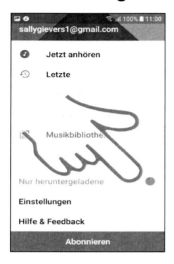

So blenden Sie die Google Musik-Songs in der Play Musik-Anwendung aus: Aktivieren Sie im Ausklappmenü den Eintrag *Nur heruntergeladene*.

18.4.5 Offline-Nutzung

❶❷ Für den Fall, dass mal keine Internetverbindung zur Verfügung steht, lassen sich Songs auch herunterladen. Aktivieren Sie dafür im *ALBEN*-Register ⋮/*Herunterladen*.

❸ Der Song-Download erfolgt nun automatisch im Hintergrund, was Sie an der Fortschrittsanzeige im Benachrichtigungsfeld nachvollziehen können. In der Titelleiste informiert eine Animation zudem über den gerade durchgeführten Download.

Um einen Song wieder aus der Liste zu nehmen, müssen Sie, wie zuvor beschrieben, Songs in der *ALBEN*-Ansicht deselektieren.

Die heruntergeladenen Songs landen in einem versteckten Speicherbereich, auf den man keinen Zugriff hat. Es ist also nicht möglich, die Songs auf diesem Wege herunterzuladen, um sie dann beispielsweise für anderweitige Verwendung auf einen PC zu kopieren.

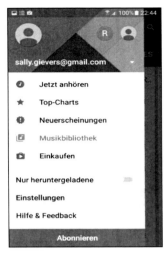 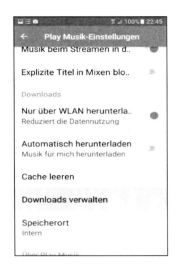 

❶ So löschen Sie heruntergeladene Songs: Gehen Sie im Ausklappmenü auf *Einstellungen*.

❷ Rufen Sie *Downloads verwalten* auf.

❸ Die Schaltleiste hinter jedem Albumtitel löscht nach einer Rückfrage die zugehörigen Songs aus dem Gerätespeicher.

18.4.6 Streaming-Einstellungen

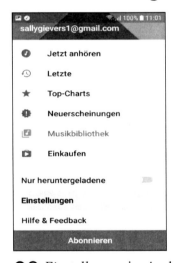 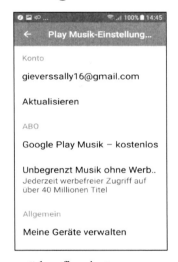

❶❷ *Einstellungen* im Ausklappmenü konfiguriert:

Unter *Konto*:

- *(Ihr Konto)@gmail.com:* Mit diesem Konto ist Google Musik verknüpft.
- *Aktualisieren*: Falls Sie in Ihrem Google-Konto neue Songs vorliegen haben (seien sie gekauft oder vom PC aus hochgeladen), können Sie hiermit die Songliste aktualisieren.

Unter *ABO*:

- *Google Play Musik - kostenlos:* Dieses Menü hat keine Funktion.
- *Kostenlos testen*: Kostenpflichtige Streaming-Flatrate kostenlos testen.

Unter *Allgemein*:

- *Meine Geräte verwalten*: Verwaltet die von Ihnen für die Musikwiedergabe verwendeten Geräte. Im Normalfall werden Sie dieses Menü nie benötigen.
- *Play Musik-Verlauf verwalten:* Nicht von Google dokumentiert.
- *Geschenk senden*: Für einen anderen Android-Nutzer die Google Play Musik-Streaming-Faltrate bezahlen.

- *Ruhemodus-Timer*: Stellen Sie ein, nach welcher Zeitspanne die Musikwiedergabe automatisch beendet wird.

Unter *Wiedergabe*:

- *Equalizer*: Passen Sie Bass und Höhen an Ihre Vorlieben an.
- *Nur über WLAN streamen*: Musikstreaming erfolgt nur bei einer vorhandenen WLAN-Verbindung
- *Qualität über Mobilfunknetz; Qualität über WLAN*: Normalerweise passt die Play Musik-Anwendung die Datenrate beim Streamen an die Geschwindigkeit des Internetzugangs an. Aktivieren Sie *Hoch*, wenn Sie keine Kompromisse bei der Klangqualität akzeptieren – Sie müssen sich aber dann darauf einrichten, dass es ab und zu Aussetzer bei der Wiedergabe gibt, weil der Player erst wieder den Datenpuffer füllt.
- *Musik beim Streamen in den Cache*: Gestreamte Musik wird von Google Musik automatisch auf dem Gerät gespeichert.
- *Explizite Titel in Mixen blockieren*: Wenn Sie den Schnellmix nutzen, werden nicht jugendfreie Titel übersprungen.

Unter *Downloads*:

- *Nur über WLAN herunterladen*: Von Ihnen zum Download markierte Songs (siehe Kapitel *18.4.5 Offline-Nutzung*) werden nur bei vorhandener WLAN-Verbindung heruntergeladen.
- *Downloadqualität*: Wählen Sie die Klangqualität für heruntergeladene Songs aus. Wir empfehlen, die Voreinstellung beizubehalten.
- *Automatisch herunterladen*: Die Google Musik-Anwendung erkennt, welche Songs/Alben häufig gespielt werden und lädt diese im Hintergrund auf Ihr Gerät herunter. Die Songs stehen dann auch zur Verfügung, wenn Sie keine Internetverbindung haben.
- *Cache leeren*: Beim Streaming zwischengespeicherte Songdaten aus dem Speicher entfernen.
- *Downloads verwalten*: Listet die gerade heruntergeladenen Songs auf, die Sie, wie im Kapitel *18.4.5 Offline-Nutzung* beschrieben, offline auf dem Gerät verfügbar machen.
- *Speicherort*: Der Speicherort (Gerätespeicher oder eingelegte Speicherkarte) für heruntergeladene Songs.

18.5 Welcher Song ist das?

Sie kennen sicher das Problem, ab und zu im Radio, TV, Kaufhaus oder Club einen unbekannten Song zu hören, der Ihnen gefällt. Den Songtitel herauszufinden gestaltete sich dann schwierig. Als Problemlösung bietet sich eine Automatik an, die anhand eines mitgehörten Ausschnitts Interpret, Titel und Album ermittelt.

  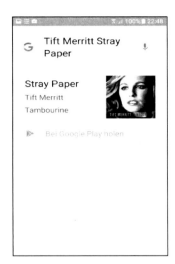

❶ Betätigen Sie – während die Musik gespielt wird – die ♌-Schaltleiste im Google-Such-Widget (Pfeil) des Startbildschirms.

❷ Tippen Sie dann auf das Notensymbol (Pfeil).

❸ Google analysiert nun die Musik und zeigt den Songtitel und Interpreten an. Tippen Sie Bei *Google Play holen* an, um den Song oder das zugehörige Album im Play Store zu kaufen.

18.6 Besserer Klang durch externe Lautsprecher

Möchte man mit dem Tablet ein ganzes Zimmer oder gar eine kleine Party beschallen, so reicht der eingebaute Lautsprecher nicht aus, beziehungsweise lässt den Wunsch nach einer besseren Klangqualität aufkommen. Über den 3,5 mm-Klinkenanschluss können Sie dann problemlos Aktivboxen, wie sie eigentlich für PCs im Handel angeboten werden, anschließen. Die Leistung von Lautsprechern wird in Watt angegeben, wobei höhere Werte meist auch einen besseren Klang sorgen, denn im Normalbetrieb wird der jeweilige Lautsprecher dann nicht bis zur Leistungsgrenze belastet. Greifen Sie am besten nur zu Lautsprecherboxen mit einer nachvollziehbaren Leistungsangabe. Die Watt »PMPO« ist leider nicht genormt und kann alles mögliche bedeuten, beispielsweise, dass die jeweiligen Boxen dann total übersteuern. Besser ist die RMS-Angabe, welche industrieweit genormt ist.

Bei den PC-Lautsprechern müssen Sie außerdem beachten, dass diese über einen 3,5 mm-Klinkenstecker verfügen. Manche PC-Lautsprecher besitzen nur einen USB-Anschluss, da sie – vereinfacht gesagt – über eine interne Soundkarte verfügen und vom PC über USB nur die Steuersignale erhalten. Empfehlenswert sind sogenannte 2.1-Systeme, also Boxensets mit 2 Lautsprechern und einem Subwoofer. Von einem 5.1-System, das aus 5 Lautsprechern besteht, raten wir ab, weil diese viel Platz wegnehmen und sie das Handy nicht unterstützt.

Unsere kleine Checkliste für die Anschaffung von PC-Lautsprecherboxen:

- Set-Preis (2 Stück): 30 bis 100 Euro
- Leistung: Mindestens 10 Watt RMS
- Klinkenanschluss (bei den meisten PC-Boxen ist ein Klinkenkabel im Lieferumfang)

18.6.1 Alternativen zu den PC-Lautsprecherboxen

Auch manche (Küchen-)Radios und alle Stereoanlagen haben heute einen Audioeingang, an den man das Tablet für stationären Musikgenuss anschließen kann. Die benötigten Kabel, welche man im Fachhandel oder in Online-Shops bekommt, sind entweder 3,5 mm Klinke auf 2 x Cinch-Stecker (für Stereoanlagen oder hochwertige Aktivlautsprecher), beziehungsweise 2 x 3,5 mm Klinke.

Wenn Sie hochwertige Lautsprecher am Tablet betreiben möchten, sollten Sie darauf achten, dass es sich um Modelle mit eingebautem Verstärker (Aktivlautsprecher) handelt. Passive Lautsprecher, wie sie als Zubehör für Stereoanlagen erhältlich sind, benötigen dagegen einen zwischengeschalteten Verstärker (im Fachdeutsch: »Endstufe«).

Lautsprecherdockingstationen für das Apple iPhone sind meistens zusätzlich mit einem Audioeingang versehen. Besitzen Sie bereits ein iPhone, kann sich dessen Anschaffung lohnen. Ansonsten gilt aber: Finger weg.

Unser Tipp: Wenn Sie hohe Qualitätsansprüche haben, dann holen Sie sich aktive Studiomonitore, wie sie in Tonstudios für die Hörkontrolle verwendet werden. Diese Lautsprecher sind meist sehr kompakt, haben häufig sehr viele Anschlüsse und sind im Gegensatz zu den Standardlautsprechern in der PA-Technik auch elektromagnetisch abgeschirmt. Aktive Studiomonitore bieten unter anderen die Hersteller Alesis, M-Audio oder Yamaha zu Preisen ab 100 Euro pro Boxenpaar an.

18.6.2 Mobile Lautsprecher

Für unterwegs bieten zahlreiche Hersteller batteriebetriebene Minilautsprecher an. Unserer Ansicht nach lohnt sich aber die Anschaffung dieser billigen »Brüllwürfel« meistens nicht, da man für 20 Euro kaum eine adäquate Qualität erwarten kann. Soll es dennoch mal unterwegs etwas lauter sein, empfehlen wir, ein Kofferradio o.ä. mit Klinkenbuchse anzuschaffen, an dem Sie das Tablet dann anschließen. Der Autor dieser Zeilen nutzt dafür ein Radio des Herstellers Pure, für das man einen Akku für den Mobilbetrieb nachkaufen kann.

18.6.3 Drahtloser Musikgenuss

Das häufige Anschließen und Abziehen des Lautsprecherklinkensteckers, wenn man das Handy mal wieder woanders oder unterwegs nutzen will, belastet die Klinkenbuchse des Handys. Möchten Sie es bequemer, dann verwenden Sie einen Bluetooth-fähigen Lautsprecher oder einen Audio-Bluetooth-Adapter, den Sie mit einem Lautsprecher verbinden. Beachten Sie dazu auch Kapitel *32.4 Bluetooth-Audio*.

19. Google Fotos

Das Galaxy sichert – sofern Sie diese Funktion nicht deaktivieren – alle Ihre mit der Kamera-Anwendung erstellten Fotos und Videos automatisch im Internet auf Google-Servern. Dabei werden die Mediendateien in Ihrem Google-Konto (siehe Kapitel *24 Das Google-Konto*) hinterlegt. Für Sie hat dies den Vorteil, auf jedem Android-Gerät, auf dem Sie mit Ihrem Google-Konto angemeldet sind, auf alle Ihre Fotos und Videos zugreifen zu können. Eine umständliche Datensicherung, beispielsweise vom Handy auf dem PC, ist deshalb nicht nötig.

Für die Anzeige Ihrer lokal auf dem Handy vorhandenen Fotos steht neben dieser Anwendung auch die Galerie-Anwendung (siehe Kapitel *17 Galerie*) zur Verfügung.

19.1 Start und erste Einrichtung

❶ Gehen Sie auf den *Google*-Ordner im Hauptmenü.

❷ Rufen Sie *Fotos* auf.

❸ Schließen Sie den Warnhinweis mit ZULASSEN.

 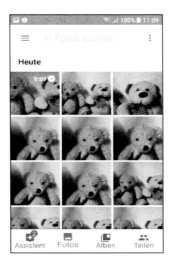 

❶❷ Schließen Sie den einmalig angezeigten Dialog mit FERTIG.

❸ Google unterzieht alle Fotos auf Ihrem Gerät einer Bildverarbeitung, woraufhin nach einigen Stunden der Erfolgshinweis »*In meinen Fotos gefunden*« erscheint. Wir gehen darauf noch im Kapitel *19.6 Suche* ein. Betätigen Sie ✕, um den Hinweis zu schließen.

19.2 Die Benutzeroberfläche

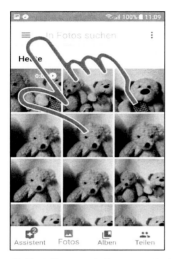 

❶❷ Alle Funktionen erhalten Sie nach Öffnen des Ausklappmenüs (Schaltleiste oben links antippen):

- *Geräteordner*: Nur im Gerätespeicher beziehungsweise eingelegter Speicherkarte vorhandene Fotos/Videos anzeigen. Im Google-Konto vorhandene Fotos/Videos blendet das Programm dann aus.

- *Archiv*: Fotos und Videos können Sie »archivieren«, sodass sie Google Fotos nicht mehr in der Bilderauflistung anzeigt. Die Medien sind aber weiterhin in der Suche und in den jeweiligen Ordnern sichtbar.

- *Papierkorb*: Von Ihnen in Google Fotos gelöschte Dateien.

- *Fotogalerie teilen*: Gestatten Sie anderen Personen den Zugriff auf alle oder einige Fotos/Videos.

- *Speicherplatz freigeben*: Löscht auf dem Handy alle Fotos und Videos, welche bereits in das Google-Konto hochgeladen wurden. Auf die entfernten Dateien haben Sie dann weiterhin über das Google-Konto Zugriff.

- *Fotos scannen*: Verzweigt in den Google Play Store, worin Sie den Foto Scanner installieren können. Dieser übernimmt alte Bilder auf Fotopapier in Google Fotos.

- *Einstellungen*: Darauf geht Kapitel *19.7 Einstellungen* ein.

- *Feedback geben*: Falls Probleme mit Google Fotos auftreten, können Sie die Entwickler darüber informieren.

- *Hilfe*: Stellt das Programm ausführlich vor.

 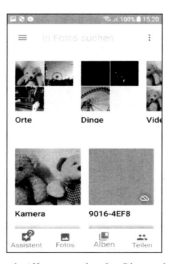

❶ Mit den Schaltleisten *Fotos* und *Alben* wechseln Sie zwischen der standardmäßigen Fotoauflistung und der Albenansicht (❷). Auf letztere gehen wir im Kapitel *17.1.2 Albensortierung* noch genauer ein.

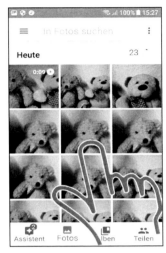 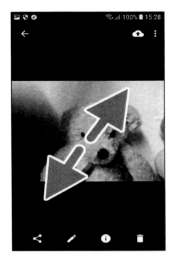 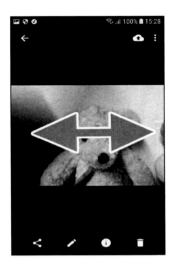

❶ Für die Vollbildansicht tippen Sie ein Foto in der Auflistung an.

❷ Die verfügbaren Funktionen:

- Doppeltippen (zweimal schnell hintereinander auf den Bildschirm tippen): Vergrößert/Verkleinert die Bildschirmdarstellung. Mit einer Wischgeste ändern Sie in der vergrößerten Ansicht den Bildschirmausschnitt.

- Kneifgeste (zwei Finger einer Hand gleichzeitig auf den Bildschirm setzen und dann auseinander/zusammenziehen, wie im Bild gezeigt): Bild vergrößern oder verkleinern.

❸ In der Normalansicht (keine Bildvergrößerung aktiv) können Sie mit einer Wischgeste nach rechts/links das nächste/vorherige Foto anzeigen.

Tippen Sie auf die ←-Schaltleiste oben links für die Rückkehr ins Hauptmenü. Alternativ betätigen Sie die ⤺-Taste unterhalb des Displays.

Die Schaltleisten:

- ≺: Foto per E-Mail, Bluetooth, usw. senden.

- ✏: Bild-Editor aufrufen, in dem Sie Farbe und Kontrast anpassen, sowie einige Bildeffekte anwenden können.

- ⓘ: Infos zu Aufnahmedatum und Bildgröße.

- 🗑: Bild löschen.

19.3 Geräteordner sichern

Unter Geräteordner versteht die Google Fotos-Anwendung Verzeichnisse mit Fotos beziehungsweise Videos. Diese lädt das das Programm ins Google-Konto hoch, worauf sie auch auf anderen Handys und Tablets zur Verfügung stehen. Einzige Voraussetzung ist, dass Sie sich dort mit dem gleichen Google-Konto anmelden. Siehe zu diesem Thema auch Kapitel *24 Das Google-Konto*.

Das Verzeichnis, in dem die Kamera-Anwendung (siehe Kapitel *16 Kamera*) Fotos und Videos ablegt, wird automatisch im Google-Konto gesichert. Die nachfolgenden Maßnahmen müssen Sie also nur vornehmen, wenn Sie selbst Fotoverzeichnisse auf das Galaxy kopiert haben, beispielsweise über eine USB-Verbindung mit dem PC (siehe Kapitel *30 Gerätespeicher*).

19.3.1 Zu sichernden Geräteordner im Assistenten auswählen

❶ Rufen Sie *Assistent* auf.

❷ Gehen Sie auf *Geräteordner*.

❸ Aktivieren Sie den Schalter bei den Ordnern, die Sie sichern möchten.

19.3.2 Zu sichernden Ordner in der Alben-Ansicht auswählen

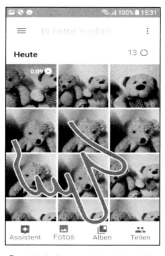 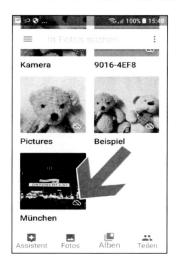

❶ Aktivieren Sie die *Alben*-Ansicht.

❷ Ordner, die das Handy noch nicht im Google-Konto sichert, erkennen Sie jeweils am ☁-Symbol (Pfeil).

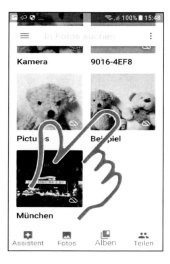 

❶ Tippen Sie einen Ordner an, den Sie sichern möchten.

❷ Aktivieren Sie den Schalter bei *Sichern und synchronisieren.*

19.3.3 Sicherung über das Benachrichtigungsfeld

❶ Google Fotos sucht automatisch im Hintergrund nach neu vorhandenen Bilderverzeichnissen. Im Benachrichtigungsfeld erscheint dann der Hinweis »*Neuen Ordner gefunden*«. Wischen Sie dann auf dem Eintrag nach unten für die Schaltleisten.

❷ Sie können mit *SICHERN* für das Verzeichnis die Datensicherung aktivieren beziehungsweise mit *ÜBERSPRINGEN* verhindern.

19.4 Medien verwalten

 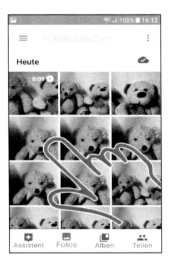 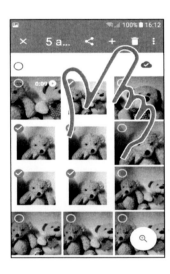

❶ Gehen Sie zunächst auf *Fotos*.

❷ Tippen und halten Sie den Finger über einem Bild, bis es markiert ist und markieren dann durch kurzes Antippen die weiteren Bilder.

❸ Tippen Sie eine der Schaltleisten oben rechts an, um die markierten Fotos zu senden oder löschen. Eine Besonderheit stellt die ✚-Schaltleiste dar, auf die nachfolgendes Kapitel *19.5 Spezialfunktionen* noch eingeht.

19.5 Spezialfunktionen

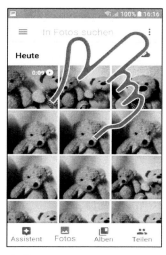 

❶❷ Die Spezialfunktionen von Google Fotos erreichen Sie über das ⋮-Menü:

- *Album*: Wählen Sie Fotos aus, die Sie dann einem Album zuweisen. Alben dürfen nicht mit den (Foto-)Verzeichnissen verwechselt werden, denn sie dürfen Fotos aus verschiedenen Verzeichnissen enthalten.

- *Geteiltes Album*: Geben Sie Bilder zur Ansicht für Dritte frei. Diese erhalten beispielsweise per E-Mail einen Link, über den sie ihre Bilder anzeigen können.

- *Film*: Erstellt aus bis zu 50 Fotos ein Video mit Musikuntermalung.

- *Animation*: Erstellt aus mehreren Fotos eine sogenannte GIF-Datei, deren Inhalt automatisch auf jedem Gerät wie ein Film abgespielt wird. Damit die Animation vernünftig aussieht, sollten Sie nach Möglichkeit gleichartige Fotos aus der gleichen Perspektive dafür verwenden, beispielsweise solche, die mit der Serienbildfunktion (bei vielen Kameras vorhanden) erstellt wurden.

- *Collage*: Fügt mehrere Fotos in einem Bild zusammen.

❶ In unserem Beispiel möchten wir einen *Film* erstellen.

❷ Markieren Sie durch Antippen mindestens fünf Fotos und betätigen Sie *ERSTELLEN*.

❸ Die »Geschichte« wird angezeigt, wobei dieses anhand der Standortinformationen (siehe Kapitel *16.4 Positionsdaten*), des Datums und der Uhrzeit bereits eine ausführliche Beschreibung erhält. Sie kehren mit der ⟲-Taste unterhalb des Displays ins Hauptmenü zurück.

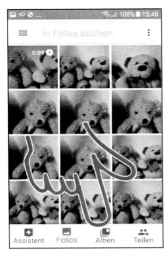 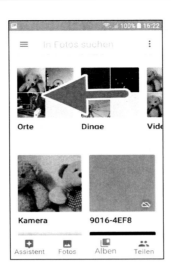 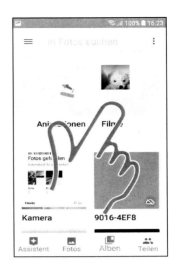

❶ Rufen Sie *Alben* auf.

❷ Die Symbolleiste bietet verschiedene Schaltleisten, zwischen denen Sie wischen.

❸ Tippen Sie davon eines an:

- *Geteilt*: Von Ihnen über Google+ veröffentlichte Alben. In diesem Buch gehen wir nicht weiter darauf ein.
- *Geräteordner*: Bilderverzeichnisse auflisten.
- *Orte*: Fotos nach Aufnahmeort (GPS-Koordinaten, siehe Kapitel *16.4 Positionsdaten*) gruppieren.
- *Dinge*: Gruppiert Fotos nach Motiv, zum Beispiel »Haus«, »Essen«, usw.
- *Videos*: Listet alle Videos auf.
- *Collagen; Animationen; Filme*: Von Ihnen, wie auf der vorherigen Seite beschrieben, weiterverarbeitete Bilder.

Von Ihnen erstellte Animationen erscheinen auch direkt in der Fotoauflistung mit einem Vorschaubild.

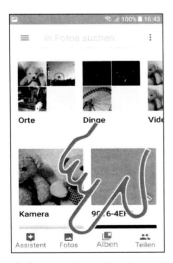 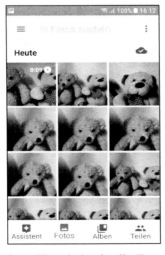

❶❷ Das *Fotos*-Register (Pfeil) bringt Sie wieder in die Fotoauflistung zurück.

19.6 Suche

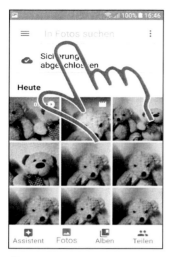  

❶ Tippen Sie ins das Suchfeld (Pfeil).

❷ Unterhalb des Suchfelds werden drei verschiedene Bereiche angezeigt:

- Bereits mal verwendete Suchbegriffe.
- Medientypen (siehe Kapitel *19.5 Spezialfunktionen*).
- Standorte (Fotos, welche die GPS-Koordinaten des Aufnahmepunkts enthalten).

❸ Eine Besonderheit von Google Fotos ist, dass Bildinhalte erkannt werden. Beispielsweise zeigt »Riesenrad« alle Fotos mit der Rummelplatzattraktion an. Weitere unterstützte Begriffe sind »Tanzen«, »Feier«, »Wald«, »Blumen«, »Kinder«, usw.

> Beachten Sie bitte, dass nur Fotos, die in Ihrem Google-Konto hochgeladen wurden (siehe Kapitel *19.3 Geräteordner sichern*), von der Suche berücksichtigt werden.

19.7 Einstellungen

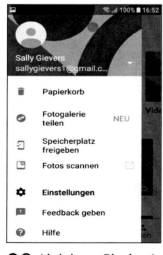 

❶❷ Aktivieren Sie das Ausklappmenü und gehen Sie auf *Einstellungen*. Die Parameter:

- *Sichern und synchronisieren*: Ruft die Synchronisationseinstellungen auf, die Sie bereits im Kapitel *24 Das Google-Konto* kennen gelernt haben.
- *Geteilte Fotogallerien*: Listet die von Ihnen anderen Personen zugänglich gemachten Fotos/Videos auf.
- *Assistentenkarten*: Diverse Voreinstellungen. Siehe Kapitel *19.1 Start und erste Einrichtung*.

- *Benachrichtigungen über Vorschläge zum Teilen*: Sie erhalten eine Benachrichtigung, sobald neue Fotos zum Freigeben an andere Personen zur Verfügung stehen. In diesem Buch gehen wir nicht weiter darauf ein.
- *Gerätespeicherplatz freigeben*: Löscht Fotos/Videos aus dem Gerätespeicher, die bereits in Ihr Google-Konto hochgeladen wurden (siehe Kapitel *19.4 Medien verwalten*).
- *Google Drive*: Zeigt auch in der Google Drive-Anwendung (siehe Kapitel *22.6 Google Drive*) vorhandene Fotos/Videos in Google Fotos an.
- *Verknüpfung in der Kamera-Anwendung*: Diese Funktion hat auf dem Galaxy keinen Einfluss auf die Kamera-Anwendung.

Unter *Ort*:

- *Standortinformationen entfernen*: Google Fotos entfernt Standortinfos aus per Link geteilten Fotos und Videos.
- *Google-Standorteinstellungen*: Öffnet den Konfigurationsbildschirm für die Standortermittlung.

Unter *Benachrichtigungen* legen Sie die Signalisierungen bei Ereignissen, die Google Fotos betreffen, fest.

20. Kalender

Der Kalender verwaltet Ihre Termine, die sich mit dem Google-Kalender synchronisieren lassen.

❶❷ Sie finden den *Kalender* im Hauptmenü (Pfeil).

Sofern Sie bereits ein Google-Konto auf dem Galaxy eingerichtet haben, erscheinen in der Kalender-Anwendung schon beim ersten Aufruf diverse im Google-Kalender hinterlegte Termine.

20.1 Kalenderansichten

❶❷ Der Kalender zeigt beim Start standardmäßig den aktuellen Monat an. Um auf eine andere Kalenderansicht umzuschalten, betätigen Sie *ANZEIGEN* und gehen auf *Jahr, Monat, Woche, Tag* oder *Aufgaben*.

20.1.1 Jahresansicht

❶❷ Über die Jahresansicht springen Sie schnell zu einem bestimmten Monat.

20.1.2 Monatsansicht

❶ Tippen Sie einen Kalendertag kurz an, so listet der Kalender alle zugehörigen Termine in einem Popup auf.

❷❸ Im Popup wählen Sie dann den anzuzeigenden Termin aus.

❶ Über eine Wischgeste von unten nach oben schalten Sie auf eine alternative Ansicht um.

❷ Wochentage mit zugeordneten Terminen erkennen Sie an den kleinen grünen Punkten. Tippen

Sie einen Tag an, worauf im unteren Bildschirmdrittel die Tagestermine angezeigt werden.

❸ Wischen Sie nach unten, um die alternative Ansicht wieder auszuschalten.

20.1.3 Wochenansicht

  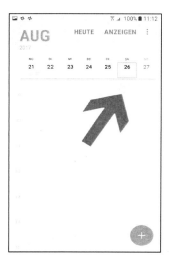

❶❷ In der Wochenansicht sind alle Termine als Balken auf einer Zeitachse angelegt. Man sieht auf diesem Wege sofort, ob und wo noch freie Zeiträume sind. Antippen eines Termins (Pfeil) zeigt diesen wiederum an.

❸ Ganztagstermine blendet der Kalender jeweils am oberen Bildschirmrand ein. Diese können Sie für Termindetails antippen.

20.1.4 Tagesansicht

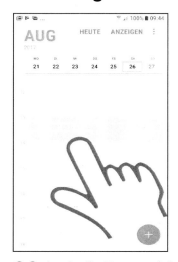 

❶❷ Auch die Tagesansicht stellt die Termine in einer Zeitachse dar. Tippen Sie einen Termin (Pfeil) für die Detailansicht an.

20.1.5 Aufgaben

❶❷ In den *Aufgaben* verwalten Sie alle Termine, für die es kein genaues Ausführungsdatum gibt.

20.2 Navigation im Kalender

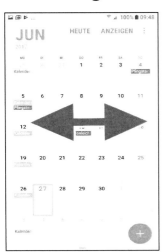  

❶ Mit einer Wischgeste nach links/rechts blättern Sie in den Terminen vor oder zurück. Über die *HEUTE*-Schaltleiste am oberen Bildschirmrand kehren Sie zum aktuellen Datum zurück.

❷❸ Als Hilfreich erweist sich *Suche* aus dem ⋮-Menü, das alle Termine auflistet und die Suche darin erlaubt.

20.3 Neuen Termin hinzufügen

 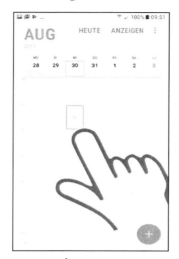

❶ In allen Kalenderansichten erzeugt die ✛-Schaltleiste einen neuen Termin.

❷ Sie ersparen sich so übrigens etwas Arbeit, indem Sie vor Betätigen der ✛-Schaltleiste kurz auf den Kalendertag (Monatsansicht) oder in die Zeitleiste (Wochen- und Tagesansicht) tippen (Pfeil). Der Kalendertag wird dann in den Termineditor übernommen.

❶ Der Kalender unterstützt noch eine weitere Methode für die Terminerfassung: Doppeltippen Sie mit dem Finger auf einen Kalendertag beziehungsweise eine Uhrzeit in der Zeitleiste.

❷ Erfassen Sie im Bearbeitungsbildschirm die Termindaten. Sofern es sich um einen Termin ohne feste Uhrzeit, beispielsweise einen Geburtstag, handelt, aktivieren Sie *Ganzen Tag*.

 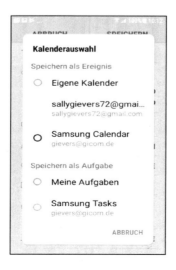

❶❷ Über das Auswahlmenü (Pfeil) stellen Sie ein, was mit den Daten geschieht:

- *Eigene Kalender*: Der Termin bleibt auf dem Gerät und wird weder mit dem Samsung-Konto noch dem Google-Konto abgeglichen.
- *Samsung Calendar*: Samsung bietet ebenfalls die Möglichkeit, Termine im Samsung-Konto (siehe Kapitel *26 Das Samsung-Konto*) abzulegen. Wir gehen in diesem Buch nicht darauf ein.
- *(Ihr Konto)@gmail.com*: Datenabgleich des Termins mit Google Kalender über das Internet.

Sie sollten immer Ihr Google-Konto verwenden, da die Speicherung auf dem Gerät keinen Sinn macht.

 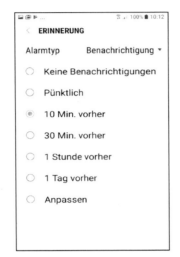 

❶❷ Das Handy macht Sie standardmäßig auf den Termin 10 Minuten vorher aufmerksam. Diese Erinnerung können Sie durch Antippen jederzeit auf einen anderen Zeitraum ändern. Wählen Sie *Keine Benachrichtigungen*, wenn Sie eine Benachrichtigung wieder entfernen möchten.

❸ Über die Minus-Schaltleiste (Pfeil) entfernen Sie Terminerinnerungen, während die HINZU-FÜGEN-Schaltleiste weitere Erinnerungen anlegt.

❶ Die weiteren Eingabefelder:

- *Wiederholen* (❷) ermöglicht es dagegen, den Termin in bestimmten Zeiträumen automatisch erneut anzusetzen, beispielsweise wöchentlich oder monatlich.
- *Teilnehmer*: Legen Sie Kontakte aus dem Telefonbuch fest, die automatisch über Terminupdates informiert werden. In diesem Buch gehen wir nicht weiter auf Termineinladungen ein.

- *Anzeigen als; Sichtbarkeit*: Sofern Sie Ihren Kalender oder den Termin mit anderen Personen teilen, legen Sie hier die Sichtbarkeit in deren Kalender fest. In diesem Buch gehen wir nicht weiter darauf ein.
- *Zeitzone*: Die Zeitzone ist ausschließlich für Anwender interessant, die Termine in anderen Ländern wahrnehmen. Standardmäßig rechnet der Kalender alle Terminuhrzeiten auf die jeweilige Lokalzeit des Aufenthaltslandes um. Wenn Sie dies nicht möchten, stellen Sie die Zeitzone entsprechend ein.

❸ Die Hintergrundfarbe des Termins in der Tages- und Wochenansicht legen Sie über die Schaltleiste oben rechts fest.

Betätigen Sie anschließend *SPEICHERN* am oberen Bildschirmrand.

❶❷ Der Termin erscheint im Kalender. Tippen Sie ihn an für die Termindetails. Falls Sie ihn ändern möchten, tippen Sie einfach eines der angezeigten Datenfelder an.

20.4 Aufgaben

Aufgaben haben keine Fälligkeitsuhrzeit, da man sie in der Regel zwischendurch erledigt. Beachten Sie, dass die Aufgaben nicht mit Ihrem Google-Konto synchronisiert werden.

❶ Die Aufgabenverwaltung erfolgt in einem eigenen Bildschirm, den Sie mit *Aufgaben* aus dem *ANZEIGEN*-Auswahlmenü aufrufen.

❷ Um eine Aufgabe anzulegen, tippen Sie auf ✚.

❸ Im einfachsten Fall erfassen Sie den Aufgabentext und legen bei Bedarf ein Fälligkeitsdatum fest. Betätigen Sie dann *SPEICHERN*.

❶ Legen Sie auf dem gleichen Wege weitere Aufgaben an, die in der Auflistung erscheinen.

❷ Erledigte Aufgaben »haken« Sie ab, worauf sie in der Auflistung nach unten rutschen. Die *ALLES LÖSCHEN*-Schaltleiste entfernt nun die erledigten Aufgaben.

20.5 Weitere Terminverwaltungsfunktionen

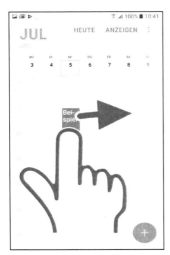 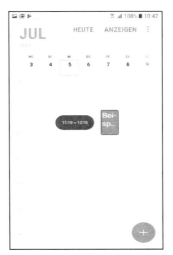

❶❷ In der Tages- und Wochenansicht lassen sich Termine sehr einfach auf eine andere Uhrzeit oder sogar ein anderes Datum verlegen, ohne dass man sie erst in der Bearbeitungsansicht öffnen muss: Tippen und halten Sie für einige Sekunden den Finger auf einem Eintrag und ziehen Sie ihn dann auf der Zeitachse an die gewünschte Position.

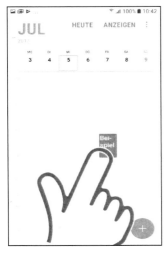 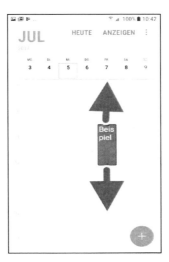

❶❷ Die Terminlänge lässt sich ebenfalls ändern: Tippen und halten Sie den Finger für einige

Sekunden auf einem Termin, bis dieser »markiert« ist. Danach ziehen Sie unten oder oben an den Kugeln.

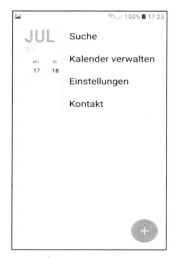 

❶ Im ⁝-Menü stehen folgende Funktionen zur Verfügung:

- *Suche* (❷): Nach Terminen suchen.
- *Kalender verwalten*: Listet die angezeigten Datenquellen (in der Regel ein Google-Konto, usw.) auf und ermöglicht es Ihnen, Datenquellen ein/auszublenden.
- *Einstellungen*: Diverse Einstellungen, auf die wir im Kapitel *20.7 Einstellungen* noch eingehen.

20.6 Terminerinnerung

❶ Zum eingestellten Termin ertönt der Erinnerungston und ein Popup erscheint. Verwenden Sie *SCHLIESSEN*, um die Erinnerung auszuschalten oder *SCHLUMMERN*. Bei letzterem wird Sie das Handy nach 5 Minuten erneut erinnern.

❷❸ Auch im Benachrichtigungsfeld ist ein Terminhinweis vorhanden. Wischen Sie über dem Terminhinweis nach unten, worauf das Handy die Schaltleisten für das Schließen beziehungsweise Schlummern einblendet.

Den Alarmton für Kalendertermine stellen Sie, wie im Kapitel *4.15 Medienlautstärke und Signaltöne* erläutert, ein.

20.7 Einstellungen

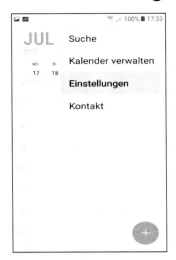 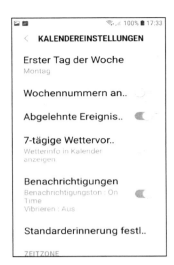

❶❷ Unter ⁝/*Einstellen* konfigurieren Sie:

- *Erster Tag der Woche*: In manchen Kulturkreisen beginnt die Woche bereits am Sonntag, was Sie hier festlegen.

- *Wochennummern anzeigen*: Wochennummer in der Wochenansicht einblenden (oben im Bildschirm).

- *Abgelehnte Ereignisse ausblenden*: Terminanfragen, die Sie ablehnen (in diesem Buch gehen wir nicht weiter darauf ein), blendet der Kalender aus.

- *7-tägige Wettervorhersage*: Zeigt in der Wochen- und Tagesansicht an der Oberseite ein Symbol für das zu erwartende Wetter an. In der Monatsansicht erscheint das Wettersymbol direkt im Tageskästchen.

- *Benachrichtigungen*: Stellt eine der vordefinierten Klangfolgen beziehungsweise die Vibration als Terminalarm ein.

- *Standarderinnerung festlegen*: Als Voreinstellung setzt der S Planner bei der Terminneuanlage jeweils *10 Minuten* ein, können aber auch kürzere oder längere Zeiträume einstellen. Sie haben so genügend Zeit, um sich auf die Wahrnehmung Ihrer Termine zu konzentrieren.

Unter ZEITZONE:

- *Zeitzone festlegen*: Befinden Sie sich in einer anderen Zeitzone, so rechnet das Galaxy automatisch alle Termine von Mitteleuropäischer Zeit auf die besuchte Zeitzone um. Stellen Sie hier dagegen ein, in welcher Zeitzone Sie sich befinden, so erfolgt keine automatische Umrechnung der Terminzeiten.

20.7.1 Kalender

 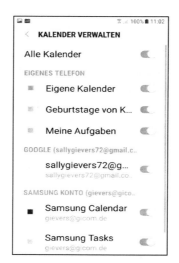

❶ Im ⋮/*Kalender verwalten*-Menü stellen Sie ein, welche Termine im Kalender sichtbar sind. Gehen Sie hier auf *Anzeige*.

❷ Deaktivieren Sie die Abhakkästchen bei den Konten, die der Kalender nicht anzeigen soll:

- *Alle Kalender*: Schaltet alle Kalenderquellen ein/aus.

Unter *Gerät* finden Sie alle Kalenderquellen, die auf dem Gerät verbleiben und nicht mit dem Google-Konto synchronisiert werden:

- *Eigene Kalender*: Die nur auf dem Galaxy verwalteten Termine.

- *Geburtstage von Kontakten*: Sofern zu einem Kontakt im Telefonbuch ein Geburtstagsdatum eingetragen wurde, blendet der Kalender dieses als Termin ein.

- *Meine Aufgaben*: Die in der Aufgabenverwaltung (siehe Kapitel *20.4 Aufgaben*) verwalteten Einträge.

Unter *GOOGLE (IhrKonto@gmail.com)*:

- Diese auf dem Galaxy verwalteten Termine gleicht die Kalender-Anwendung mit Google Kalender (*www.google.com/calendar*) über das Internet ab. Die Kalendertermine sind dabei dem Google-Konto *xxx@gmail.com* zugeordnet. Siehe auch Kapitel *24 Das Google-Konto*.

Unter *SAMSUNG KONTO (Ihr Samsung-Konto)*:

- *Samsung Calendar*: Termine, die im Samsung-Konto gespeichert werden.
- *Samsung Tasks*: Aufgaben im Samsung-Konto.

20.8 Kalender im Startbildschirm

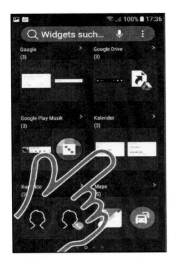  

❶❷ Im Widget-Bildschirm stehen nach Antippen von *Kalender* insgesamt drei verschiedene Kalender-Widgets zur Verfügung. Wählen Sie davon eines aus.

❸ Beispiel für das *Monat*-Widget.

21. Google Assistant

Der Google Assistant (engl. für »Assistent«) ist eine intelligente Sprachsteuerung. Sie können darüber beispielsweise Termine anlegen, Kontakte anrufen oder im Internet suchen. Mittels künstlicher Intelligenz soll der Google Assistant nach und nach Ihre Vorlieben kennen lernen und entsprechend reagieren.

Sie dürfen den Google Assistant nicht mit dem im Kapitel *4.14 Google-Suche* und *22.8 Google Now* vorgestelltem Programm verwechseln, das ähnliche Funktionen anbietet, aber auf manche Sprachbefehle anders reagiert.

Ob bei Ihnen der Google Assistant zur Verfügung steht, hängt von Ihrem Google-Konto (siehe Kapitel *24 Das Google-Konto*) ab: Haben Sie sich auf dem Galaxy mit einem bereits zuvor vorhandenen Google-Konto angemeldet, so kommt eventuell weiterhin die sogenannte Bildschirmsuche statt dem Google Assistant zum Einsatz. Google wird Ihr Gerät gegebenenfalls in den nächsten Monaten automatisch auf den Google Assistant umstellen.

21.1 Einrichtung

❶❷ Tippen und halten Sie die ⬜-Taste unterhalb des Displays, bis der Hinweisbildschirm erscheint, den Sie mit *OK* beziehungsweise *JETZT STARTEN* schließen.

❶ Sprechen Sie dreimal hintereinander »*Ok Google*«, damit die Spracherkennung optimal funktioniert.

❷ Fertig! Der Google Assistant steht bereit.

Künftig rufen Sie den Google Assistant auf zwei Wegen auf:

- Sie halten die ⬜-Taste gedrückt.

- **Sie sprechen »Ok Google«.**

Die ⮌-Taste beendet den Assistenten.

21.2 Funktionen des Galaxy steuern

Über den Google Assistant lassen sich auch Dinge erledigen, für die Sie sonst erst umständlich auf dem Bildschirm eine Anwendung starten müssten. Einige Beispiele sollen die Möglichkeiten verdeutlichen. Rufen Sie mit »Ok Google« den Assistenten auf und sprechen Sie einen Befehl (**fett** jeweils die Schlüsselwörter):

- »**E-Mail an** Dara«: E-Mail-Editor starten, die E-Mail-Adresse des Kontakts *Dara* aus dem Telefonbuch als Empfänger übernehmen.

- »**E-Mail an** Laura Muster Hallo wie geht es dir«: Aktiviert Den E-Mail-Editor, sucht den Kontakt *Laura Muster* im Telefonbuch und übernimmt dessen E-Mail-Adresse ins Empfängerfeld. Der Text *Hallo wie geht es dir* wird in das Eingabefeld übernommen (❶).

- »Antonia **mobil anrufen**«: Kontakt auf Handynummer aus dem Telefonbuch anrufen.

- »Hamburg **ansteuern**«, »**Weg zu** Hamburg«, »**Weg zu** Brandenburger Tor«: Startet die Navigation in Google Maps, berechnet die Route zum Zielort und startet die Routenführung (❷).

- »**Karte von** Berlin«: Den genannten Ort in Google Maps anzeigen.

- »Restaurants/Tankstellen/Museen/... **in** Berlin«: Points auf Interest in der Karte anzeigen (❸).

- »**Spiele** Beatles«: YouTube oder MP3-Player starten und dort nach den Interpreten/Song suchen.

- »**Zeige** Beatles Yesterday **in YouTube**«: Bestimmten Song von Band/Interpret in der YouTube-Anwendung suchen und sofort abspielen.

- **Abbrechen**: Die gerade laufende Aktion vorzeitig beenden (alternativ betätigen Sie die ⮌-Taste oder Wischen auf dem Bildschirm einmal nach unten).

- **Was steht heute an**: Liefert die Uhrzeit, die Wettervorhersage und listet die anstehenden Termine auf.

- **Spiel Musik**: Öffnet die Play Musik-Anwendung (siehe Kapitel *18 Play Musik*) und startet die Wiedergabe.

- **Öffne Kontakte**: Telefonbuch anzeigen.

Die Spracherkennung beantwortet auch Ihre Fragen, die Sie am Besten möglichst kurz halten, da Google nur die Schlüsselworte und keine verschachtelten Sätze auswertet.

- »Wer ist Bundeskanzler in Deutschland«
- »Wetter in Berlin«
- »Wo ist der nächste Burger King«

> Sollte die Spracherkennung mal ein Wort oder einen Satz nicht erkennen, führt das Handy eine Google-Websuche durch.

Google gibt auf seiner Website selbst einige weitere Beispiele zu den Sprachbefehlen (hier wörtlich von der Webadresse *support.google.com/websearch/answer/2940021* übernommen). Wir geben hier nur diejenigen Sprachbefehle an, die bei uns im Test auch funktionierten:

- Wecker einstellen: "Wecker auf 7 Uhr einstellen"
- Erinnerung einrichten: "Erinnern an: um 18.00 Uhr Max anrufen" oder "Erinnern an: Eisdiele am Marienplatz testen"
- Termin im Google Kalender erstellen: "Erstelle einen Termin in meinem Kalender: Abendessen in München, Samstag um 19.30 Uhr"
- Freund anrufen: "Martina Müller anrufen" oder "Mama anrufen"
- SMS an einen Freund: "SMS an Stefan: Komme 5 Minuten später"
- E-Mail senden: "E-Mail senden an Kerstin: Betreff: neue Schuhe, Nachricht: Ich muss dir unbedingt meine neuen Schuhe zeigen"
- Routen abrufen: "Navigieren von Berlin nach Köln" oder "Wegbeschreibung von Berlin nach Frankfurt am Main"
- Orte in der Nähe finden: "Wo ist das nächste Café?"
- Nach der Uhrzeit fragen: "Wie spät ist es in London?"
- Nach dem Wetter fragen: "Wie ist das Wetter morgen Früh?"
- Interessante Antworten auf Fragen: "Wo wurde Albert Einstein geboren?" oder "Wie alt ist Beyonce?"
- Worte oder Sätze übersetzen: "Was heißt Gurke auf Spanisch?"
- Wort definieren: "Was bedeutet Adipositas?"
- Einheiten umrechnen: "Was sind 12 Zoll in Zentimeter?"
- Mathematische Gleichungen lösen: "Was ist die Wurzel aus 2209?"

Auch die Systemeinstellungen ändert die Sprachsteuerung:

- **Taschenlampe einschalten; Taschenlampe aussschalten**: Die Kamera-LED ein/ausschalten.
- **Bildschirm dunkler; Bildschirm heller**: Displayhelligkeit ändern.
- **Musik lauter/leiser**; **Klingelton lauter/leiser**: Lautstärke ändern.

 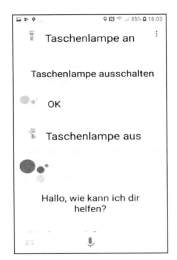

❶❷ Eine Wischgeste nach oben zeigt die zuletzt durchgeführten Befehle an. Wischen nach unten schließt dagegen den Assistenten.

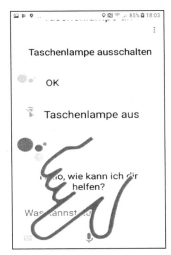 

❶❷ Befehle dürfen Sie auch über ein Tastenfeld erfassen, das Sie mit der Schaltleiste unten links aktivieren.

21.3 Weitere Funktionen

❶ Sie möchten wissen, was der Assistent alles an Befehlen drauf hat? Dann betätigen Sie die *Was kannst du?*-Schaltleiste oder sprechen »*Was kannst du*«.

❷ Wischen Sie in den Beispielen nach links, um weitere anzuzeigen. Tippen Sie einen Vorschlag an.

Wenn Sie die sogenannte Bildschirmsuche aufrufen, wertet Google die Bildschirmanzeige aus und zeigt die benötigte Information an. Natürlich errät das Handy nicht immer Ihre Intention, aber das Ergebnis ist trotzdem beeindruckend!

❶ Im Beispiel haben wir in der Galerie-Anwendung (siehe Kapitel *17 Galerie*) ein Foto von einem Riesenrad geöffnet.

❷ Rufen Sie nun – wie zuvor gezeigt – den Google Assistant auf und betätigen Sie *Was wird auf meinem Bildschirm anzeigt?* Sie können natürlich auch einfach »*Was wird auf meinem Bildschirm angezeigt*« sprechen.

❸ Der Assistent zeigt in unserem Beispiel Infos zur Theresienwiese an, wo das Foto entstanden ist.

21.4 Einstellungen

❶❷ Den Assistenten konfigurieren Sie über ⋮/*Einstellungen*.

❸ Das Menü:

- *(Ihr Google-Konto)*: Auf die Daten in Ihrem Google-Konto (siehe Kapitel *24 Das Google-Konto*) greift der Assistent bei der Beantwortung Ihrer Fragen zu.

- *Persönliche Daten*:
    - *Privat- und Geschäftsadressen*: Diese Adressen sollten Sie anlegen, damit Sie die Befehle »Navigiere mich nach Hause« oder »Navigiere mich zur Arbeit« verwenden können.
    - *Spitzname*: Standardmäßig spricht Sie der Assistent mit dem Namen an, den Sie bei der Ersteinrichtung Ihres Geräts eingegeben haben. Sie ändern ihn in diesem Menü.
    - *Einstellungen*: Legen Sie die Art der Temperaturangaben (Celsius oder Fahrenheit)

fest.
- *E-Mail-Benachrichtigungen*: Google informiert Sie per E-Mail über Neuerungen beim Assistenten.

- *Smartphone*:
  - *Google Assistant*: Damit deaktivieren Sie den Assistenten.
  - *Bildschirmkontext verwenden*: Der Assistent berücksichtigt bei seinen Antworten die gerade aktive Anwendung.
  - *Google Assistant-Sprache*: Die für die Spracherkennung und Ausgabe genutzte Landessprache.
  - *"Ok Google"-Erkennung*:
    - *Jederzeit "Ok Google" sagen*: Wenn deaktiviert, lässt sich der Assistent per Sprachbefehl nur noch im Startbildschirm aufrufen, was wenig Sinn macht.
    - *Sprachmodell umtrainieren; Sprachmodell löschen*: Den »Ok Google«-Befehl haben Sie bereits bei der Assistentenrichtung trainiert.
  - *Sprachbedienung*:
    - *Freisprechfunktion*: Bei Gerätesperre auf Sprachsteuerung bei angeschlossenem Bluetooth-Headset (siehe Kapitel *32.3 Bluetooth-Headset/Freisprecheinrichtung verwenden*) oder dem mitgelieferten Kabelheadset reagieren.
    - *Sprachausgabe:* Stellen Sie ein, ob Sie die Sprachausgabe nutzen möchten, oder nur, wenn die Freisprechfunktion aktiv ist.
    - *Offline-Spracherkennung*: Einige Spracherkennungsfunktionen funktionieren auch offline, das heißt ohne Internetverbindung, wenn Sie hier ein entsprechendes Sprachpaket installieren.
    - *Anstößige Wörter sperren*: Vulgäre Schimpfwörter verwirft die Spracherkennung und ersetzt sie durch »#«.
    - *Bluetooth-Headset*: Nutzen Sie ein Bluetooth-Headset (siehe Kapitel *32.3 Bluetooth-Headset/Freisprecheinrichtung verwenden*), so läuft die Spracherkennung darüber.
  - *Bevorzugte Eingabe*: Schaltet den Assistenten zwischen Sprach- und Tastatureingabe um, was aber keinen Sinn ergibt.

22. Weitere Programme

22.1 Rechner

❶ Sie finden den *Rechner* im Hauptmenü.

❷ Alle Eingaben erfolgen in natürlicher Schreibweise. Das Rechenergebnis erhalten Sie dann nach Betätigen der »=«-Taste auf dem Tastenfeld. Die ⌫-Taste löscht ein Rechenergebnis.

❶ Die ▭-Schaltleiste aktiviert den Einheitenumrechner.

❷❸ Wählen Sie einen der angebotenen Umrechner aus. Die ↶-Taste bringt Sie in den Taschenrechner zurück.

22.2 Eigene Dateien

Eigene Dateien ist ein Dateimanager, ähnlich dem Windows Explorer auf dem PC, den Sie allerdings nur selten benötigen werden.

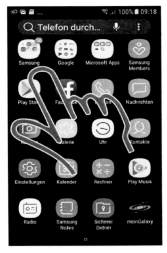  

❶❷ Sie finden *Eigene Dateien* im *Samsung*-Ordner des Hauptmenüs.

❸ Schließen Sie den Hinweis mit ✕.

Die Funktionen im Hauptmenü:

Unter *KATEGORIEN* haben Sie Zugriff auf folgende Dateiarten:

- *Eigene Bilder*: Fotos.
- *Audio*: MP3- und sonstige Audiodateien.
- *Videos*
- *Dokumente*: Office-Dateien (PDF, Word, Excel, usw.).
- *Downloads*: Aus E-Mails gespeicherte Dateianhänge sowie im Webbrowser heruntergeladene Dateien.
- *Installationsdateien*: Auf diese gehen wir nicht ein, weil die Programminstallation aus dem Play Store (siehe Kapitel *27.1 Play Store*) einfacher und sicherer ist.

Unter *TELEFON*:

- *Interner Speicher*: Dateien im Gerätespeicher.
- *SD-Karte*: Dateien auf der eingelegten SD-Karte.

Durch die Verzeichnisse bewegen Sie sich durch Antippen. Tippen und halten Sie den Finger auf einem Verzeichnis oder einer Datei für weitere Funktionen. Dagegen öffnet kurzes Antippen einer Datei diese in der zugehörigen Anwendung.

> Ihr Handy kennt – wie alle Android-Geräte – keine Laufwerke oder Laufwerksbuchstaben, wie sie Windows einsetzt. Gerätespeicher und Speicherkarte werden wie Verzeichnisse behandelt.

Weitere Programme

  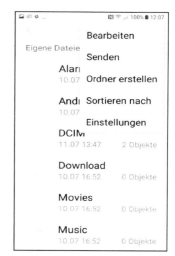

❶ Möchten Sie die Dateistruktur »durchwandern«, so wählen Sie *Interner Speicher* oder *SD-Karte* aus. Gehen Sie jetzt einmal auf *Interner Speicher*.

❷ In welchem Verzeichnis Sie sich gerade befinden, erfahren Sie am oberen Bildschirmrand. Tippen Sie eines der Verzeichnisnamen an, um dieses direkt anzuspringen.

❸ Die Funktionen im ⋮-Menü:

- *Bearbeiten*: Dateien markieren, die dann gelöscht, kopiert, verschoben, gesendet usw. werden können.
- *Senden*: Datei per Bluetooth, als E-Mail-Anhang, usw. versenden.
- *Ordner erstellen*: Neues Verzeichnis anlegen.
- *Sortieren nach*: Dateisortierung nach *Zeit, Datum, Typ, Name, Größe* umschalten.
- *Einstellungen*: Der einzige Menüpunkt *Ausgeblendete Dateien anzeigen* dient dazu, unsichtbare Systemdateien sichtbar zu machen. Wir raten von der Aktivierung dieser Option ab.

22.2.1 Bearbeitungsfunktionen

❶❷ Tippen und halten Sie den Finger über einer zu markierenden Datei, bis Sie abgehakt ist. Anschließend können Sie auch weitere Dateien abhaken. Mit den Funktionen im ⋮-Menü verschieben oder kopieren Sie sie in ein anderes Verzeichnis.

22.3 Wetter

Das *Wetter*-Widget liefert aktuelle Wetter-Infos zu einem einstellbaren Standort.

 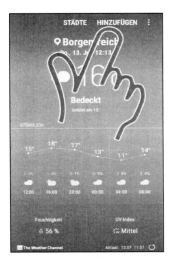 

❶ Das Wetter-Widget ist im Startbildschirm bereits vorinstalliert.

❷❸ Weitere Orte und damit deren Wettervorhersagen übernehmen Sie mit *HINZUFÜGEN*. Geben Sie einen Stadtnamen ein und wählen Sie einen Vorschlag aus.

> Falls Sie sich wundern, dass das Wetter für Ihr Heimatort angezeigt wird: Die Wetter-Anwendung ermittelt Ihre aktuelle Position, weil Sie Ihren Standort bei der Ersteinrichtung freigegeben haben.

❶ Gehen Sie auf den Stadtnamen.

❷ Zwischen den Wettervorhersagen wechseln Sie mit einer Wischgeste. Die hier zuletzt eingestellte Stadt zeigt das Wetter-Widget auch im Startbildschirm an.

❸ Mit einer Wischgeste blättern Sie in der stündlichen und täglichen Wettervorhersage.

22.4 YouTube

Die YouTube-Anwendung bietet eine ähnliche Funktionalität wie das Videoportal, das Sie unter *www.youtube.com* im Web finden.

Weitere Programme

  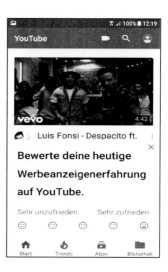

❶❷ Sie finden *YouTube* im *Google*-Ordner des Hauptmenüs.

❸ Für optimale Nutzung empfehlen wir das Handy um 90 Grad gedreht zu halten, damit die abgespielten Videos den Bildschirm ausfüllen.

❶❷ Der YouTube-Player startet mit einer Kachelansicht, in der Sie einfach ein Video zum Ansehen antippen. Die Register am unteren Bildschirmrand schalten um zwischen:

- *Start*: Startseite
- *Trends*: Derzeit angesagte (häufig abgerufene) Videos.
- *Abos*: Von Ihnen abonnierte Kanäle (=Anbieter).
- *Bibliothek*:
  - *Verlauf*: Liste der bereits aufgerufenen Videos
  - *Meine Videos*: Von Ihnen selbst hochgeladene Videos
  - *Später ansehen*: Für späteres Ansehen markierte Videos.

 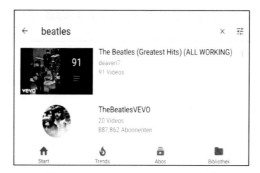

❶❷ Zum Auffinden von Videos tippen Sie oben auf 🔍, geben den Suchbegriff ein und betätigen 🔍 auf dem Tastenfeld. Tippen Sie in den aufgelisteten Suchergebnissen das anzuzeigende Video an.

❶❷ Die Wiedergabe erfolgt. Tippen Sie auf den Bildschirm, um Bedienelemente anzuzeigen. Die ⤺-Taste bringt Sie wieder auf in das Hauptmenü. ⇲ (Pfeil) schaltet dagegen in ein kleines Videofenster um.

 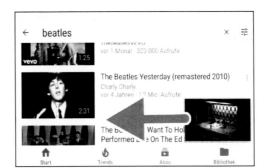

❶ Wischen Sie mit dem Finger von rechts unten nach links oben, um das Videofenster wieder zu vergrößern.

❷ Wischen Sie vom Videofenster aus horizontal nach rechts oder links, um es zu schließen. Dies beendet natürlich auch die Wiedergabe.

22.5 Samsung Notes

Über die Samsung Notes-Anwendung erstellen und verwalten Sie Notizen.

  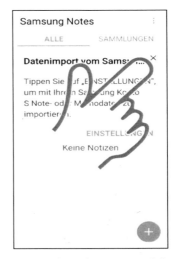

❶❷ Nach dem Programmstart zeigt die *Samsung Notes*-Anwendung zunächst eine Kurzanleitung an, die Sie mit ÜBERSPRINGEN schließen.

❸ Den Hinweis schließen Sie mit ✕.

Weitere Programme

❶ Zunächst zeigt Samsung Notes nur einen leeren Bildschirm an. Gehen Sie auf + (Pfeil), um Ihre erste Notiz anzulegen.

❷ Erfassen Sie die Notiz. Über die Schaltleisten am oberen Bildschirmrand fügen Sie bei Bedarf handschriftliche Notizen, Bilder oder Sprachaufnahmen hinzu.

❸ Das Speichern geschieht entweder über ⋮/*Speichern* oder Sie betätigen mehrmals die ⤺-Taste, bis der Dialog erscheint, in dem Sie *SPEICHERN* auswählen.

❶ Die Notiz wird als Übersicht angezeigt. Betätigen Sie erneut die ⤺-Taste, worauf Sie sich wieder im Hauptmenü befinden.

❷❸ Zum Editieren gehen Sie auf eine Notiz, danach tippen Sie an die Stelle, wo Sie sie bearbeiten möchten.

22.5.1 Objekte

  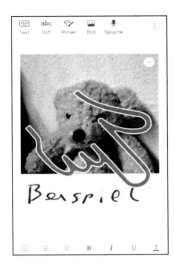

❶ Über die Schaltleisten am oberen Bildschirmrand fügen Sie ein:

- *Stift*: Handschriftliche Notizen. Das Handy blendet dabei ein Linienraster ein.
- *Pinsel*: Malfunktion mit verschiedenen Pinseltypen und freier Farbauswahl.
- *Bild*: Bild einfügen.
- *Sprache*: Audioaufnahme einfügen.

❷ Einige zusätzliche Funktionen werden jeweils am unteren Bildschirmrand eingeblendet (Pfeil). Den Mal/Schreibvorgang schließen Sie mit der ⤺-Taste ab.

❸ Antippen der Minus-Schaltleiste (Pfeil) löscht ein Objekt wieder aus der Notiz.

22.5.2 Notizen verwalten

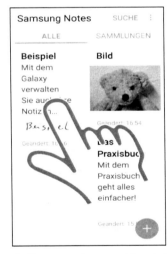 

❶❷ So entfernen Sie nicht mehr benötigte Notizen: Tippen und halten Sie den Finger auf einer Notiz im Hauptmenü, bis diese markiert ist. Anschließend markieren Sie gegebenenfalls weitere Notizen und betätigen *LÖSCHEN* am oberen Bildschirmrand.

Weitere Programme

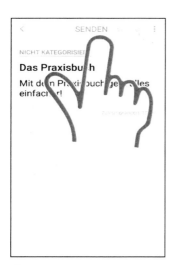 

❶ Weitere Funktionen finden Sie in der Notizenansicht am oberen Bildschirmrand:

- *SENDEN*: Notiz an jemand versenden. Dabei wandelt das Handy die enthaltenen Objekte in Bilder um.
- ☆: Notiz als Favorit markieren.
- ⌂ (❷): Uhrzeit einstellen, zu der Ihnen die Notiz automatisch angezeigt wird.

22.6 Google Drive

Bei Google Drive handelt es sich um einen Online-Speicher, worin Sie beliebige Dateien ablegen. Das Arbeitsprinzip kennen Sie vielleicht schon vom Konkurrenten Dropbox. Google Drive ist mit Ihrem Google-Konto verknüpft.

Beachten Sie, dass Google Drive zwar 15 Gigabyte Online-Speicher zur Verfügung stellt, dieser aber mit anderen Google-Diensten wie Google Fotos (siehe Kapitel *19 Google Fotos*) und Gmail (siehe Kapitel *10 Gmail*) geteilt wird.

Die übliche Vorgehensweise:

1. Laden Sie von Ihrem Handy aus beliebige Dateien wie Fotos oder Office-Dokumente in Google Drive hoch.
2. Der Zugriff auf die Dateien lässt sich anschließend für andere Nutzer freigeben.
3. Über eine Weboberfläche (*drive.google.com*) ist auch die Dateiverwaltung über einen PC-Webbrowser möglich. Dort können Sie auch ein PC-Programm herunterladen, das Ihnen die Arbeit mit Google Drive erleichtert.

Zusätzlich unterstützt Google Docs das Erstellen und Bearbeiten von Microsoft Office-Dateien (Word, Excel und PowerPoint). Dies geschieht über die Zusatzprogramme Google Docs (Word-Dateien), Google Sheets (Excel-Tabellendateien) und Google Slides (PowerPoint-Präsentationsdateien). Google Drive ist sehr umfangreich, weshalb wir hier nur auf die interessantesten Funktionen eingehen können.

❶❷ Starten Sie *Google Drive* aus *Google*-Ordner des Hauptmenüs.

❸ Anschließend gehen Sie beim ersten Start auf *ÜBERSPRINGEN* und schließen auch den eventuell folgenden Hinweis mit *OK*.

❶❷ Mit einer Wischgeste nach rechts öffnen Sie das Ausklappmenü, welches Sie durch Wischen nach links wieder schließen. Die enthaltenen Funktionen:

- *Meine Ablage*: Alle von Ihnen in Google Drive erstellten Office-Dokumente, sowie hochgeladene Dateien.

- *Computer*: Falls Sie die Google Drive-PC-Software einsetzen, sehen Sie hier die Dateien, welche sich auf Ihrem Computer befinden. Sie können die Software unter www.google.com/drive/download auf Ihrem PC herunterladen.

- *Für mich freigegeben*: Dateien anderer Google Drive-Nutzer, die Ihnen den Zugriff gestatten.

- *Google Fotos*: In Ihrem Google-Konto hochgeladene Fotos/Videos (siehe Kapitel *24 Das Google-Konto*).

- *Zuletzt geöffnet*: Dateien, auf die Sie zuletzt zugegriffen haben (Zugriffsverlauf).

- *Markiert*: Von Ihnen als Favoriten markierte Dateien, beispielsweise weil Sie sie häufig nutzen.

- *Offline*: Aus Google Drive heruntergeladene Dateien. Sie haben darauf auch offline – also ohne Internetverbindung – Zugriff.

- *Papierkorb*: Von Ihnen in Google Drive gelöschte Dateien.

- *Sicherungen:* Nicht von Google dokumentiert.

- *Mehr Speicherplatz*: Informiert über den freien und belegten Speicher und bietet die

Möglichkeit, weiteren Speicherplatz dazu zu mieten.

- *Benachrichtigungen*: Informiert über Dateien, die andere Nutzer für Sie in ihrem Google Drive freigegeben haben.
- Einstellungen: Diverse Datensicherungseinstellungen.

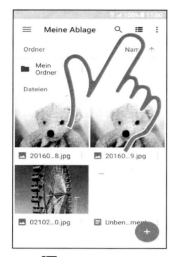 

❶❷ ≡ (Pfeil) schaltet zwischen Listenansicht und Vorschauansicht um.

22.6.1 Dateien bei Google Drive hochladen

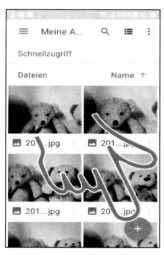 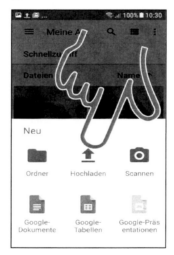 

❶❷ Gehen Sie auf + und dann auf *Hochladen*.

❸ Wählen Sie ein Foto aus. Sie können auch mehrere Bilder auf einmal hochladen, indem Sie zunächst den Finger auf einem Foto halten, bis dieses markiert ist und dann die restlichen Bilder kurz antippen. Schließen Sie den Vorgang mit *ÖFFNEN* ab.

❶ Im Benachrichtigungsfeld finden Sie während und nach dem Hochladen einen Hinweis.

❷❸ Die hochgeladenen Dateien erscheinen in *Meine Ablage*.

❶ Möchten Sie mehrere Dateien, in diesem Beispiel Fotos, bei Google Drive hochladen, dann empfehlen wir, die jeweils zuständige Anwendung zu bemühen. Starten Sie die *Galerie*-Anwendung aus dem Hauptmenü. Hier tippen und halten Sie den Finger über dem ersten zu markierenden Foto, das dann ein Häkchen erhält. Markieren Sie anschließend weitere Fotos durch kurzes Antippen.

❷ Das Hochladen erfolgt über *SENDEN/In Google Drive speichern* (eventuell in der Symbolauflistung mit einer Wischgeste nach links durchrollen, bis Sie *In Google Drive speichern* sehen).

❸ Wählen Sie zum Schluss noch das Google-Konto (nur wenn Sie Google Drive mit mehreren Google-Konten nutzen) und den Zielordner bei Google Drive aus, dann gehen Sie auf *SPEICHERN*.

22.6.2 Office-Datei erstellen

Google bietet Programme an, mit denen Sie Office-Dokumente auf dem Gerät, aber auch in Google Drive hochgeladene Office-Dateien bearbeiten können. Unterstützt werden dabei die Microsoft-Dateiformate Word, Excel und PowerPoint.

Weitere Programme

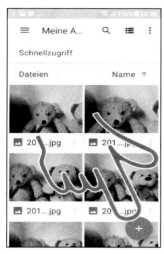 

❶❷ Betätigen Sie ✚ und dann *Google-Dokumente*, *Google-Tabellen* oder *Google-Präsentationen*.

❶ Die Bearbeitungsfunktionen sind auf dem Galaxy nicht vorinstalliert. Sie werden daher beim ersten Aufruf gegebenenfalls aufgefordert, die Installation nachzuholen. Dazu müssen Sie die Schaltleiste unten rechts (im Beispiel *GOOGLE DOCS*) betätigen.

❷ Sie müssen nun warten, bis die Installation, deren Fortgang Sie im Benachrichtigungsfeld verfolgen können, abgeschlossen ist.

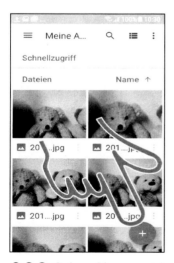  

❶❷❸ Gehen Sie erneut in Google Drive auf ✚ und dann auf *Google-Dokument*, worauf Google Docs mit einem leeren Dokument/einer leeren Tabelle startet. Sie befinden Sie im Editor. Nach der Bearbeitung speichern Sie die Datei mit ✓ und finden die Datei unter *Meine Ablage* beziehungsweise *Zuletzt geöffnet* im Ausklappmenü von Google Drive.

> Google-Dokumente, Google-Tabellen und Google-Präsentationen sind eigenständige Anwendungen, die Sie nach der Installation auch aus dem Hauptmenü starten können. Sie brauchen also nicht den Umweg über Google Drive zu nehmen, sondern gehen einfach im Hauptmenü auf *Docs, Tabellen* oder *Präsentationen*.

22.6.3 Dateien freigeben

Standardmäßig haben nur Sie Zugriff auf Ihre in Google Drive abgelegten Dateien. Sie können aber einzelne Dateien oder ganze Verzeichnisse für Dritte freigeben. Wir empfehlen, die Freigaben über einen PC-Webbrowser unter *drive.google.com* durchzuführen, da die dort angebotenen Funktionen wesentlich leistungsfähiger und einfacher zu handhaben sind.

Die Personen, denen Sie den Zugriff gestatten, werden über ihre E-Mail-Adresse identifiziert. Dabei ist es nicht nötig, dass sie Google-Konto (= Gmail-E-Mail-Adresse) besitzen, müssen dann aber auf einige Komfort-Funktionen verzichten, die man nur mit Google-Konto hat.

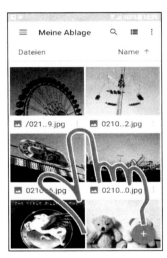 

❶ Tippen Sie hinter dem Dateinamen auf ⋮ (Pfeil).

❷ Gehen Sie auf *Link freigeben*.

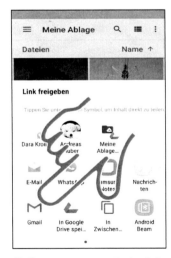 

❶❷ In unserem Beispiel möchten wir jemand anderem die Datei per E-Mail zugänglich machen und wählen daher Gmail aus. Es wird nun eine neue Nachricht mit einem Link auf die Datei erstellt.

22.7 Gerätewartung

Die Gerätewartung fasst viele Infos, die sonst in den Einstellungen des Samsung Galaxy verborgen sind, in einem Programm zusammen. Darüber hinaus sind auch einige Wartungsfunktionen vorhanden.

❶❷ Rufen Sie die *Einstellungen* aus dem Hauptmenü auf und gehen Sie darin auf *Gerätewartung*.

❶ Sie haben Zugriff auf die Menüs:

- *Akku* (❷): Informiert über den Akkuladezustand. Außerdem stellen Sie hier bei Bedarf den Energiesparmodus ein, um die Akkubetriebsdauer zu erhöhen.

- *Speicher* (❸): Belegten Gerätespeicher anzeigen und gegebenenfalls Speicher wieder freigeben.

- *Arbeitsspeicher*: Aktuell im Hintergrund laufende Programme auflisten. Sie können hier auch Programme beenden.

- *Gerätesicherheit*: Verwaltet Samsung KNOX und die damit verbundenen Sicherheitsfunktionen. KNOX richtet einen besonders geschützten Speicherbereich auf dem Handy ein, ist aber nur für Unternehmensanwender sinnvoll einsetzbar. Es werden auch mögliche Bedrohungen durch Schadprogramme aufgelistet, wobei wir mangels Dokumentation durch den Entwickler an dessen Nützlichkeit starke Zweifel haben.

Betätigen Sie *JETZT OPTIMIEREN*, damit das Samsung nicht benötigte Daten (beispielsweise von Programmen angelegte, aber nicht mehr genutzte Dateien) löscht.

22.8 Google Now

Google Now stellt die zum aktuellen Zeitpunkt wichtigen Infos auf einem Blick zur Verfügung. Dazu wertet das Programm das Nutzerverhalten im Hintergrund aus und versucht daraus Schlüsse zu ziehen, welche Infos für Sie gerade nützlich sein könnten. Da Google dabei zahlreiche Ihrer privaten Daten analysiert und speichert, sollten Sie auf Google Now verzichten, wenn Sie auf Ihre Privatsphäre Wert legen.

Je nach Situation werden laut Google folgende Infos angezeigt:

- *Wetter*: Wetteraussichten
- *Verkehr*: Falls Sie unterwegs sind.
- *Öffentliche Verkehrsmittel*: Falls Sie sich in der Nähe einer Haltestelle öffentlicher Verkehrsmittel befinden.
- *Flüge*: Wird nach einer Flug-Suche angezeigt.
- *Sport*: Punktezahlen für eine Mannschaft, nach der gesucht wurde.
- *Nächster Termin*: Anstehende Kalendertermine.
- *Übersetzung*
- *Währung*: Währungsumrechnung.
- *Uhrzeit zu Hause*: Wenn Sie sich in einer anderen Zeitzone befinden.
- *Orte*: Points of Interest in der Nähe.

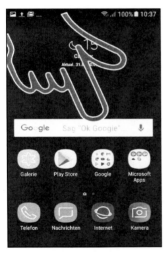  

❶ Tippen Sie im Startbildschirm auf die Google-Leiste.

❷ Beim ersten Start müssen Sie eventuell *JETZT STARTEN* betätigen.

❸ Wischen Sie durch die Hinweise und betätigen Sie *OK*.

Weitere Programme

❶ Rollen Sie mit einer Wischgeste durch die angezeigten »Notizkarten«.

❷❸ Jede »Karte« lässt sich über das ⋮-Menü (Pfeil) anpassen.

> In den ersten Tagen der Nutzung wird Google Now zunächst nur kaum nützliche Infos anzeigen, was sich aber mit der Zeit ändert.
>
> Google Now bringt auch eine Suche mit. Geben Sie einfach im Suchfeld am oberen Bildschirmrand den Suchbegriff ein beziehungsweise betätigen Sie die 🎤 für die Sprachbefehle.

22.9 Uhr

❶ Die *Uhr* starten Sie aus dem Hauptmenü.

❷ Über das Register am oberen Bildschirmrand schalten Sie zwischen den Funktionen der Uhr-Anwendung um: *ALARM*, *WELTUHR*, *STOPPUHR* und *TIMER*.

22.9.1 Alarm

❶ Gehen Sie im *ALARM*-Register auf ✛.

❷ Stellen Sie hier ein:

- *Datum* (oben rechts): Datum, ab dem der Alarm aktiv ist.
- *(Uhrzeit)*: Tippen Sie die Ziffern am oberen oder unteren Rand an, um eine Alarmzeit einzustellen. Sofern Sie die Alarmzeit lieber über ein Tastenfeld eingeben möchten, tippen Sie einfach auf eine Zahl.
- *Wiederholen*: Die Wochentage, an denen der Alarm erfolgen soll.
- *Alarmbezeichnung*: Vergeben Sie dem Alarm bei Bedarf eine Bezeichnung.
- *Erinnern*: Der Alarm ertönt nach der eingestellten Zeitspanne erneut, beziehungsweise wird x Mal wiederholt.
- *Klang und Lautstärke*: Alarm-Melodie und Lautstärke festlegen.
- *Vibration*: Vibrationsart
- *Zunehmende Lautstärke*: Der Alarm wird nach und nach lauter.

❸ Gehen Sie zum Abschluss auf *SPEICHERN*.

> Wie man eigene Alarmtöne auf dem Galaxy einrichtet, erfahren Sie im Kapitel *33.1 Eigene Klingel- und Benachrichtigungstöne*.

❶ Zum Bearbeiten tippen Sie einen Alarm an. Die ✕-Schaltleiste entfernt einen Alarm wieder. Tippen Sie dagegen auf die Schaltleiste (Pfeil), um den Alarm zeitweilig zu deaktivieren und beim nächsten Antippen wieder zu aktivieren.

Weitere Programme

❷ Dass mindestens ein Alarm aktiv ist, erkennen Sie am ⏰-Symbol in der Titelleiste (Pfeil).

❸ Zum eingestellten Zeitpunkt ertönt der Alarm und ein Popup erscheint. Betätigen Sie darin *SCHLIESSEN*.

22.9.2 Weltuhr

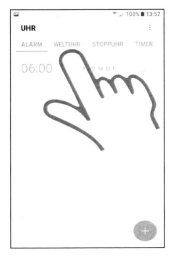 

❶ Die Weltzeituhr, die Sie im *WELTUHR*-Register (Pfeil) finden, zeigt die Weltzeiten für fast jeden denkbaren Standort an.

❷ Über ➕ legen Sie weitere Weltzeiten an.

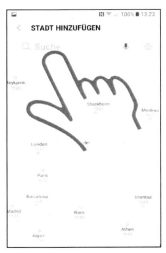 

❶❷ Es besteht die Möglichkeit, die Stadt in der Kartenansicht auszuwählen. In unserem Fall tippen wir aber ins Suchfeld und geben den Namen so ein.

 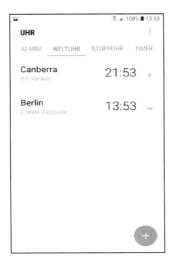

❶❷ Wählen Sie eine Stadt aus, welche darauf hin übernommen wird.

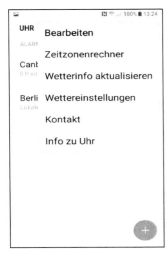 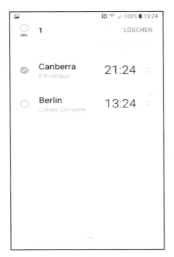

❶❷ Das Entfernen von Städten erfolgt über ⋮/*Bearbeiten*. Haken Sie nun eine oder mehrere Städte ab und gehen Sie auf *LÖSCHEN*.

23. Medienkonsum auf dem Handy

Dass Google das Android-Betriebssystem kostenlos an die Hersteller verteilt, geschieht nicht ohne Hintersinn: Gewinn macht Google fast ausschließlich mit Dienstleistungen wie Werbeeinblendungen in Google Maps, einer Gewinnbeteiligung beim Verkauf von Software im Play Store und neuerdings durch den Verleih von Büchern und Videos im Play Store.

23.1 Ebooks auf dem Galaxy lesen

Viele Verlage bieten ihre Bücher und Zeitschriften inzwischen auch in elektronischer Form als sogenanntes »Ebook« an. Ärgerlicherweise hat der Börsenverein des deutschen Buchhandels, der über die Buchpreisbindung wacht, inzwischen auch für Ebooks eine Preisbindung durchgesetzt, das heißt, Sie werden die Ebooks aktueller Autoren bei jedem Anbieter, egal ob Amazon, Weltbild oder Google, zum gleichen Preis finden. Anders sieht es nur für Buchklassikern mit abgelaufenem Copyright aus (Autor bereits seit 70 Jahren tot), die von mehreren Verlagen zu unterschiedlichsten Preisen verkauft werden – sofern man sie nicht ohnehin als kostenlosen Download angeboten bekommt.

Leider sind viele Ebooks, auch die von Google verkauften, mit DRM (Digital Rights Management) geschützt, sodass man sie nur mit bestimmten Anzeigeprogrammen, beziehungsweise nur auf dem Gerät lesen kann, für das man sie erworben hat.

23.1.1 Google Play Bücher

Sie finden das Ebook-Angebot im Google Play Store (siehe Kapitel *27.1 Play Store*), aus dem Sie auch Ihre Software laden.

❶ Die Google Play Bücher-Anwendung müssen Sie erst aus dem Play Store (siehe Kapitel *27.1 Play Store*) installieren. Suchen Sie darin nach »google play books« oder »play bücher« und gehen Sie dann auf die Fundstelle.

❷ Betätigen Sie *INSTALLIEREN* und folgen Sie den Anweisungen.

❸ *Play Bücher* starten Sie künftig aus dem Hauptmenü (Pfeil).

❶ Falls Sie möchten, teilen Sie Google durch Antippen der Kategorien Ihre Vorlieben mit. Betätigen Sie dann *WEITER*.

❷ Zum Schluss wählen Sie Buchleseproben aus und schließen mit *FERTIG* ab.

 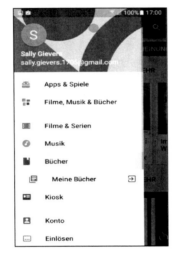

❶ Ihre Ebooks laden Sie dann aus den Play Store, welchen Sie über *Einkaufen* erreichen.

❷ Alternativ rufen Sie den Google Play Store im Startbildschirm auf und gehen dort im Ausklappmenü auf *Bücher*.

 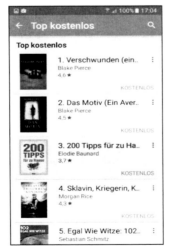 

❶ Blättern Sie mit einer Wischgeste zwischen den verschiedenen Kategorien. Sinnvollerweise gibt es dort auch *TOP KOSTENLOS*, wo Sie zahlreiche kostenlose Ebooks finden.

❷ Tippen Sie einen Ebook-Eintrag an.

❸ Betätigen Sie die Preisschaltleiste beziehungsweise *IN DIE BIBLIOTHEK,* so lädt das Galaxy ein Ebook nach einem leider obligatorischen Kaufhinweis (bei kostenlosen Büchern wird natürlich auch nichts berechnet) sofort herunter und zeigt es an.

Leider müssen Sie zwingend eine Zahlungsmethode angeben, auch wenn ein Ebook kostenlos ist. Der Kauf von Ebooks erfolgt, analog wie beim Softwarekauf im Play Store gewohnt. Wir gehen darauf im Kapitel *27.1.8 Softwarekauf im Google Play Store* bereits ein.

❶ Auch in der Play Bücher-Anwendung ist das Ebook nun zu finden und kann gelesen werden. Ihre erworbenen Bücher finden Sie unter *Bibliothek.*

❷ Wählen Sie das anzuzeigende Buch aus.

❸ Blättern Sie mit einer Wischgeste durch das Buch, beziehungsweise tippen Sie einmal auf den Bildschirm für die Bedienelemente.

23.1.2 Ebooks von unabhängigen Anbietern

Im Internet gibt es Hunderte von Anbietern kostenloser und kostenpflichtiger Ebooks. Während man PDF-Ebooks aufgrund des integrierten PDF-Anzeigers sofort auf dem Galaxy lesen kann, muss man für das sehr gebräuchliche EPUB-Format erst ein Anzeigeprogramm installieren.

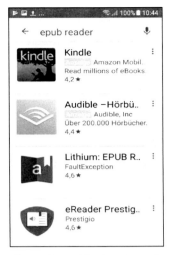 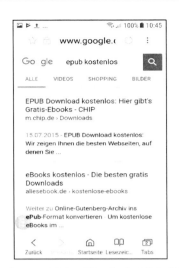

❶ Suchen Sie im Google Play Store (siehe Kapitel *27.1 Play Store*) nach »epub reader« und installieren Sie eines der gefundenen Programme.

❷❸ So kommen Sie an Ihren Lesestoff: Suchen Sie mit dem Webbrowser im Internet nach »epub kostenlos«, »ebook kostenlos« oder ähnlichen Begriffen. Sie werden viele Websites finden, auf denen Sie kostenlose Klassiker als Ebook herunterladen dürfen. Natürlich ist es auch möglich, mit dem Webbrowser auf dem PC nach Ebooks zu suchen und die heruntergeladenen Ebooks dann über die USB-Verbindung auf das Galaxy zu kopieren.

❶❷ Die vom PC auf das Gerät kopierten Ebooks können Sie in den entsprechenden Ebook-Anzeigern öffnen. Bei vielen Ebooks lohnt es sich, das Galaxy waagerecht zu halten, um die Bildschirmfläche besser auszunutzen.

> Hinweis: Manchmal liegen Ebooks auch als ZIP-komprimierte Datei vor, die sich mit Datei-Manager des Handys öffnen lässt. Siehe auch Kapitel *33.3 Zip-Dateien*.

23.1.3 Kopierschutz?

Die beiden großen Ebook-Anbieter Google und Amazon setzen bei den Ebooks generell auf einen Kopierschutz (DRM, Abkürzung für Digital Rights Management = digitale Rechteverwaltung). Dies gilt selbst für dort kostenlos angebotenen Lesestoff. Man kann also seine Ebooks nicht ohne Weiteres an Dritte weitergeben und benötigt zum Lesen immer das Leseprogramm des Ebook-Anbieters. Das damit verknüpfte Ziel ist klar: Neben dem Verhindern der unerlaubten Weitergabe der Ebooks wird der Leser auf eine Ebook-Plattform »festgenagelt«. Die wenigsten Leser dürften sich die Mühe machen wollen, je nach Ebook zwischen verschiedenen Ebook-Leseprogrammen zu wechseln.

Desweiteren bereitete auch schon mancher Ebook-Anbieter seinen Kunden Schwierigkeiten, weil der Kopierschutz umgestellt wurde und vorhandene Ebooks plötzlich nicht mehr geöffnet werden konnten. Sollte zudem mal ein Ebook-Vertrieb den Laden dicht machen, so werden sich Ihre Ebooks mangels Rechtefreigabe-Server nicht mehr nutzen lassen.

Unser Tipp ist daher, Ebooks nach Möglichkeit ohne Kopierschutz zu erwerben, was beispielsweise auf Beam Ebooks (*www.beam-ebooks.de*) möglich ist (manche Ebooks sind aber auch dort nur mit Kopierschutz erhältlich). Die Ebooks können Sie dann auf fast jedem beliebigen Lesegerät, sei es PC, Tablet oder Handy anzeigen. Im Google Play Store findet man zudem zahlreiche unterschiedliche Ebook-Anzeiger, die jeden Geschmack bedienen.

Leider sind – unabhängig von DRM – mit dem digitalen Buchvertrieb weitere Nachteile verbunden, denn beispielsweise lassen sich bei Google nur diejenigen Ebooks herunterladen, für die in Ihrem aktuellen Aufenthaltsland eine Vertriebsgenehmigung vorliegt. Machen Sie beispielsweise in Asien Urlaub, werden Sie viele Ihrer Ebooks nicht laden können. Lösen lässt sich dieses Problem, indem Sie vor dem Reiseantritt alle genutzten Ebooks einmal öffnen und damit auf Ihr Gerät herunterladen.

23.2 Google Play Kiosk

Das Play Kiosk bringt nicht nur aktuelle Nachrichten auf das Handy, sondern bietet auch die Option, diverse Zeitungen kostenpflichtig zu abonnieren.

❶ Suchen und installieren Sie *Google Play Kiosk* aus dem Google Play Store (siehe Kapitel *27.1 Play Store*).

❷ Anschließend starten Sie das Programm aus dem Hauptmenü.

 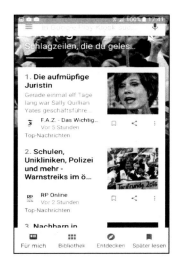

❶❷ Beim Start begrüßt Sie das sogenannte Briefing, welches die wichtigsten Nachrichten zusammenfasst. Eine vertikale Wischgeste blättert durch die Beiträge. Tippen Sie einen an, um den hinterlegten Zeitungsartikel zu lesen.

❶❷ Weitere Nachrichtenangebote erhalten Sie in der *Bibliothek* beziehungsweise *Entdecken*.

❶❷ Für das kostenpflichtige Angebot rufen Sie *Entdecken* auf und gehen auf *Store*.
❸ Wählen Sie eine Kategorie, beispielsweise *TOP-ZEITSCHRIFTEN* aus.

❶❷ Nach Antippen eines Titels haben Sie meistens die Möglichkeit, entweder eine einzelne Ausgabe oder ein Abo zu erwerben.

> Die Qualität der von Google bereitgehaltenen Zeitschriften ist leider größtenteils miserabel, weil sie nur eingescannt wurden. Viele Verlage bieten dagegen spezielle Anzeigeprogramme für ihre Magazine an, welche die Inhalte wesentlich besser aufbereiten. Suchen Sie einfach im Play Store (siehe Kapitel *27.1 Play Store*) nach dem Verlags- oder Zeitschriftennamen.

23.1 Google Play Filme

Der Onlinedienst Google Play Filme holt für Sie das Kino sozusagen aufs Handy. Zu Preisen zwischen 1 bis 5 Euro können Sie Videos mieten, die Sie wahlweise auf dem Handy oder im Webbrowser auf dem PC ansehen. Einmal angefangene Filme sind leider nur 48 Stunden verfügbar, lassen sich aber erfreulicherweise nicht nur online ansehen (als sogenanntes »Streaming« in verschiedenen Qualitätsstufen), sondern auch herunterladen. Unerlaubtes Vervielfältigen verhindert ein Kopierschutz.

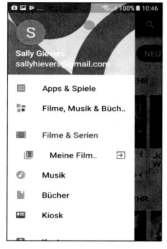 

❶ Rufen Sie *Filme & Serien* im Ausklappmenü des Play Stores (siehe Kapitel *27.1 Play Store*) auf, worin Sie die Spielfilme kaufen und herunterladen. Die Ausleihe ist übrigens auch auf dem Webbrowser auf dem PC über die Webadresse *play.google.com/store/movies* möglich.

❷ Die Bedienung des Filmverleihs orientiert sich an den Play Store-Standards, das heißt, Sie blättern mit einer Wischgeste zwischen den verschiedenen Auflistungen.

❶ Wählen Sie einen Film aus. Wahlweise leihen Sie den Film, was die bereits oben erwähnten Beschränkungen mit sich bringt, oder Sie kaufen ihn für unbegrenzte Nutzung. Ob ein Kauf oder Leihe möglich sind, hängt vermutlich vom Kinostart des jeweiligen Films ab; neuere Filme kann man meist nur ausleihen, ältere dagegen nur kaufen.

❷ Häufig stehen zu unterschiedlichen Preisen die Qualitätsversionen SD (DVD-Qualität) oder HD zur Verfügung, wovon Sie eine auswählen und auf *WEITER* tippen. Danach stellen Sie die Zahlungsmethode ein, betätigen *AKZEPTIEREN & KAUFEN* und bestätigen Sie den Kauf.

 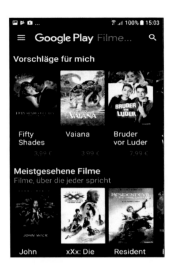

❶❷ Die Anzeige Ihrer ausgeliehenen und gekauften Videos erfolgt über die *Play Filme & Serien*-Anwendung im *Google*-Ordner des Hauptmenüs. Es empfiehlt sich, das Handy bei der Wiedergabe waagerecht zu halten, damit der ganze Bildschirm ausgenutzt wird.

24. Das Google-Konto

Google betreibt im Internet zahlreiche kostenlose Online-Dienste, wovon natürlich die Google-Suchmaschine die bekannteste ist. Weitere Web-Anwendungen sind unter anderem Gmail (E-Mail), Google Maps (Karten und Navigation), YouTube (Videos) und Google Fotos (Bilder und Videos). Android bietet mit den gleichnamigen Anwendungen die Möglichkeit, Googles Web-Anwendungen direkt auf dem Tablet zu nutzen.

Damit Sie Fotos, Dokumente, Kontakte, Termine, usw. auf verschiedenen Geräten (PC-Webbrowser, Android-Handy und Android-Tablet) nutzen können, hat Google das sogenannte **Google-Konto** ersonnen: Sie sind dabei permanent mit Ihrem Google-Konto auf dem Tablet/Handy angemeldet. Legen Sie beispielsweise auf dem Handy einen neuen Kontakt oder einen neuen Termin an, so wird dieser im Google-Konto gespeichert und steht auch auf allen anderen Android-Geräten und dem PC-Webbrowser zur Verfügung. Der dazu nötige Datenabgleich erfolgt automatisch über Googles Internetserver im Hintergrund. Einzige Voraussetzung ist, dass Sie auf den anderen Geräten ebenfalls mit Ihrem Google-Konto angemeldet sind.

Ein anderes Beispiel: Sie können tagsüber während der Arbeit auf dem Handy E-Mails mit der Gmail-Anwendung verarbeiten, am Abend loggen Sie sich auf dem Desktop-PC-Webbrowser in die Gmail-Oberfläche ein und sehen den gleichen Nachrichtenstand wie auf dem Handy.

Auch wenn Sie kein Fan von Google sind, kommen Sie nicht darum herum, ein Google-Konto zu eröffnen, denn Sie benötigen es spätestens, wenn Sie über den Google Play Store (siehe Kapitel *27.1 Play Store*) weitere Spiele oder Anwendungen auf dem Gerät installieren wollen.

24.1 Einrichtung in einer Google-Anwendung

Wenn Sie eine Google-Anwendung wie Gmail, Play Store, usw. starten, werden Sie aufgefordert, sich mit Ihrem Google-E-Mail-Konto anzumelden, sofern Sie dies nicht schon vorher getan hatten. Die Anmeldung mit der Gmail-Adresse ist nur einmalig notwendig. Danach können sie Gmail, Google Play Store, usw. ohne erneute Anmeldung nutzen.

❶ Starten Sie jetzt eine Anwendung, die ein Google-Konto benötigt, im Beispiel *Play Store,* aus dem Startbildschirm.

❷❸ Nach Antippen des entsprechenden Eingabefelds erfassen Sie Ihr Google-Konto und betätigen Sie *WEITER*.

> Falls direkt die Benutzeroberfläche des Programms angezeigt wird, ohne dass Ihre Login-Daten abgefragt werden, dann haben Sie bereits die nur einmalig notwendige Anmeldung durchgeführt, beispielsweise bei der Inbetriebnahme (siehe Kapitel *2 Einführung*).
>
> Sie brauchen nur den ersten Teil Ihrer Google-Mail-Adresse vor dem »@« einzugeben, denn »@gmail.com« wird automatisch ergänzt, wenn Sie ins Passwortfeld wechseln.
>
> Die Anmeldung mit der Gmail-Adresse ist nur einmalig notwendig. Danach können sie Gmail, Google Play Store, usw. ohne erneute Anmeldung nutzen.

 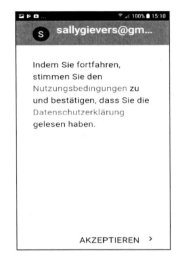 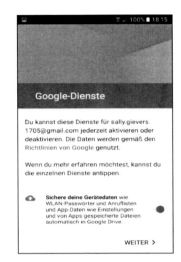

❶ Gehen Sie genauso mit dem nächsten Eingabefeld vor, in dem Sie das Passwort Ihres Google-Kontos eingeben.

❷ Gehen Sie auf *AKZEPTIEREN*.

❸ Betätigen Sie mehrmals *WEITER*.

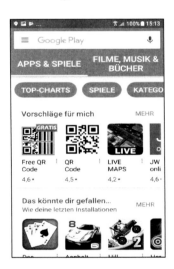

Die Play Store-Anwendung (siehe Kapitel *27.1 Play Store*) startet und lässt sich jetzt nutzen.

24.2 Weitere Kontenfunktionen

Ihre zuvor angelegtes Google-Konto verwalten Sie bequem über die *Einstellen*-Anwendung.

  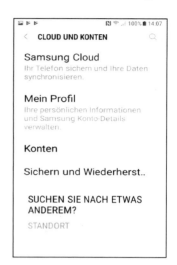

❶ Rufen Sie im Hauptmenü die *Einstellungen* auf.

❷❸ Rollen Sie mit einer Wischgeste durch die Menüauflistung und gehen Sie auf *Cloud und Konten* und dann auf *Konten*.

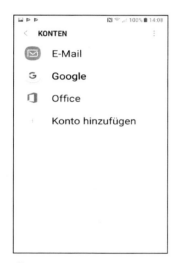 

❶ Tippen Sie auf *Google*.

❷ Wählen Sie Ihr Google-Konto aus (nur sofern Sie mehrere Google-Konten auf dem Handy verwenden).

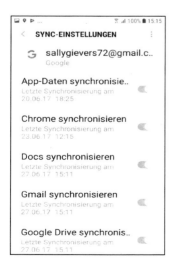 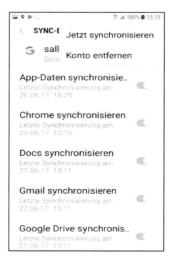

❶ Sie können nun den Datenabgleich konfigurieren:

- *App-Daten synchronisieren*: Fast alle Programme legen wichtige Daten im Gerätespeicher ab, beispielsweise Spielstände bei vielen Spielen, die dann beim nächsten Programmstart wieder zur Verfügung stehen. Das Samsung Galaxy kann diese Daten auch im Google-Konto ablegen, was den Vorteil hat, dass sie auch auf anderen Android-Handys und Tablets zur Verfügung stehen, wenn man dort das gleiche Programm installiert hat. Beachten Sie, dass zur Zeit davon noch kaum ein Programm Gebrauch macht.
- *Chrome synchronisieren:* Lesezeichen im Chrome-Webbrowser (siehe Kapitel *13 Chrome-Webbrowser*).
- *Google Drive synchronisieren:* Dateien mit Google Drive abgleichen (siehe Kapitel *22.6 Google Drive*)
- *Gmail synchronisieren*: Nachrichten in Gmail (siehe Kapitel *10 Gmail*).
- *Google Play Bücher synchronisieren*: Ebooks, die Sie im Google Play Store heruntergeladen haben (siehe Kapitel *23.1 Ebooks auf dem Galaxy lesen*).
- *Google Play Kiosk synchronisieren*: Die Anwendung Google Kiosk zeigt aktuelle Nachrichten aus verschiedenen Zeitschriften an.
- *Google Play Filme synchronisieren:* Spielfilme für die »Videothek« (siehe Kapitel *23.1 Google Play Filme*).
- *Google Play Kiosk synchronisieren*: Die Anwendung Google Kiosk zeigt aktuelle Nachrichten aus verschiedenen Zeitschriften an.
- *Kalender synchronisieren*: Kalendertermine (siehe Kapitel *20 Kalender*).
- *Kontakte synchronisieren*: Kontakte aus dem Google-Konto (siehe Kapitel *7 Telefonbuch*).
- *Personendetails synchronisieren:* Diese Option dient der Synchronisation Ihrer Google-Kontakte mit Google+. Sie haben dann auch in Google+ Zugriff auf Ihre Google-Kontakte, die sonst separat von Google+ im Telefonbuch verwaltet werden. In diesem Buch gehen wir nicht weiter auf Google+ ein.
- *Google Play Music synchronisieren*: Musik aus dem Google-Konto synchronisieren (siehe Kapitel *18.4 Der Google Play Musik-Dienst*).
- *Google Fit-Daten: synchronisieren* Von mit dem Handy verbundenen Fitnessgeräten erfasste Daten im Google-Konto sichern. Wir gehen in diesem Buch nicht weiter darauf ein.
- *Google Fotos synchronisieren*: Gesicherte Fotos (siehe Kapitel *19 Google Fotos*).

❸ Das ⋮-Menü:

- *Jetzt synchronisieren*: Alle im Bildschirm abgehakten Datentypen zwischen Google-Konto und Galaxy synchronisieren.
- *Konto entfernen*: Das Google-Konto löschen. Im Internet-Google-Konto vorhandene Daten bleiben dabei natürlich erhalten. Führen Sie eine Anmeldung beim nächsten Mal bei Ihrem Google-Konto auf dem Galaxy oder einem anderen Android-Gerät durch, stehen alle Daten wieder nach der Synchronisation zur Verfügung.

Das Google-Konto

> **Wichtig:** Auf Ihrem Galaxy werden eventuell nicht alle hier aufgeführten Einträge aufgelistet. Dies liegt daran, dass Android den Datenabgleich erst zulässt, wenn Sie das entsprechende Programm mindestens einmal zuvor gestartet haben. Beispielsweise fehlt der *Chrome*-Eintrag, wenn Sie den Chrome-Webbrowser bisher noch nicht genutzt haben.
>
> Die Reihenfolge der Einträge ist zufällig und wird deshalb bei Ihrem Gerät abweichen.
>
> Die hier erwähnten Anwendungen Google Chrome, Google Drive, Google Play Bücher, Google Play Filme, Google Play Kiosk, Google Play Music stellt dieses Buch in einzelnen Kapiteln noch ausführlich vor.

24.3 Datensicherung im Google-Konto

Android-Geräte wie das Galaxy sind auf die Kommunikation mit den Internetservern von Google angewiesen. Dies hat den Vorteil, dass Ihre Daten, darunter Kontakte, Kalendertermine, Browser-Lesezeichen, usw. automatisch bei Google unter Ihrem Google-Konto gespiegelt werden.

Beachten Sie, dass Programme von Drittanbietern, die Sie aus dem Google Play Store installiert haben, häufig nicht die Datensicherung im Google-Konto nutzen. In den Programmen vorgenommene Einstellungen und angelegte Daten gehen deshalb meist bei einem Zurücksetzen des Geräts verloren. Die zuvor von Ihnen installierten Programme werden Ihnen dagegen im Play Store nach dem Zurücksetzen zur erneuten Installation angeboten.

Haben Sie keinen Zugriff auf Ihr Handy, beispielsweise weil Sie es verloren haben, oder es defekt ist, dann können Sie jederzeit dessen Daten auf einem anderen Android-Handy (es muss noch nicht mal das gleiche Modell sein) wiederherstellen.

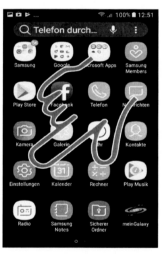  

❶ Für die Sicherungseinstellungen rufen Sie die *Einstellungen* aus dem Hauptmenü auf.

❷❸ Danach rollen Sie durch die Menüauflistung nach unten und rufen darin *Cloud und Konten* und dann *Sichern und Wiederherstellen* auf.

Die Funktionen:

Unter *SAMSUNG KONTO*:

- *Sicherungseinstell.; Wiederherstellen*: Samsung bietet, ebenso wie Google, eine Datensicherung an. Weil sie aber gegenüber dem Google-Konto keine Vorteile bietet, verzichten wir in diesem Buch auf eine ausführliche Vorstellung.

Unter *GOOGLE-KONTO*:

- *Datensicherung*: Sorgt dafür, dass Ihre Benutzerdaten automatisch im Hintergrund auf einem Google-Server in Ihrem Google-Konto gesichert werden.
- *Sicherungskonto*: In Ihrem Google-Konto speichert das Handy Ihre Benutzerdaten im Internet.
- *Automatisch wiederherstellen*: Alle Einstellungen und Daten, die in Ihrem Google-Konto gesichert sind, werden automatisch wiederhergestellt, wenn Sie nach dem Zurücksetzen des Galaxy erneut mit Ihrem Google-Konto anmelden.

25. Dual-SIM mit dem Galaxy J3 DUOS

In Asien sind Handys mit zwei SIM-Steckplätzen keine Seltenheit. Der Vorteil für den Nutzer liegt darin, dass er beispielsweise für Telefonie die erste SIM-Karte und für Internet die zweite einrichten kann. Auf diesem Wege lässt sich Geld sparen, denn häufig bieten die Netzbetreiber SIM-Karten mit unterschiedlichen Tarifen an, die sich nun einfach kombinieren lassen. Von Nachteil ist allerdings der geringfügig höhere Stromverbrauch, weil ja zwei SIM-Karten gleichzeitig eine Mobilverbindung aufbauen.

Falls Sie Ihr Galaxy übrigens bei einem Netzbetreiber erworben haben, wird keine zweite SIM-Karte unterstützt, denn traditionell möchten die Netzbetreiber verhindern, dass man einen zweiten Anbieter nutzt.

Das Einlegen der zweiten SIM-Karte erfolgt analog zu der ersten SIM-Karte in einer weiteren Schublade, welche auch die Micro-SD-Karte aufnimmt.

Sofern Sie die zweite SIM-Karte bereits vor der ersten Einrichtung (siehe Kapitel *3 Erster Start*) eingelegt hatten, wird Sie das J3 DUOS bereits mit einem entsprechenden Einrichtungsdialog begrüßt haben. Sie können diesen später jederzeit, wie als Nächstes beschrieben, auch in den Einstellungen aufrufen.

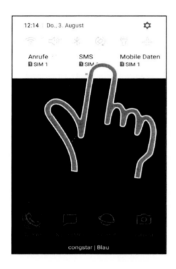

Öffnen Sie das Benachrichtigungsfeld und tippen Sie an beliebiger Stelle in das SIM-Informationsfeld (Pfeil).

❶ Unter *ALLGEMEINE EINSTELLUNGEN* zeigt das Handy für jede SIM-Karte an, welches Netz und welche Mobilfunkstandards verwendet werden. Beachten Sie, dass LTE nicht gleichzeitig von beiden SIM-Karten genutzt werden kann. Wenn Sie also beispielsweise schnelles Internet über LTE bei einer SIM-Karte nutzen können, sollten Sie bei dieser entsprechend LTE einstellen.

❷❸ Im Beispiel möchten wir LTE über die zweite SIM-Karte nutzen. Dazu tippen Sie auf *SIM 2* und gehen auf *Netzmodus*, worin Sie *LTE/3G/2G* einstellen. Die erste SIM-Karte wird nun automatisch auf *3G/2G* umgeschaltet.

❶ Die weiteren Einstellungen:

Unter *BEVORZUGTE SIM-KARTE*:

- *Anrufe* (❷): Legen Sie fest, über welche SIM-Karte ausgehende Telefonate erfolgen. Sie können auch *Immer fragen* einstellen, worauf das Handy jeweils nachfragt, welche SIM-Karte Sie verwenden möchten.
- *SMS*: Für SMS-Versand genutzte SIM-Karte.
- *Mobile Daten*: Über diese Karte erfolgt die Internetverbindung.

Unter *ANRUFEINSTELLUNGEN*:

- *SIM-Karte für Anrufe verwenden*: Sofern Sie mal nicht die als Standard für Telefonie festgelegte SIM-Karte verwendet haben, fragt Sie das Handy, ob Sie diese Karte jetzt immer als Standard verwenden möchten.
- *Dual-SIM immer aktiv*: Auch während Telefonats den Anruf über die weitere SIM-Karte annehmen.

 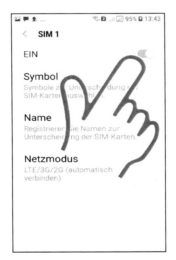

❶❷ So schalten Sie eine SIM-Karte »aus«: Rufen Sie *SIM 1* beziehungsweise *SIM 2* auf und betätigen Sie den Schalten oben rechts.

Dual-SIM mit dem Galaxy J3 DUOS

 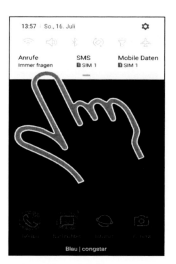

❶ Die Zahl in der Titelleiste informiert über die für Anrufe genutzte SIM-Karte.

❷ Das Benachrichtigungsfeld informiert ebenfalls über die verwendeten SIM-Karten. Tippen Sie darauf, um die SIM-Kartenverwaltung aufzurufen.

25.1 Besonderheiten in den Anwendungen

❶ In der Telefonoberfläche (siehe Kapitel *5 Telefonie*) können Sie über die Schaltleisten am unteren Bildschirmrand wahlweise über die erste oder zweite SIM-Karte Anrufe durchführen.

❷ Das Anrufprotokoll informiert mit Symbolen über die jeweils genutzte SIM-Karte.

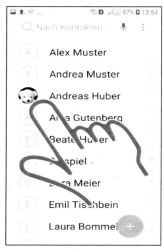 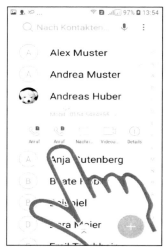

❶❷ Auch direkt im Telefonbuch können Sie über die Schaltleisten auswählen, welche SIM-Karte das Handy verwenden soll.

❶❷ In der Nachrichtenanwendung (siehe Kapitel *6 Nachrichten (SMS)*) betätigen Sie die Orange-farbige Schaltleiste und wählen dann die SIM-Karte aus. Dies muss geschehen, bevor Sie den Nachrichtentext erfassen.

 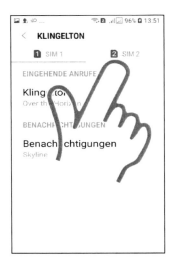

❶❷ Die im Kapitel *4.15.1 Signaltöne* beschriebene Klingeltoneinstellung ist separat für die SIM-Karten festlegbar. Wählen Sie einfach zuerst die SIM-Karte aus. Künftig erkennen Sie bereits am Klingelton, auf welcher SIM-Karte gerade jemand anruft.

26. Das Samsung-Konto

Einige Funktionen auf dem Galaxy setzen die vorherige Einrichtung eines sogenannten Samsung-Kontos voraus, wozu Galaxy Apps (siehe Kapitel *27.2 Galaxy Apps*) und Find My Mobile (siehe Kapitel *31.5 Maßnahmen gegen Diebstahl* zählen).

Neben den oben erwähnten Funktionen dient das Samsung-Konto dazu, einige Daten aus den Samsung-eigenen Anwendungen im Internet zu sichern. Unterstützt werden dabei die Anwendungen Kontakte (Telefonbuch), Kalender, Samsung Notes, Samsung Internet (Webbrowser) und einige mehr. Das Samsung-Konto konkurriert also mit dem Google-Konto.

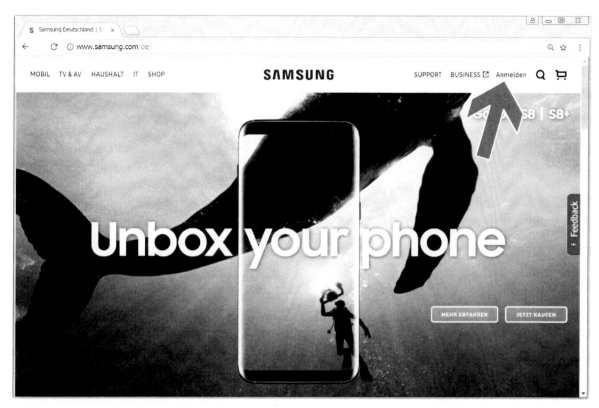

Sofern Sie noch kein Samsung-Konto besitzen, geben Sie im Webbrowser auf dem PC *www.samsung.de* ein. Klicken Sie oben rechts auf *Anmelden*. Auf der folgenden Webseite folgen Sie den Anweisungen zur Kontoeinrichtung.

Sie können nun warten, bis irgendwann eine Anwendung die Anmeldung bei Ihrem Samsung-Konto verlangt, oder schon das Konto vorab auf dem Galaxy einrichten.

❶ Gehen Sie im Hauptmenü auf die *Einstellungen*.

❷❸ Gehen Sie dann auf *Cloud und Konten* und wählen Sie *Samsung Cloud*.

  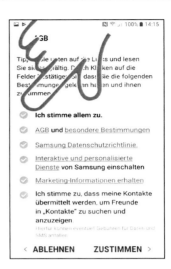

❶ Schließen Sie den Hinweis mit *STARTEN*.

❷ Geben Sie die zuvor auf der Samsung-Website bei der Registrierung angelegten Login-Daten erneut ein. Betätigen Sie erneut *ANMELDEN*.

❸ Aktivieren Sie das Abhakkästchen bei *Ich stimme allem zu* und gehen Sie auf *ZUSTIMMEN*.

 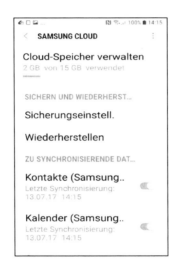

❶ Den folgenden Hinweis schließen Sie mit *OK*.

❷ Damit ist die Einrichtung abgeschlossen.

26.1 Samsung-Konto in der Praxis

Um es vorweg zu sagen: Wenn Sie die Google-eigenen Anwendungen Gmail (siehe Kapitel *10 Gmail*), Chrome (siehe Kapitel *13 Chrome-Webbrowser*) oder Google Fotos (siehe Kapitel *19 Google Fotos*) bereits intensiv nutzen, werden Sie das Samsung-Konto kaum benötigen. Das Samsung-Konto hat darüber hinaus den Nachteil, dass es nur auf Samsung-Geräten funktioniert, während Ihr Google-Konto auf Android-Geräten aller Hersteller genutzt werden kann.

Trotzdem ist das Samsung-Konto manchmal nützlich, falls Sie mehrere Samsung-Geräte, beispielsweise ein Tablet neben dem Galaxy-Handy verwenden. Sind Sie auf beiden Geräten mit dem gleichen Samsung-Konto angemeldet, stehen zum Beispiel die Lesezeichen des Samsung-Webbrowsers (siehe Kapitel *12 Webbrowser*) und Notizen in Samsung Notes (siehe Kapitel *22.5 Samsung Notes*) auf beiden Geräten zur Verfügung.

Mussten Sie Ihr Handy zurücksetzen, wurde es geklaut oder wechseln Sie zu einem anderen Samsung-Handy, dann melden Sie sich einfach bei Ihrem Samsung-Konto für die Wiederherstellung an.

Das Samsung-Konto

❶❷ Sie möchten dennoch das Samsung-Konto statt dem Google-Konto für die Sicherung von Kontakten und Terminen nutzen? Dann achten Sie darauf, das Konto während der Kontakt-/Terminanlage entsprechend einzustellen.

27. Programmverwaltung

Die mitgelieferten Programme auf Ihrem Handy decken bereits die wichtigsten Anwendungsfälle ab. Weitere Anwendungen und natürlich Spiele können Sie bei Bedarf über den sogenannten Play Store nachinstallieren, der mehr als 1,7 Millionen Programme enthält. Sie finden wirklich zu jedem noch so exotischen Anwendungsfall ein passendes Programm. Neudeutsch spricht man statt von Programmen auch von **Apps**, es ist damit aber das selbe gemeint.

Etwa Zweidrittel aller Programme sind kostenlos beziehungsweise finanzieren sich über eingeblendete Werbung. Im Vergleich zu PC-Software sind die kostenpflichtigen Android-Programme in der Regel mit Preisen von unter 5 Euro recht günstig.

Es gibt mehrere Möglichkeiten, Programme zu installieren:

- **Google Play Store**: Über die Play Store-Anwendung haben Sie Zugriff auf Tausende von Anwendungen und Spielen, die sich »on the fly« über eine drahtlose Verbindung (WLAN oder Mobilfunk-Internet) installieren lassen. Auch der Kauf von Programmen im Play Store ist möglich. Die meisten Anwender nutzen ausschließlich den Play Store und nicht die anderen hier aufgelisteten Installationsmöglichkeiten.

- **Galaxy Apps**: Wird von Samsung betrieben und bietet, ähnlich wie der Google Play Store, zahlreiche Programme zum Download an.

27.1 Play Store

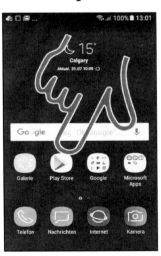  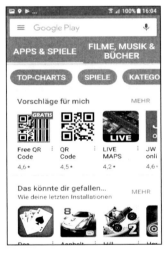

❶❷ Sie finden den *Play Store* im Startbildschirm beziehungsweise Hauptmenü.

❸ Das allgemeine Softwareangebot wird standardmäßig im Hauptbildschirm aufgelistet.

  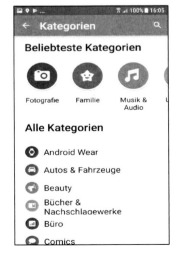

❶ Die Benutzeroberfläche besitzt mehrere Register, zwischen denen Sie mit einer Wischgeste auf

dem Bildschirm umschalten. Tippen Sie dann einen Eintrag an:
- *TOP CHARTS* (❷): Verschiedene Bestenlisten:
  - *TOP APPS*: Die von Nutzern am besten bewerteten Programme.
  - *BESTSELLER:* In den letzten Wochen sehr häufig heruntergeladene Programme.
  - *ERFOLGREICHSTE*: Die am häufigsten heruntergeladenen Programme.
  - *TOP-ARTIKEL-VERKÄUFE, NEU*: Die am häufigsten verkauften Programme.
  - *NEUE TOP-APPS*: Neu im Play Store eingestellte Programme, die häufig heruntergeladen werden.
  - *TRENDS*: Programme, die aktuell häufig heruntergeladen werden, beispielsweise, weil die Medien darüber berichtet haben.
- *SPIELE*: Spiele aus den verschiedensten Kategorien.
- *KATEGORIEN* (❸): Alle Programme sind im Play Store nach Kategorien sortiert, die Sie einfach nach interessanten Anwendungen oder Spielen durchblättern können. Bitte beachten Sie, dass in den Kategorien auch viele Programme zu finden sind, welche keinerlei Nutzwert haben.
- *FAMILIE*: Wählen Sie die zu installierenden Anwendungen und Spiele nach empfohlener Altersstufe aus.
- *EMPFEHLUNGEN*: Von einer Redaktion ausgewählte Programme.

 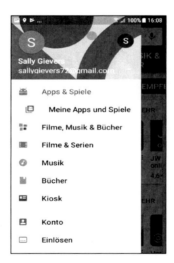 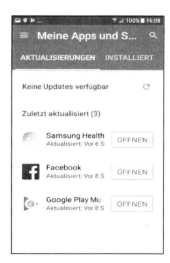

❶❷ Betätigen Sie im Hauptmenü ≡ oben links für das Ausklappmenü. Die Menüpunkte:
- *(Ihr Konto)@gmail.com*: Das Google-Konto, mit dem Sie angemeldet sind.
- *Meine Apps und Spiele*:
  - *Meine* Apps *und Spiele*: Zeigt die von Ihnen installierten Programme an und ermöglicht diese wieder zu deinstallieren. Außerdem sehen Sie hier, ob Updates zu installierten Programmen im Play Store vorliegen (❸).
- *Filme,* Musik *und Bücher:* Übersichtsbildschirm zum Angebot an Filmen, Musik und Ebooks.
- *Filme & Serien*: Spielfilme und Serien kaufen. Siehe Kapitel *23.1 Google Play Filme*.
- *Musik:* Musik anhören und kaufen. Siehe Kapitel *18.4 Der Google Play Musik-Dienst*.
- *Bücher*: Ebooks lesen und kaufen. Siehe Kapitel *23.1.1 Google Play Bücher*.
- *Kiosk*: Zeitschriftenabos. Siehe Kapitel *23.2 Google Play Kiosk*.
- *Konto*: Verwaltet die Zahlungsmittel, welche Sie für Ihre Play Store-Käufe einsetzen und listet Ihre letzten Käufe auf.

- *Einlösen*: Google vertreibt über Supermärkte und Tankstellen Gutscheine, die Sie in diesem Menü einlösen. Das Guthaben lässt sich dann für den Kauf von Filmen, Ebooks,
- *Wunschliste*: Eine Art Erinnerungsliste, auf die Sie Programme setzen können, die Sie irgendwann mal ausprobieren, beziehungsweise kaufen möchten.
- *Einstellungen*: Auf die Einstellungen geht Kapitel *27.1.6 Einstellungen* ein.

27.1.1 Konten

Welche Programme Sie aus dem Play Store installiert beziehungsweise gekauft haben, vermerkt der Play Store in Ihrem Google-Konto. Da es möglich ist, auf dem Galaxy mehrere Google-Konten gleichzeitig zu nutzen (beispielsweise privat und geschäftlich), müssen Sie jeweils darauf achten, welches Konto Sie gerade verwenden. Gekaufte Programme lassen sich nämlich nicht zwischen den Google-Konten übertragen.

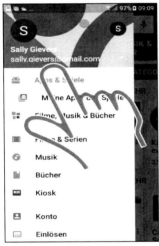 

❶❷ Aktivieren Sie das Ausklappmenü, indem Sie im Hauptmenü die ☰-Schaltleiste oben links betätigen. Wählen Sie nun das im Play Store zu nutzende Google-Konto aus.

27.1.2 Programme installieren

 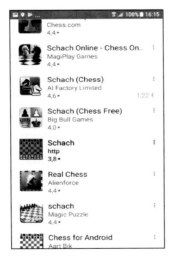 

❶ Gehen Sie auf die Suchleiste im Hauptbildschirm und geben Sie den Suchbegriff ein. Bestätigen Sie mit 🔍 im Tastenfeld. Es werden der Name und die Beschreibung aller Programme durchsucht.

❷ Die Fundstellen werden mit Namen, Bewertung und Preis aufgelistet. Tippen Sie eines der angebotenen Programme an.

❸ Neben einer ausführlichen Beschreibung finden Sie hier die Bewertungen von anderen Benutzern, Infos zum Entwickler mit der Möglichkeit, seine weiteren Programme im Play Store an-

Programmverwaltung 325

zuzeigen, sowie Kontaktmöglichkeiten zum Entwickler. Betätigen Sie *INSTALLIEREN*, um das Programm auf dem Handy zu installieren. Der Download erfolgt anschließend im Hintergrund.

❶❷ Wenn Sie das erste Mal ein Programm installieren, erscheint einmalig der Hinweis *Kontoeinrichtung abschließen*. Betätigen Sie dann *WEITER*. Schließen Sie den Hinweis mit *ÜBERSPRINGEN*. Wie Sie kostenpflichtige Programme installieren, erläutert noch Kapitel *27.1.8 Softwarekauf im Google Play Store*.

❶ Ein Symbol (Pfeil) informiert in der Titelleiste über den durchgeführten Download und dort erscheint nach der automatisch erfolgten Installation auch ein Erfolgshinweis.

❷ Schließen Sie gegebenenfalls den Hinweis auf den sogenannten Game Launcher mit *ABBRECHEN*.

❶ Öffnen Sie das Benachrichtigungsfeld für weitere Informationen. Von dort lässt sich das Programm dann auch starten.

❷ Alternativ betätigen Sie nach der Installation in der Programmanzeige die *ÖFFNEN*-Schaltleiste.

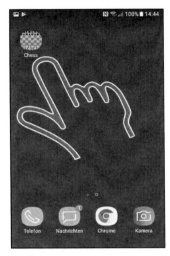 

❶ Sie finden das neue Programm im Hauptmenü.

❷ Standardmäßig wird nach der Installation auch eine Programmverknüpfung im Startbildschirm angelegt (Pfeil). Darüber lässt sich das Programm dann ebenfalls starten.

27.1.3 Game Tools

 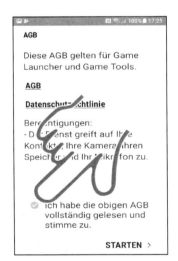

❶ Wenn Sie ein Spiel das erste Mal starten, weist Sie das Handy auf die Game Tools (engl. »Spiel-Hilfsmittel«) hin. Gehen Sie auf *AKTIVIEREN*.

❷ Aktivieren Sie das Abhakkästchen bei *Ich habe die obigen AGB vollständig gelesen und stimme zu*. Gehen Sie dann auf *STARTEN*.

❶❷ Die Game Tools rufen Sie über die Schaltleiste unten links auf. Die Schalter:

- *KEINE BENACHRICHTIGUNGEN IM SPIEL*: Benachrichtigungs-Pop-ups deaktivieren.
- *TASTEN SPERREN:* Verhindert versehentliches Betätigen der ⬜-Taste unterhalb des Bildschirms. Halten Sie die ⬜-Taste länger gedrückt, wenn Sie wieder auf den Startbildschirm zurück möchten.
- *EINGABESPERRE*: Schaltet das Display ab.
- *SCREENSHOT*: Bildschirmkopie erstellen.
- *AUFNEHMEN*: Videoaufnahme des Bildschirms.

❸ Die Game Tools-Schaltleiste lässt sich bei Bedarf einfach an eine andere Stelle auf dem Bildschirm verschieben: Tippen und halten Sie sie und ziehen Sie den Finger an die Zielposition.

27.1.4 Wunschliste

Auf die »Wunschliste« setzen Sie Programme, die Sie interessieren und vielleicht später mal ausprobieren oder kaufen möchten.

 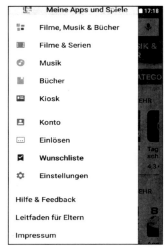 

❶ Wenn Sie mal auf ein interessantes Programm stoßen, betätigen Sie einfach die ⌐-Schaltleiste. Erneutes Betätigen entfernt das Programm wieder von der Wunschliste.

❷❸ Ihre Wunschliste finden Sie im Ausklappmenü unter *Wunschliste*.

27.1.5 Gute von schlechter Software unterscheiden

- Häufig geladene (und damit meist gute) Software findet in den Kategorien *BESTSELLER, TOPP-APPS, ERFOLGREICHSTE*, usw. Eingang.

- Auch wenn Sie die Suchfunktion nutzen, erscheinen in der Auflistung zuerst die am häufigsten heruntergeladenen Programme.

- Zusätzlich finden Sie bei jedem Programm eine Sterne-Bewertung sowie Kommentare der Nutzer. Insbesondere bei Kaufprogrammen (die Sie ja nicht vorab testen können) sollten Sie sich die Nutzerbewertungen durchlesen.

- Manche Kaufprogramme sind auch in funktionsbeschränkter Form kostenlos (als sogenannte »Freeware«) im Play Store erhältlich, sodass man zumindest einen groben Überblick über deren Tauglichkeit erhält. Es gibt übrigens häufig auch Programme, die sowohl kostenlos, als auch als Kaufversion erhältlich sind. Die kostenlose Version finanziert sich dann meistens durch Werbebanner. Werbebanner haben allerdings den Nachteil, häufig aus dem Internet Daten nachzuladen (irgendwoher müssen die Werbebanner ja kommen) und teilweise den GPS-Empfänger zu aktivieren. Letzteres dient dazu, dem Nutzer für sein Land optimierte Werbung anzuzeigen. Leider reduziert sich dadurch die Handy-Akkulaufzeit...

- Die Softwareentwickler bestimmen selbst ob ihre Programme für bestimmte Handys und Handys geeignet sind. Programme, die nicht auf Ihrem Handy funktionieren, werden erst gar nicht im Play Store anzeigt. Trotzdem werden Sie ab und zu auf Programme, insbesondere Spiele stoßen, die nicht gut angepasst sind, was sich u.a. in pixeliger Darstellung, verschobenen Schaltleisten, überstehenden Texten, usw. bemerkbar macht. Falls Ihnen ein Programm trotzdem gefällt, sollten Sie einfach das Programm installiert lassen. Der Play Store meldet zu jeder installierten Software automatisch im Benachrichtigungsfeld, wenn ein Update vorliegt, das vielleicht die Probleme beseitigt.

❶ Die Bewertungen erhalten Sie angezeigt, wenn Sie die Bewertungszahl (Pfeil) antippen. Alternativ führen Sie auf dem Display eine Wischgeste von unten nach oben durch.

❷ Hohe Stern-Bewertungen und große Downloadzahlen führen manchmal auch in die Irre: Der Play Store fasst die weltweit auflaufenden Nutzerbewertungen zusammen. Beispielsweise wird ein Buchhaltungsprogramm, das in den USA entwickelt wurde, dort von den Anwendern hochgelobt und entsprechend bewertet werden, während es für deutsche Anwender nicht geeignet ist.

Einige Programme werden zudem nicht weiterentwickelt, weshalb unter Umständen eine hohe Bewertung heute nicht mehr gerechtfertigt wäre.

> Der Play Store zeigt nur deutsche Bewertungstexte an. Es kann deshalb vorkommen, dass Sie bei einem international angebotenen Programm zwar viele Bewertungen, aber kaum Bewertungstexte sehen.

Programmverwaltung

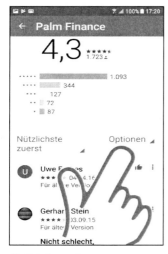 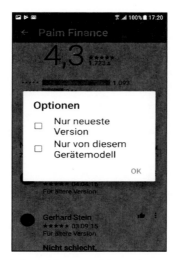

❶ Während man Freeware einfach installiert und bei Nichtgefallen wieder vom Gerät wirft, ist es bei Kaufprogrammen besser, vorher die Nutzerbewertungen anzuschauen. Tippen Sie daher auf *Optionen*.

❷ Sie können nun mit *Nur neueste Version*, beziehungsweise *Nur von diesem Gerätemodell* die Bewertungstexte einschränken (*Nur von diesem Gerätemodell* führt allerdings meistens dazu, dass der Play Store keine Bewertungen mehr anzeigt, weil es nicht besonders viele Nutzer eines Geräts gibt).

Tipp: Von vielen höherwertigen Programmen wird im Play Store eine kostenlose Version mit beschnittenen Funktionsumfang angeboten, Sie können so das jeweilige Programm schon vorab auf Herz und Nieren testen und anschließend die Vollversion erwerben.

27.1.6 Einstellungen

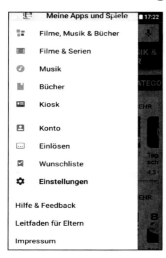 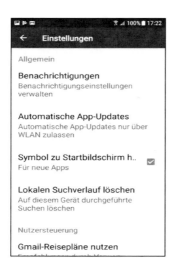

Unter *Allgemein*:

- *Benachrichtigungen*:
    - *Updates*: Wenn zu einem aus dem Play Store installiertem Programm Updates vorliegen, erhalten Sie eine Benachrichtigung.
    - *Automatische Updates*: Sie erhalten einen Benachrichtigung, sobald ein Update im Hintergrund installiert wurde.
    - *Vorregistrierung; Angebote und Werbeaktionen*: Sie erhalten eine Benachrichtigung, wenn Entwickler neue Programme auf den Markt bringen, die für Sie interessant sein könnten.
    - *Angebote und Werbeaktionen*: Wenn im dem Play Store Programme günstiger angebotenen werden, die für Sie interessant sein könnten, erhalten Sie eine Be-

nachrichtigung.

- *Automatische App-Updates*: Installierte Programme werden automatisch im Hintergrund aktualisiert, wenn eine neue Version im Play Store vorhanden ist.

- *Symbol zu Startbildschirm hinzufügen*: Automatisch eine Programmverknüpfung neu installierter Programme auf dem Handy anlegen.

- *Lokalen Suchverlauf löschen*: Die Suchfunktion speichert alle eingegebenen Begriffe und schlägt sie beim nächsten Mal vor.

Unter *Nutzersteuerung*:

- *Gmail-Reisepläne nutzen*: Google analysiert die in der Gmail-Anwendung (siehe Kapitel *10 Gmail*) empfangenen E-Mails. Falls dort reisebezogene Nachrichten auftauchen, weist der Play Store auf passende Programme hin. Haben Sie beispielsweise einen Flug nach München gebucht, könnte der Play Store über touristische Programme informieren. Dies funktioniert natürlich nur, sofern Sie die Gmail-E-Mail-Adresse auch tatsächlich aktiv nutzen.

- *Jugendschutzeinstellungen*: Für Eltern: Blockieren Sie die Installation und Nutzung von Programmen und Medien, die nicht altersgerecht sind.

- *Authentifizierung für Käufe erforderlich*: Sie können die Programminstallation von einer vorher einzugebenden PIN abhängig machen.

27.1.7 Erweiterte Verwaltung

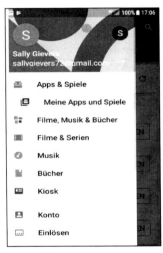  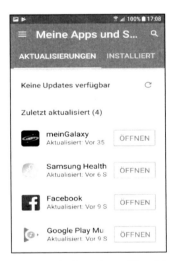

❶❷ Über den Installationsfortschritt und bereits installierte Programme informiert Sie *Meine Apps und Spiele* aus dem Ausklappmenü.

❸ Gehen Sie in das *INSTALLIERT*-Register für eine Auflistung aller auf Ihrem Gerät installierter Programme.

Programmverwaltung

❶❷ Google Play »merkt« sich auch alle früher mal von Ihnen installierten Programme (zum Beispiel auf einem anderen Android-Gerät oder die Sie inzwischen wieder deinstalliert haben). Mit einer »Wischgeste« nach links zeigen Sie sie im *SAMMLUNG*-Register an.

❸ Tippen Sie auf *INSTALLIEREN*, wenn Sie eines der aufgelisteten Programme auch auf dem Galaxy nutzen möchten.

27.1.8 Softwarekauf im Google Play Store

Viele Programme im Play Store sind kostenpflichtig, wobei als Zahlungsmethode neben einer Kreditkarte auch Paypal (ein Zahlungsdienstleister), die Handyrechnung (nicht bei allen Netzbetreibern möglich) und Gutscheine akzeptiert werden (auf Letztere geht Kapitel *27.1.9 Google-Gutscheine* noch genauer ein). Damit Sie nicht die »Katze im Sack« kaufen, lassen sich Käufe innerhalb von 2 Stunden rückgängig machen. Eine Rückgabe ist beim erneuten Kauf dann aber nicht mehr möglich. Die erworbenen Programme werden mit Ihrem Google-Konto verknüpft und lassen sich beim Gerätewechsel ohne erneuten Kauf herunterladen und installieren.

Gekaufte Software lässt sich immer nur auf einem Gerät gleichzeitig nutzen.

Beachten Sie bitte, dass manche Software nur für bestimmte Geräte angeboten wird. Insbesondere Spiele unterstützten nicht alle Android-Handys und Tablets. Problematisch sind auch Programme, deren Entwicklung eingestellt wurde und daher nicht für neue Geräte freigegeben sind, obwohl sie darauf laufen könnten.

❶ Betätigen Sie bei einem Kaufprogramm die Preisschaltleiste (Pfeil).

❷ Tippen Sie jetzt auf *WEITER*.

❶ Gehen Sie auf *Zahlungsmethoden*.

❷ Wählen Sie nun eine der Zahlungsmethoden aus:

- *Abrechnung über xxx verwenden*: Die Zahlung erfolgt über Ihren Mobilnetzbetreiber und taucht dann auf Ihrer nächsten Mobilfunkrechnung auf. Beachten Sie bitte, dass nicht jeder Netzbetreiber mobile Zahlungen akzeptiert. Haben Sie beim Netzbetreiber »Inkasso von Dritten« deaktivieren lassen, ist ebenfalls kein Kauf über die Mobilfunkrechnung möglich.

- *PayPal hinzufügen*: Zahlungsabwicklung über PayPal. Dieser Zahlungsabwickler wird von Ebay betrieben und bucht Rechnungen entweder von Ihrem Bankkonto oder Ihrer Kreditkarte ab. Siehe auch die PayPal-Website unter *www.paypal.com*.

- *Kredit- oder Debitkarte hinzufügen*: Zahlung über Ihre Kreditkarte.

- *Einlösen*: Gutschein verwenden. Falls Ihnen die anderen Zahlungsmethoden unbekannt sind oder zu unsicher erscheinen, ist die Nutzung eines Guthabens die beste Bezahlmethode. Wir gehen darauf im Kapitel *27.1.9 Google-Gutscheine* genauer ein.

- *Sofortüberweisung hinzufügen*: Bei diesem Zahlungsabwickler entspricht der Ablauf der klassischen Überweisung (diese Zahlungsoption befindet sich anscheinend noch in der Testphase und ist deshalb nicht auf jedem Handy verfügbar).

In diesem Beispiel wählen wir *Kredit- oder Debitkarte hinzufügen*.

Folgen Sie einfach den Anweisungen, das heißt, zuerst erfassen Sie die Kreditkartennummer, das Ablaufdatum und den Sicherheitscode (CCV), danach Ihre persönlichen Daten. Betätigen Sie dann *SPEICHERN*.

❶ Sie befinden sich wieder im Kaufdialog und betätigen die *KAUFEN*-Schaltleiste.

❷ Geben Sie zum Abschluss das Passwort Ihres Google-Kontos ein und schließen Sie mit *BE-*

STÄTIGEN ab. Aus Sicherheitsgründen sollten Sie übrigens die Option NICHT MEHR FRAGEN auf keinen Fall abhaken, da sonst eventuell Unbefugte, die Ihr Handy in die Hand bekommen, Käufe im Google Play Store durchführen könnten.

❸ Wenn Sie das Programm nicht so funktioniert wie es soll, betätigen Sie ERSTATTEN in den Programmdetails (beachten Sie, dass Sie dazu nur 2 Stunden Zeit haben!).

27.1.9 Google-Gutscheine

Es sind Gutscheine für den Google Play Store in Stückelungen von 15 und 25 Euro bei diversen Tankstellen, in Supermärkten und Elektronikketten erhältlich. Da die Karten schwarz sind, sollten sie nicht zu übersehen sein.

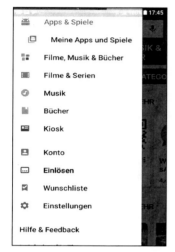  

❶❷ Zum Einlösen aktivieren Sie einfach im Play Store das Ausklappmenü und gehen auf *Einlösen*. Geben Sie dann den Code von der Karte ein.

❸ Wählen Sie gegebenenfalls während des Kaufvorgangs über *Zahlungsoptionen* das *Google Play*-Guthaben aus.

27.1.10 In-App-Käufe

Programmentwickler können sich grundsätzlich auf drei Arten finanzieren: Durch den Verkauf ihrer Programme, die Einblendung von Werbung oder durch ein Freemium-Modell (Wortspiel aus engl. Free = Frei und engl. Premium = kostenpflichtig). Freemium-Modelle kommen vorwiegend bei Computerspielen vor. Freemium heißt, dass das Programm kostenlos ist, Sie aber zusätzliche Inhalte oder Funktionen jederzeit erwerben dürfen. Dies können in einem Ballerspiel beispielsweise leistungsfähigere Waffen sein oder bei einem Fitness-Programm weitere Trainings. Für Kinder sind solche Programme ungeeignet, da sie die dadurch entstehenden Kosten nicht einschätzen können.

Damit wir uns nicht missverstehen: Grundsätzlich sind Freemium-Programme nicht immer schlecht, denn insbesondere bei Spielen leidet der Spaß nur geringfügig, wenn man auf In-App-Käufe verzichtet.

Gegenüber dem »normalen« Kauf im Play Store haben In-App-Käufe einige Nachteile (wörtlich übernommen von *support.google.com/googleplay/answer/1061913*):

- Es gibt kein zweistündiges Erstattungsfenster.
- Erstattungen werden im Allgemeinen nach dem Ermessen des App-Entwicklers gewährt.
- Für die Bereitstellung von In-App-Käufen sind die Entwickler zuständig.

Im Play Store erkennen Sie In-App-Käufe anhand der Berechtigungen, die **vor** der Installation aufgelistet werden (siehe Kapitel *27.1.2 Programme installieren*).

Bei jedem In-App-Kauf müssen Sie zur Sicherheit das Passwort zu Ihrem Google-Konto eingeben.

27.1.11 Spiele

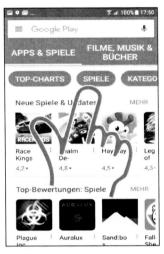 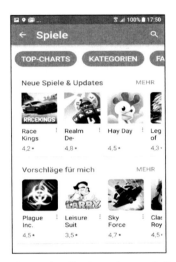 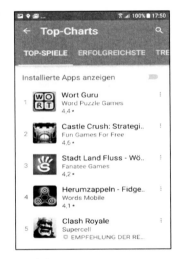

❶ Über das *SPIELE*-Register schalten Sie die Anzeige auf Computerspiele um.

❷❸ Die Register *TOP-CHARTS*, *KATEGORIEN*, usw. beziehen sich nun ausschließlich auf Unterhaltungsprogramme.

27.2 Galaxy Apps

Galaxy Apps ist ein Online-Angebot des Herstellers, über den sich weitere Anwendungen, aber auch Spiele, für das Galaxy herunterladen lassen. Auch kommerzielle Programme sind dort vorhanden, welche man über Kreditkarte oder Handyrechnung kaufen kann.

> Galaxy Apps bietet nur relativ wenige Programme zum Download an, hat aber den Vorteil, dass im Vergleich zum Google Play Store manche Programme kostenlos sind, für die man im Google Play Store bezahlen müsste. Es lohnt sich also ab und zu mal einen Blick in Galaxy Apps zu werfen.
>
> Damit Sie Galaxy Apps nutzen können, richten Sie bitte zuerst Ihr Samsung-Konto, wie im Kapitel *26 Das Samsung-Konto* beschrieben, ein.

27.2.1 Galaxy Apps in der Praxis

❶❷ Starten Sie *Galaxy Apps* aus dem *Samsung*-Ordner des Hauptmenüs. Eventuell müssen Sie nun die Geschäftsbedingungen annehmen.

 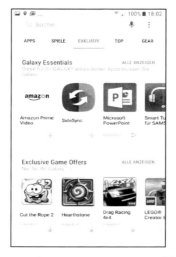

❶❷ Es wird bereits eine Reihe von Programmen vorgeschlagen. Über die Register am oberen Bildschirmrand grenzen Sie die Anzeige ein.

❶ Gehen Sie auf einen Programmeintrag.

❷ Es erscheint eine kurze Programmbeschreibung. Betätigen Sie *INSTALLIEREN*. Das Programm wird nun im Hintergrund heruntergeladen und installiert. Sie können währenddessen mit dem Galaxy ganz normal weiterarbeiten. Anschließend finden Sie das installierte Programm im Hauptmenü wieder, wo Sie es auch starten.

Bei Kaufprogrammen gibt es zwei Möglichkeiten: Meist öffnet Antippen der Preisschaltleiste die entsprechende Kaufseite im Google Play Store, manchmal kann aber auch das Programm direkt in Galaxy Apps erworben werden. Für Letzteres stehen als Zahlungsmethoden Kreditkarte oder Mobilfunkrechnung zur Verfügung (sofern vom Netzbetreiber unterstützt).

27.3 Programm deinstallieren/deaktivieren

❶ Tippen und halten Sie den Finger für einige Sekunden auf einem Programmsymbol, bis das Popup erscheint. Lassen Sie den Finger dann los.

❷ Im Popup wählen Sie *Deinstallieren*.

❸ Betätigen Sie *OK*.

❶ Sie möchten mehrere Programme auf einmal deinstallieren? Dann tippen und halten Sie, wie bereits gezeigt, mit dem Finger auf einem Programmsymbol, bis das Popup erscheint. Lassen den den Finger los. Im Popup wählen Sie *Mehrere Elemente markieren* aus.

❷ Mit kurzem Antippen markieren Sie weitere Programme und gehen dann oben links auf *Deinstallieren*.

Programmverwaltung

 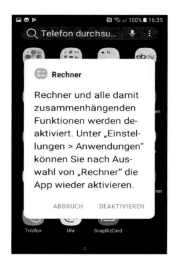

❶ Einige vorinstallierte Programme lassen sich dagegen nicht deinstallieren, sondern nur ausblenden, worauf Sie ein Popup aufmerksam macht, den Sie mit *Deaktivieren* schließen.

❷ Schließen Sie den Hinweis mit *DEAKTIVIEREN*.

Die meisten vorinstallierten Programme lassen sich nicht deinstallieren oder deaktivieren.

❶ So machen sie deaktivierte Programme wieder im Hauptmenü sichtbar: Rufen Sie im Hauptmenü die *Einstellungen* auf.

❷ Gehen Sie auf *Apps*.

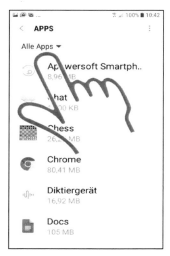 

❶❷ Im Auswahlmenü stellen Sie *Deaktiviert* ein.

 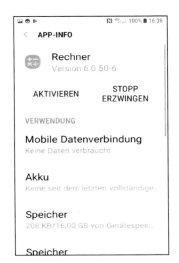

❶❷ Das wieder sichtbar zu machende Programm tippen Sie an und betätigen *AKTIVIEREN*.

27.4 Programme im Hintergrund

Genauso wie unter Windows auf dem PC dürfen auch auf Android mehrere Programme gleichzeitig aktiv sein. Zum Beenden eines Programms unter Android betätigen Sie einfach die ⤺-Taste. Soll dagegen das gerade aktive Programm im Hintergrund weiterlaufen, drücken Sie die ⬚-Taste. In das Hintergrund-Programm kehren Sie entweder durch erneuten Programmaufruf aus dem Hauptmenü zurück, oder Sie verwenden dazu die nachfolgend beschriebene Vorgehensweise.

Wenn Sie die ⬚-Taste unterhalb des Displays betätigen, listet das Galaxy die zuletzt aufgerufenen Programme auf – was übrigens nicht heißt, dass diese noch im Hintergrund laufen. Ziehen Sie mit angedrücktem Finger ein Vorschaubild nach links oder rechts, um es aus der Liste zu entfernen, beziehungsweise zu beenden. Alternativ betätigen Sie *ALLE BEENDEN* am unteren Bildschirmrand.

Grundsätzlich dürfte es nur äußerst selten nötig sein, im Hintergrund laufende Programme zu beenden.

28. Empfehlenswerte Apps aus dem Play Store

Im Google Play Store werden unzählige Programme (Neudeutsch als »Apps« bezeichnet) angeboten, die den Funktionsumfang Ihres Handys erweitern. Unsere kleine Übersicht stellt davon einige Nützliche vor.

28.1 Installation

Sofern Sie bereits den Play Store (siehe Kapitel *27.1 Play Store*) genutzt haben, können Sie dieses Kapitel überlesen.

 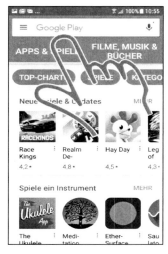 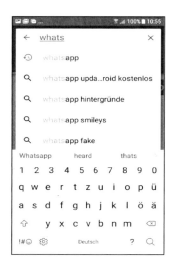

So installieren Sie die Programme:

❶ Rufen Sie den *Play Store* aus dem Startbildschirm oder Hauptmenü auf.

❷ Tippen Sie ins Suchfeld.

❸ Nun geben Sie den Namen eines Programms ein und betätigen Sie Q-Taste unten rechts im Tastenfeld. In der folgenden Auflistung können Sie dann das zu installierende Programm antippen. Alternativ wählen Sie schon während der Eingabe einen der Suchvorschläge aus, sofern sich darunter das Gesuchte befindet.

> Falls Sie das Suchfeld nicht zu Gesicht bekommen, wenn Sie den Play Store aufrufen, müssen Sie erst mit ein- oder mehrmaligem Betätigen der ⤺-Taste in den Hauptbildschirm zurückkehren.

❶ Betätigen Sie zuerst *INSTALLIEREN*, dann *AKZEPTIEREN*, um das Programm auf dem Handy zu installieren. Sie müssen warten, bis Download und Installation abgeschlossen sind, was je nach Programmgröße 1 bis 10 Minuten dauern kann.

❷ Der Programmstart ist nun über die *ÖFFNEN*-Schaltleiste möglich.

❸ Im Startbildschirm erscheint eine Verknüpfung, über Sie ebenfalls das installierte Programm starten können.

28.2 Empfehlungen

Damit Sie die vorgestellten Programme schnell im Play Store auffinden, haben wir in kursiver Schrift deren genauen Namen angegeben.

Beispiel:

Pro 7, Sat.1, Kabel eins

7TV | Mediathek, TV Livestream

»Aktuelle Folge verpasst....«

Suchen Sie im Beispiel im Play Store nach »*7TV | Mediathek, TV Livestream*«. Meistens reicht es aus, die ersten Buchstaben des Programmnamens einzugeben, worauf der Play Store schon das Gesuchte vorschlägt.

> Es ist leider nicht selten, dass Programme aus dem Play Store verschwinden oder nicht auf Ihrem Gerät installierbar sind (es gibt dann einen entsprechenden Hinweis). Also bitte nicht frustriert sein!

28.2.1 Fernsehen

Alle Fernsehsender bieten eine entsprechende App mit weiteren Infos zum Programm an. Häufig kann man damit nicht nur Live-Sendungen schauen, sondern auch vergangene Sendungen erneut abspielen.

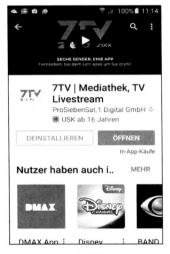 

Pro 7, Sat.1, Kabel eins

7TV | Mediathek, TV Livestream (❶❷)

»Aktuelle Folge verpasst oder gerade unterwegs, wenn Ihre Lieblingssendung im Fernsehen läuft? Mit der 7TV App sehen Sie Ihre 6 Lieblingssender in einer TV App. Ob The Voice of Germany, The Royals, Circus HalliGalli oder Got To Dance Kids - mit 7TV sehen Sie Ihre TV Sendungen wann Sie wollen und wo Sie wollen.«

RTL 2

RTL2 go!

Zusatzinfos zu Stars und Sendungen, aktuelle Nachrichten, Musikvideos, usw.

RTL

RTL INSIDE

»Mit RTL INSIDE bist du noch näher dran am RTL Programm! Nur in dieser App erhältst du exklusive Inhalte zu deinen Lieblingssendungen. Zusätzlich kannst du jederzeit die RTL Highlights im Video anschauen.«

Das Erste

Das Erste

»Das Erste zum Mitnehmen. Videos wie in der Mediathek, Live-Stream, TV-Programm und Tipps des Ersten Deutschen Fernsehens (ARD) für Smartphone und Tablet – mit der Android-App ist das alles möglich.«

ZDF

ZDF-App

»Durch neue Second-Screen-Funktionen bekommen Sie die Möglichkeit, zeitgleich zur Ausstrahlung im TV Zusatzinformationen zu nutzen und mit dem Programm zu interagieren. Das ZDF begleitet unter anderem die Champions League, das „NEO MAGAZIN ROYALE", das Verbrauchermagazin „WISO" und den Polittalk „maybrit illner" mit einem Second Screen-Angebot. Die App bietet Ihnen den bequemen Zugriff auf die ZDF-Livestreams und jetzt auch auf das Live-Programm von 3sat und arte. Sie haben die aktuelle Ausgabe der heute show, des heute journals oder den letzten „Herzkino"-Film verpasst? In der ZDF-App finden Sie das komplette Angebot der ZDFmediathek.«

> Viele Sender haben auch eine Mediathek-App im Play Store, über die Sie ältere Sendungen erneut abrufen können. Suchen Sie im Play Store nach »*Mediathek*« für eine Übersicht.

28.2.2 TV- und Kinoprogramm

Sie sind ein TV-Stubenhocker? Dann dürften diese Programme für Sie nützlich sein.

Prime Guide TV Programm (❶)

»Prime Guide ist mehr als eine Fernsehzeitung: Für TV Sendungen und Spielfilme kannst Du direkt Trailer, Bewertungen und spannende Hintergrundinfos aufrufen.«

TV SPIELFILM - TV Programm (❷)

»Das TV-Programm von über 140 Sendern kompakt und schnell im Überblick! Live TV: Jederzeit überall LIVE fernsehen - direkt in der App! Mit TV SPIELFILM live können Sie über 50 Sender kostenlos anschauen«

TV Movie - TV Programm (❸)

»Kostenloses TV Programm für über 150 Sender«

28.2.3 Wetter

Für die aktuelle Wettervorhersage müssen Sie nicht die Tageszeitung bemühen oder auf die Wetterinfos in den Radio/TV-Nachrichten warten. Auf fast allen Handys ist bereits eine Wettervorhersage-App vorinstalliert, die aber nur die grundlegenden Infos liefert. Mehr Funktionalität versprechen die diversen Wetter-Apps aus dem Play Store.

WarnWetter (❶)

»Detaillierte Informationen zur aktuellen Warn- und Wetterlage. Fügen Sie Ihre Orte als Favorit direkt auf den Homescreen ein, um per Push-Nachricht vor Unwettern gewarnt zu werden und um über die aktuelle Wetterentwicklung informiert zu werden.« WarnWetter wird vom Deutschen Wetterdienst, einer staatlich finanzierten Organisation betrieben und verzichtet auf Werbung. Es dürfte wohl kein zweites Programm geben, das an den Funktionsumfang von WarnWetter heranreicht!

Wetter-Radar-Sturm MORECAST (❷)

»Stündliche Vorhersagen, detaillierte Windinformationen, Wetterradar für fast jeden Ort der Welt, Widgets, Routenwetter, Webcams und noch viele Features mehr.«

Regen-Alarm (❸)

»Diese Wetter-App warnt Dich, wenn sich aktuell Regen nähert. Statt einer Vorhersage nutzt sie nahezu Echtzeit-Daten, was genauer als jede Prognose ist.«

28.2.4 Shopping

Die großen Handelskonzerne haben großes Interesse daran, ihren Kunden ein optimales Einkaufserlebnis zu bieten. Über die angebotenen Apps können Sie nicht nur im jeweiligen Angebot stöbern, sondern auch Einkäufe tätigen und Wunschlisten verwalten.

> Die Shopping-Apps sind nicht unbedingt nötig, denn alle Websites der Online-Kaufhäuser sind für Mobilgeräte optimiert. Rufen Sie einfach mal eine Shopping-Seite im Webbrowser (siehe Kapitel *12 Webbrowser*) auf und schauen Sie, was passiert.
>
> Falls bisher noch kein Online-Shopping genutzt haben, empfehlen wir Ihnen »Das Praxisbuch Online-Shopping für Einsteiger«, ISBN 978-3945680-22-3, vom gleichen Autor wie dieses Buch.

Die Shopping-Apps von Amazon (❶) und H&M (❷❸)

Auf eine genaue Beschreibung der Shopping-Apps verzichten wir an dieser Stelle und geben stattdessen die jeweiligen Händler-Websites an.

Bekleidung, Schuhe und Accessoires

Händler	Website	App-Name
About You	www.aboutyou.de	ABOUT YOU Mode Online Shop
Amazon	www.amazon.de	Amazon Shopping
Asos	www.asos.de	ASOS
H&M	www.hm.com/de	H&M
Mango	www.mango.com	MANGO
Otto	www.otto.de	OTTO - Mode & Fashion-Shopping
Zalando	www.zalando.de	Zalando - Fashion & Shopping
Zara	www.zara.com/de	Zara

Unterhaltungselektronik und Computertechnik

Händler	Website	App-Name
Alternate	www.alternate.de	ALTERNATE
Amazon	www.amazon.de	Amazon Shopping
Conrad	www.conrad.de	CONRAD (Universal)
Media Markt	www.mediamarkt.de	Media Markt Deutschland
Notebooksbilliger.de	www.notebooksbilliger.de	notebooksbilliger.de App
Pollin Electronic	www.pollin.de	Pollin Electronic
Saturn	www.saturn.de	Saturn Deutschland

28.2.5 Preisvergleich

Früher mussten Sie noch mehrere Ladenlokale abklappern, um Preise zu vergleichen. Heute sorgen dagegen sogenannte Preisvergleicher für Transparenz. Diese erhalten von vielen Online-Händlern die aktuellen Preislisten und stellen diese in übersichtlicher Form, nach Produkt sortiert, den Verbrauchern zur Verfügung.

Bekannteste Preisvergleicher sind Geizhals (*www.geizhals.de*), Idealo (*www.idealo.de*) und Billiger.de (*www.billiger.de*). Diese bieten auch entsprechende Apps an, welche den Preisvergleich auch unterwegs möglich machen.

Die Apps:

- *Geizhals Preisvergleich*
- *idealo Preisvergleich Shopping*
- *billiger.de Preisvergleich*

Preisvergleiche sind natürlich nur bei Markenartikeln wie Schuhe, Unterhaltungselektronik, Haushaltsgegenstände, usw. möglich, nicht aber bei Konfektionsware, Sonderanfertigungen oder nur in einzelnen Shops verkauften Produkten. Auch Händler, die keine Preisdaten melden beziehungsweise nicht online verkaufen, fallen raus.

Beispiel für einen Preisvergleicher: *Geizhals Preisvergleich*. Zu jedem Produkt erfahren Sie nicht nur den günstigsten Anbieter, sondern auch die Verfügbarkeit und können direkt den zugehörigen Online-Shop in Ihrem Handy-Browser öffnen (❶). Alle Produkte sind zudem Kategorien zugeordnet, sodass man nicht den Überblick verliert (❷). Häufig ist auch ein Barcode-Scanner enthalten, der über die Handy-Kamera einen Barcode einliest und für das zugehörige Produkt dann den Preisvergleich zeigt (❸). Sie ersparen sich somit die Eingabe des Produktnamens von Hand.

28.2.6 Schnäppchenjäger

Der Jagd nach dem günstigen Preis widmen sich im Internet mehrere Portale, zum Beispiel MyDealz (*www.mydealz.de*) und DealDoktor (*www.dealdoktor.de*). Häufig geht es um Sonderaktionen von Online-Shops, aber auch Supermarktketten, die gerade in bestimmten Läden ein Produkt günstig verkaufen, finden Erwähnung.

  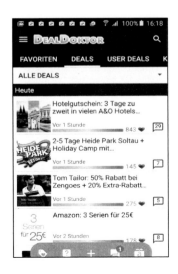

MyDealz (❶❷) und DealDoktor (❸).

Die Apps:

- *mydealz - Deals & Gutscheine*
- *DealDoktor » Schnäppchen App*

❶❷ Sie möchten so richtig klassisch die Preise in den Prospekten vergleichen? Auch das ist Dank *Mein Prospekt*, welches die verschiedenen Werbebeilagen der Tageszeitungen sammelt, kein Problem.

28.2.7 Transport, Reisen und Hotels

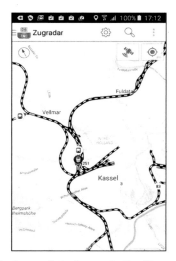

Die verschiedenen lokalen Verkehrsverbünde und die Deutsche Bahn haben eigene Apps veröffentlicht. Damit sind Sie bei Fragen zum Fahrplan nicht vom schlecht gelaunten Zugpersonal oder umständlichen Fahrkartenautomaten abhängig.

DB Navigator (❶)

Der DB Navigator der Deutschen Bahn berechnet Ihnen Routen vom Start- zum Zielort und weist auf bevorstehende Umstiege frühzeitig hin. Auch Echtzeit-Informationen wie Verspätungen und der direkte Zugang zu alternativen Verbindungen werden gezeigt. Das Programm nutzt Echtzeitdaten und informiert über Zugausfälle und Ersatzfahrpläne. Über den Menüpunkt »Regionale Angebote« können Sie Länder-Tickets, das Quer-Durchs-Land-Ticket und das Schönes-Wochenende-Ticket auswählen und direkt mobil buchen.

DB Zugradar (❷)

»Alle Züge auf einen Blick: Mit dem DB Zugradar. Verfolgen Sie die Züge des DB Nah- und Fernverkehrs live im DB Zugradar und grenzen Sie durch den Filter die Darstellung der Verkehrsmittel (Fernverkehr (ICE und IC/EC), Nahverkehr) und Bahnhöfe ein. Der DB Zugradar stellt auf einer dynamischen Karte das gesamte Streckennetz der Deutschen Bahn dar. Die Zugpositionen werden auf Basis von Prognosen berechnet.«

Öffi – Fahrplanauskunft (❸)

All-in-one-App eines privaten Entwicklers für die öffentlichen Verkehrsmittel mit Infos zu den Abfahrtszeiten und nächstgelegenen Haltestellen in den wichtigsten deutschen und internationalen Städten. Ein Routenplaner ermittelt die optimale Fahrtstrecke.

Vergleichen Sie die Preise von Hotels und buchen Sie direkt Ihr Zimmer mit den nachfolgend vorgestellten Programmen.

Die Apps:

- *Hotel Suche HRS* (❶)
- *Booking.com – 750.000+ Hotels* (❷)

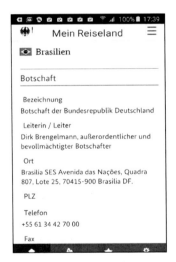
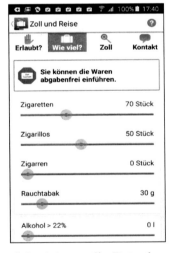

Eine Auslandsreise kann schnell zum Albtraum werden, wenn man sich nicht an die Bräuche und Gesetze des Gastgeberlands hält. Damit Sie nicht durch Unwissen in Schwierigkeiten geraten und im Notfall wissen, an wen Sie sich wenden sollten, wurden zwei Apps entwickelt.

Sicher reisen (❶❷)

Das Programm liefert die nötigen Infos für eine sichere und reibungslose Auslandsreise: Sie erhalten Tipps für Ihre Reisevorbereitung und für Notfälle, die Adressen der deutschen Vertretungen im Ausland und der Vertretungen Ihres Reiselandes in Deutschland. Falls nötig, werden Sie über Reise- und Sicherheitshinweise des Auswärtigen Amts informiert.

Zoll und Reise (❸)

Wenn Sie sich nicht sicher sind, was man abgabenfrei aus dem Urlaub mit nach Deutschland bringen darf, hilft Ihnen diese App weiter. Mit dieser ermitteln Sie bei Bedarf auch die fälligen

Abgaben, wenn Sie die Freimenge überschreiten und erfahren, welche Waren Sie nicht einführen dürfen.

Die Fernbusse haben sich inzwischen zu einer starken Konkurrenz zur Deutschen Bahn entwickelt. Über entsprechende Apps ermitteln Sie die nächsten Fahrten, deren Kosten und erwerben Tickets.

FlixBus Fernbus App (❶)

»MeinFernbus FlixBus bietet Euch 80.000 Verbindungen täglich, bei Tag & Nacht, zu über 700 Zielen in 18 Ländern.«

Busliniensuche: Fernbus App (❷)

Mit Busliniensuche ermitteln Sie die passende Fernbusverbindung und haben alle Preise, Abfahrtszeiten und Haltestellen in Ihrer Umgebung zur Hand. Das Programm berücksichtigt alle auf dem deutschen Markt aktiven Fernbuslinien und zeigt deren Fahrtdauer und Preise an.

28.2.8 Auskunft

Das Örtliche Telefonbuch (❶)

Das Örtliche Telefonbuch und Auskunft für Deutschland. Das Programm dient nicht nur als Telefonbuch, sondern informiert auch über die Benzinpreise, das aktuelle Kinoprogramm und listet örtliche Bars, Hotels, Supermärkte und Freizeitgelegenheiten. Außerdem ist ein Routeplaner enthalten.

Gelbe Seiten (❷)

In den Gelben Seiten sind alle Gewerbebetriebe gelistet, die Sie einfach auffinden. Soweit hinterlegt, informiert die App auch über die Öffnungszeiten und Benutzerbewertungen. 140 Kategorien, nach denen Sie die Firmeneinträge filtern können, sind bereits hinterlegt.

29. Benutzeroberfläche optimal nutzen

In diesem Kapitel werfen wir einen Blick auf die zahlreichen Optionen, mit denen Sie das Galaxy an Ihre Bedienweise anpassen.

 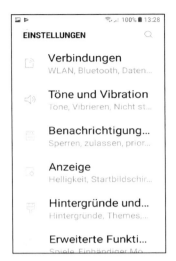

❶❷ Für die in den nachfolgenden Kapiteln beschriebenen Funktionen greifen Sie häufig auf die *Einstellungen*-Anwendung zurück, die Sie im Hauptmenü starten.

29.1 Bildschirmanzeige anpassen

❶❷ In *Einstellungen/Anzeige* konfigurieren Sie die Bildschirmanzeige:

- *Helligkeit*: Diese können Sie einfacher über den Helligkeitsregler im Benachrichtigungsfeld anpassen.

- *Outdoor-Modus*: Das Display leuchtet für maximal 15 Minuten heller, damit Sie es auch im Freien ablesen können. Beachten Sie bitte, dass Sie damit die Akkubetriebszeit erheblich reduzieren.

- *Bildschirmmodus*: Passen Sie die Farbdarstellung an Ihre Vorstellungen an.

- *Bildschirmzoom u. Schriftart* (❸): Neben der Schriftgröße lässt sich auch die Schriftart einstellen. In diesem Buch verwenden wir beispielsweise eine etwas größere Schrift, damit die Bildschirmabbildungen besser lesbar sind.

- *Startbildschirm*: Aktiviert den Bearbeitungsmodus für den Startbildschirm. Siehe auch Kapitel *4.8 Startbildschirm konfigurieren*.

- *Einfacher Modus*: Schaltet die Bildschirmdarstellung im Startbildschirm auf große Symbolschaltleisten um. Siehe Kapitel *33.9 Startbildschirm-Profile*.

- *Symbolrahmen*: Die Symbole im Startbildschirm und Hauptmenü sind mit einem Rahmen versehen. Falls Sie eine Darstellung wie auf früheren Samsung-Handy bevorzugen, sollten Sie *Symbolrahmen* deaktivieren.
- *Statusleiste*: Legen Sie fest, ob in der Titelleiste alle Benachrichtigungen (beispielsweise über neu empfangene E-Mails, Kalendertermine, usw.) angezeigt werden, oder nur die letzten drei Benachrichtigungen. Außerdem stellen Sie hier ein, ob der Akkustatus als Prozentzahl in der Titelleiste angezeigt wird.
- *Bildschirm-Timeout*: Nach der eingestellten Zeitspanne schaltet sich das Display aus. Alternativ betätigen Sie dafür den Ein/Ausschalter.
- *Bildschirm AUS lassen*: Das Handy erkennt anhand seiner Sensoren, dass es sich in einer Tasche befindet und verhindert dann versehentliches Einschalten.
- *Bildschirmschoner*: Legt fest, was das Galaxy anzeigt, wenn es an eine Stromversorgung angeschlossen ist. Neben einem Farbverlauf können Sie auch Fotos anzeigen lassen.

Die Optionen *Helligkeit* und *Bildschirm-Timeout* haben großen Einfluss auf die Akkubetriebsdauer, weshalb Sie sie nicht zu hoch einstellen sollten.

29.2 Funktionen in der Displaysperre

Je nach Voreinstellung (unter *Einstellungen/Anzeige/Bildschirm-Timeout*) aktiviert sich nach bis zu 10 Minuten die Displaysperre, wenn Sie das Gerät nicht nutzen. Alternativ schaltet sich die Displaysperre auch ein, wenn Sie kurz den Ein/Ausschalter betätigen.

Manche der in den folgenden Kapiteln vorgestellten Funktionen machen bei genauerer Betrachtung kaum Sinn. Es ist also Ihnen überlassen, ob Sie sie im Alltag nutzbringend verwenden können.

 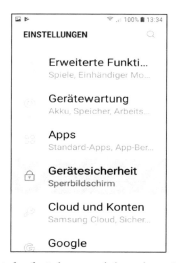 

❶❷❸ In *Einstellungen/Gerätesicherheit* lassen sich weitere Einstellungen vornehmen:

Unter *TELEFONSICHERHEIT*:

- *Sperrbildschirmtyp*: Bildschirmsperre durch PIN, Passwort oder Muster (siehe Kapitel *31.2 Gerätesperre*).
- *Smart Lock*: Wenn bestimmte Umgebungsbedingungen (Standort, Ihre Stimme, oder ähnliches) auftreten, entsperrt sich das Handy automatisch. Wir raten aus Sicherheitsgründen von dessen Verwendung ab.

Unter *SPERRBILDSCHIRM*:

- *Informationen und FaceWidgets*: Darauf gehen wir weiter unten ein.
- *Benachrichtigungen*: Konfigurieren Sie, welche der auf dem Handy installierten Anwendungen den Sperrbildschirm für ihre Anzeigen nutzen können. Möchten Sie bei-

spielsweise nicht, dass der Betreff von neu empfangenen E-Mails auf dem Sperrbildschirm angezeigt werden, dann deaktivieren Sie einfach den E-Mail-Eintrag.

- *App-Shortcuts*: Stellen Sie ein, welche Anwendungsverknüpfungen im Startbildschirm sichtbar sein sollen.

Unter *SICHERHEIT*:

- *Find My Mobile*: Sollten Sie das Galaxy mal verlieren, ermitteln Sie über *Find My Mobile* dessen Standort.

- *Unbekannte Quellen*: Standardmäßig erlaubt das Galaxy nur die Installation von Programmen aus dem Google Play Store. Wenn Sie Programme auch von anderen Anbietern installieren wollen, müssen Sie zuvor *Unbekannte Quellen* aktivieren. Sie erhalten einen entsprechenden Hinweis vom System, wenn Sie dennoch versuchen, ein Programm zu installieren.

- *Sicherer Ordner*: Diese Funktion schützt Ihre Daten vor fremden Zugriff und wird im Kapitel *33.14 Sicherer Ordner* beschrieben.

- *Sicherer Start:* Normalerweise reicht die PIN/Passwort/Muster-Sperre (siehe Kapitel *31.2 Gerätesperre*) aus, um Ihr Handy zu entsperren. Zusätzlich können Sie aber auch eine PIN-Abfrage einschalten (*Bei Gerätestart PIN anfordern*). In der Praxis macht dies wenig Sinn und ist unkomfortabel, weshalb wir davon abraten.

- *SD-Karte verschlüsseln*: Mit der in diesem Menü angebotenen Verschlüsselung sorgen sie dafür, dass Fremde keinen Zugriff auf die eingelegte SD-Karte haben. Die SD-Karte lässt sich nur in dem Handy nutzen, in dem sie verschlüsselt wurde.

- *Andere Sicherheitseinstellungen*: Die darin vorhandenen Menüs richten sich an Unternehmensanwender und sind für normale Nutzer nicht von Belang.

29.2.1 App-Shortcuts

❶❷ Unter *App-Shortcuts* können Sie für die linke und rechte Seite ein beliebiges Programm zuweisen. Vordefiniert sind *Telefon* und *Kamera*.

❸ So rufen Sie ein Programm aus dem Sperrbildschirm auf: Tippen und halten Sie den Finger auf einer Verknüpfung und ziehen Sie ihn in eine beliebige Richtung.

29.2.2 Informationen und FaceWidgets

❶❷ In *Informationen und FaceWidgets*-Menü legen Sie fest, welche Anzeigen im Sperrbildschirm erfolgen:

- *Roaming-Uhr*: Falls Sie sich im Ausland befinden und das Handy in einem fremden Mobilfunknetz (Roaming) eingebucht ist, erscheint eine weitere Uhr.
- *FaceWidgets*: Sie können im Sperrbildschirm mit einer Wischgeste zwischen mehreren Bildschirmen mit Musiksteuerung, Termin- und Alarmanzeige umschalten.
- *Kontaktinformationen*: Geben Sie hier Ihre Kontaktdaten ein, damit ein ehrlicher Finder Ihres Handys weiß, wem es gehört.

❸ Beispielanzeige des Sperrbildschirms mit Besitzerinformationen (der Text, den Sie im *Kontaktinformationen*-Feld erfasst haben) (Pfeil). Die Dual-Uhr mit Lokalzeit/Heimatzeit ist aktiv, wenn Sie sich im Ausland befinden, weshalb standardmäßig nur die Uhrzeit erscheint.

❶❷ Beispiel für die verschiedenen Anzeigen im Sperrbildschirm, wenn Sie von rechts nach links wischen. Wichtig: Die Wischgeste muss im oberen Bildschirmdrittel erfolgen, weil Sie sonst direkt das Gerät entsperren.

29.3 Ruhemodus

In bestimmten Fällen, beispielsweise, wenn man außerhalb seiner Arbeitszeit keine Anrufe annimmt, ist es sinnvoll, die Signaltöne des Galaxy zu deaktivieren. Damit Sie nicht am nächsten Morgen vergessen, die Signaltöne wieder einzuschalten, besitzt das Handy dafür eine Zeitsteuerung.

 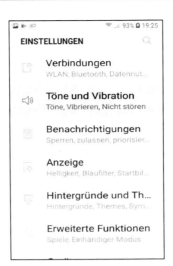 

❶ Rufen Sie die *Einstellungen* aus dem Hauptmenü auf.

❷❸ Gehen Sie auf *Töne und Vibration* und dann *Nicht stören*.

 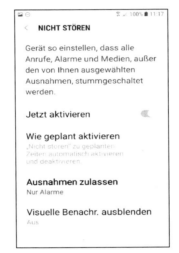 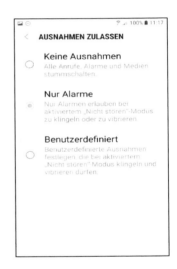

❶ Schalten Sie *Jetzt aktivieren* ein.

❷❸ Das Menü *Ausnahmen zulassen* bestimmt, welche Benachrichtigungen auch im Ruhemodus aktiv sind. Standardmäßig ist *Nur Alarme* (siehe Kapitel *22.9.1 Alarm*) immer eingeschaltet. Verlassen Sie den Bildschirm mit der ⊃-Taste.

❶ Nach Aktivieren von *Benutzerdefiniert* stehen folgende Optionen zur Verfügung:

- *Alarme*: Alarme (siehe Kapitel *22.9.1 Alarm*) erlauben.
- *Anrufer wiederholen*: Anrufer durchlassen, die innerhalb von 15 Minuten zweimal an-

Benutzeroberfläche optimal nutzen

rufen.

- *Anrufe von; Nachrichten von* konfigurieren, welche Telefonbuchkontakte durchkommen, wenn Sie alle Signale deaktiviert haben (❷):
  - *Alle*: Deaktiviert.
  - *Nur Kontakte*: Alle Kontakte, deren Rufnummer in Ihrem Telefonbuch (siehe Kapitel *7 Telefonbuch*) enthalten sind.
  - *Nur bevorzugte Kontakte:* Favoriten-Kontakte (siehe Kapitel *7.9 Favoriten*).
  - *Ohne*: Keine Kontaktdatenauswertung.
- *Ereignis-/Aufgabenalarme*: Kalendertermine und Aufgaben.
- *Erinnerungen*: Benachrichtigungen von Anwendungen erlauben.
- *Benachr. bevorzugter Apps*: Legen Sie fest, welche der auf dem Handy vorhandenen Programme Sie benachrichtigen darf (❸).

Schließen Sie den Bildschirm mit der ⮌-Taste.

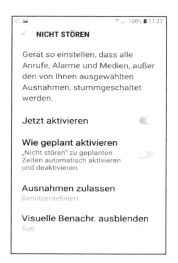

❶ In der Voreinstellung ist der Ruhemodus solange aktiv, bis Sie ihn wieder deaktivieren. Wir empfehlen deshalb, die Zeitsteuerung zu verwenden, die Sie über *Wie geplant aktivieren* einschalten.

❷ Anschließend stellen Sie die betreffenden Wochentage, sowie Start- und Endzeit ein.

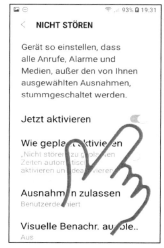

❶ Wenn der Ruhemodus aktiv ist, erscheint in der Titelleiste das ⊖-Symbol.

❷❸ Den Ruhemodus können Sie einfach deaktivieren: Öffnen Sie das Benachrichtigungsfeld und tippen Sie auf „*Nicht stören" aktiviert*. Deaktivieren Sie den Schalter bei *Jetzt aktivieren*.

30. Gerätespeicher

Schon vor Jahren hat sich die Erweiterbarkeit des Handys durch Speicherkarten eingebürgert. Für den Hersteller hatte dies damals den Vorteil, dass sie ihre Geräte nur mit dem gerade notwendigsten Speicherausbau ausliefern konnten, was Produktionskosten sparte. Weil Fotos, Videos und MP3-Dateien viel Speicherplatz benötigen, musste dann der Kunde für eine nachträglich erworbene Speicherkarte tief in die Tasche greifen.

Heute sieht es glücklicherweise anders aus: Handy-Hersteller packen die inzwischen sehr günstigen Speicherchips gleich im Gigabyte-Pack in ihre Handys. Eine Speicherkarte wird deshalb beispielsweise beim Samsung Galaxy nicht unbedingt benötigt.

Der Speicher des Samsung Galaxy ist in drei Bereiche unterteilt:

- *Telefonspeicher*: Hier speichert das Gerät beispielsweise Kontaktdaten, Termine, Programme und sonstige Verwaltungsinformationen.
- *Gerätespeicher*: Freier Speicherbereich für MP3-Dateien, Videos, Fotos, usw. Die interne Speicherkarte ist fest im Gerät enthalten und lässt sich nicht austauschen.
- *SD-Karte*: Die SD-Karte lässt sich entnehmen und austauschen.

Bei jedem PC-Anschluss erfolgt eine Sicherheitsabfrage, die Sie mit ZULASSEN bestätigen müssen.

30.1 Speicherzugriff unter Windows

Unter Windows 8 klicken Sie in der Kacheloberfläche auf das Ordner-Symbol (Pfeil).

Im Desktop von Windows 8 oder Windows 10 klicken Sie dagegen auf die Ordner-Schaltleiste am unteren Bildschirmrand.

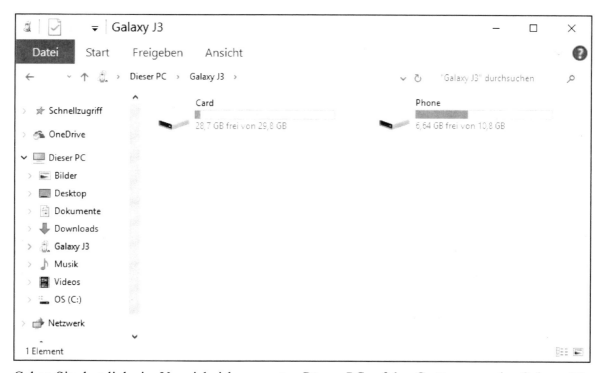

Gehen Sie dort links im Verzeichnisbaum unter *Dieser PC* auf den Gerätenamen des Galaxy. Die externe (eingesteckte) Speicherkarte heißt *Card*, der Gerätespeicher dagegen *Phone*.

30.2 Allgemeine Hinweise

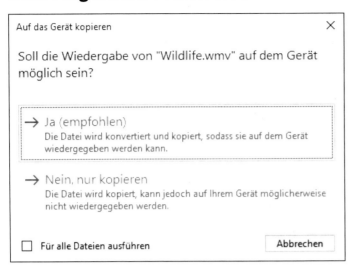

Wenn Sie Videos vom PC auf das Galaxy kopieren, die das Handy möglicherweise nicht abspielen kann, erscheint ein Warnhinweis. Betätigen Sie *Ja*, wenn die Datei dennoch kopiert werden soll. Über eine Konvertierungssoftware (suchen Sie einfach auf dem PC in Google nach »Videokonverter«) können Sie Videos gegebenenfalls dem PC in ein auf dem Handy abspielbares Format zu bringen. Alternativ suchen und installieren Sie einfach einen passenden Videoplayer aus dem Google Play Store (zum Beispiel den *BS Player*).

Tipp: Ziehen Sie auf dem PC einfach die markierten Dateien mit der Maus aus dem Fenster auf das Galaxy. Das Handy speichert die Dateien dann automatisch im richtigen Verzeichnis. Bilder landen beispielsweise in *Pictures*.

Sofern Sie auf dem PC mehrere verschiedene Dateiarten (beispielsweise PDF- und Bilddateien) gleichzeitig auf das Galaxy ziehen, stellt Sie ein Dialog zur Wahl:

- *Ja (empfohlen)*: Die Dateien werden auf dem Galaxy an den korrekten Ort kopiert, beispielsweise landen PDF-Dateien im Hauptverzeichnis, Fotos im *Pictures*-Verzeichnis und Musikdateien im *Music*-Verzeichnis.
- *Nein*: Alle Dateien landen auf dem Galaxy im Hauptverzeichnis.

Auch wenn der Hinweis-Dialog anderes suggeriert, macht es keinen Unterschied, wohin auf dem Galaxy Sie Ihre Bild- und MP3-Dateien kopieren. Die Album-Anwendung und der MP3-Player »Musik« durchsuchen alle Verzeichnisse auf dem Gerät und zeigen diese an beziehungsweise spielen sie ab.

30.3 Speicherverwaltung

❶❷ Für die Speicherkartenverwaltung rufen Sie im Hauptmenü *Einstellungen* auf und gehen auf *Gerätewartung*.

Die Gerätewartung wird im Kapitel *22.7 Gerätewartung* genauer vorgestellt.

❶❷ Betätigen Sie *Speicher*. Der Bildschirm informiert Sie über die von den jeweiligen Dateitypen beziehungsweise Programmen belegten Speicherplatz.

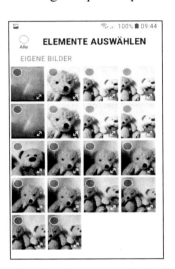

❶❷ Die Bereinigung, das heißt das Löschen von nicht benötigten Dateien ist ganz einfach. Wählen Sie einen Dateityp aus, dann aktivieren Sie die Abhakkästchen vor den Dateien und betätigen *LÖSCHEN*.

30.4 Verzeichnisse

Die Anwendungen auf dem Galaxy legen bei Bedarf die von ihnen benötigten Verzeichnisse selbst an. Wir weisen in diesem Buch in den jeweiligen Kapiteln darauf hin, falls Sie selbst mal ein Verzeichnis anlegen müssen. Beachten Sie bitte, dass Android bei Verzeichnis- und Dateinamen – im Gegensatz zu Windows auf dem PC – zwischen Groß- und Kleinschreibung unterscheidet.

Die wichtigsten Verzeichnisse:

- *Sounds*: Mit der Sprachmemo-Anwendung aufgenommene Sprachaufnahmen.
- *DCIM*: Enthält die mit der Kamera (Kapitel *16 Kamera*) aufgenommenen Fotos und Videos.
- *Download*: Aus E-Mails (siehe Kapitel *10.1.3 Dateianlagen*) gespeicherte Dateien.
- *Ringtones; Notifications; Alarms*: In diesen Verzeichnissen legt man zusätzliche Klingel- und Benachrichtigungstöne ab, die dann für Signalisierungen zur Verfügung stehen (siehe Kapitel *4.15.1 Signaltöne*).

31. Zugriffssperren

Sie haben die Möglichkeit, Ihr Galaxy auf Geräteebene (»Gerätesperre«) oder SIM-Ebene (»SIM-Sperre«) gegen unbefugten Zugriff zu sichern. Sobald Sie eine der beiden Sperren aktivieren, lässt sich das Handy erst nach Eingabe des jeweiligen Codes nutzen. Beachten Sie, dass auf Sie erhebliche Probleme zukommen, wenn Sie den Code vergessen: Im Fall der Gerätesperre können Sie Ihr Galaxy nur noch durch einen Hard-Reset wieder entsperren, wodurch aber alle Daten verloren gehen. Wenn Sie dagegen die PIN bei der SIM-Sperre dreimal falsch eingeben, erfolgt eine Sperre, die Sie immer noch über die »General-PIN«, die PUK, beenden können. Geben Sie die PUK allerdings zehnmal falsch ein, erfolgt eine Dauersperre und Ihnen bleibt nichts anderes übrig, als dies dem Netzbetreiber zu melden, der Ihnen eine neue SIM-Karte zuschickt.

Neben der Geräte- und SIM-Sperre gibt es noch die Displaysperrre, die einfach nur gegen ungewollte Tastenbetätigung schützt, wenn Sie das Gerät gerade nicht nutzen.

> Damit ein Dieb nichts mit den Daten auf dem Smartphone und der SIM-Karte anfangen kann, sollten SIM-Sperre und Gerätesperre mit Codeschutz gleichzeitig aktiv sein.
>
> PIN und PUK senden die Netzbetreiber ihren Kunden automatisch beim Vertragsabschluss zu. einfach mit einem handelsüblichen Speicherkartenleser auslesen.

31.1 Displaysperre

Die Displaysperre, welche bereits im Kapitel *4.3 Displaysperre* beschrieben wird, aktiviert sich automatisch nach einiger Zeit der Nichtnutzung.

 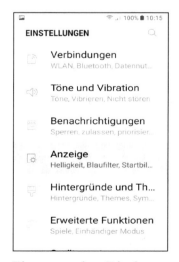 

❶❷❸ Den Zeitraum bis zum Einsetzen der Displaysperre konfigurieren Sie in den *Einstellungen*. Rufen Sie *Einstellungen* im Hauptmenü auf. Gehen Sie anschließend in das Menü *Anzeige/Bildschirm-Timeout*. Wählen Sie dort die Verzögerung aus.

31.2 Gerätesperre

Einen Schutz vor unbefugtem Zugriff auf das Galaxy bietet der Kennwortschutz für die Displaysperre. Wenn das Display entsperrt oder das Gerät eingeschaltet wird, muss der Benutzer entweder erst ein Entsperrmuster mit dem Finger auf dem Gerät malen oder ein Passwort eingeben, bevor er es nutzen kann.

 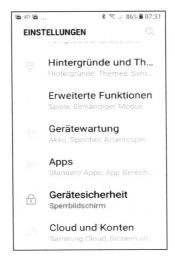 

❶❷ Rufen Sie die *Einstellungen* im Hauptmenü auf und gehen Sie dann auf *Gerätesicherheit/Sperrbildschirmtyp*.

Sie haben nun die Wahl zwischen:

- *Streichen*: Zum Entsperren reicht es, mit dem Finger über das Display zu wischen (keine Gerätesperre).
- *Muster*: Sperre, die das Gerät nach Malen eines Musters frei schaltet.
- *PIN*: PIN-basierte Sperre (nummerisches Kennwort).
- *Passwort*: Gerät wird nach Eingabe des Passworts (alphanumerisches Kennwort) frei gegeben.
- *Keine*: Gerätesperre nie aktivieren. Ideal, wenn das Galaxy nur zuhause genutzt wird.

Sollten Sie die Entsperrgeste, die PIN oder das Passwort vergessen haben, so steht als letzter Rettungsanker die Find My Mobile-Funktion zur Verfügung, die Kapitel *31.5 Maßnahmen gegen Diebstahl* beschreibt. Über MEIN GERÄT ENTSPERREN entsperren Sie damit Ihr Gerät.

31.2.1 Muster-Sperre

 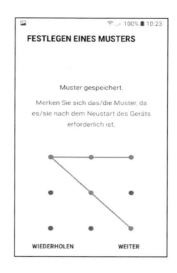 

❶ Gehen Sie auf *Muster*.

❷ Nun sind Sie an der Reihe: Verbinden Sie mindestens vier der Knöpfe auf dem Bildschirm, indem Sie mit angedrücktem Finger darüber fahren. Merken Sie sich das Muster und schließen Sie mit *WEITER* ab.

❸ Das Muster ist dann erneut zu zeichnen. Betätigen Sie dann *BESTÄTIGEN*.

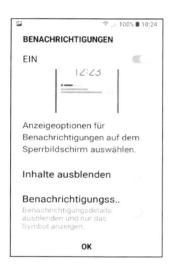

Zum Schluss wählen Sie aus, ob das Galaxy Benachrichtigungen (über verpasste Anrufe, neue SMS oder E-Mails, Termine, usw.) auf dem Sperrbildschirm anzeigen soll. Mitunter ist es aus Datenschutzgründen sinnvoll, dort keine Benachrichtigungen erscheinen zu lassen. Schließen Sie mit *OK* ab.

 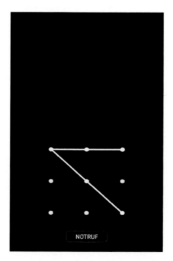

❶❷ So sieht der Bildschirm bei aktiver Gerätesperre aus: Wischen Sie zunächst einmal über das Display und malen Sie dann das zuvor erstellte Muster, um das Gerät zu entsperren.

Sie haben fünf Versuche, das Muster korrekt einzugeben und müssen danach jeweils 30 Sekunden warten.

Beachten Sie, dass Sicherheitsexperten eine schwerwiegende Schwachstelle der Muster-Displaysperre herausgefunden haben: Hält man das Handy etwas schräg gegen das Licht, sieht man anhand der Fingerspuren, an welcher Stelle auf dem Display das Muster »gezeichnet« wurde. Besseren Schutz bietet die im nachfolgenden Kapitel beschriebene PIN-, beziehungsweise Passwortsperre.

31.2.2 PIN- und Passwortsperre

❶ Gehen Sie auf *PIN* oder *Passwort*.

❷ Geben Sie dann das Kennwort ein, betätigen Sie *WEITER*, erfassen Sie das Kennwort erneut und schließen Sie den Bildschirm mit *OK*.

❸ Die Gerätesperre verlangt nun beim nächsten Mal das Kennwort.

31.3 Optionen während der Sperre

❶❷❸ Unter *Gerätesicherheit/Sichere Sperreinstellungen* sind nun weitere Optionen freigeschaltet:

- *Automatisch sperren*: Zeitspanne, die das Handy nach dem Displayabschalten wartet, bevor es die Sperre aktiviert.
- *Mit Ein/Aus sofort sperren*: Drücken des Ein/Ausschalters aktiviert die Sperre.
- *Automatisch zurücksetzen*: Geben Sie 15 Mal den Entsperrcode falsch ein, so setzt sich

das Handy automatisch auf die Fabrikeinstellungen zurück.

- *Netzwerk und Sicherheit*: Diese Funktion soll verhindern, dass Netzwerkverbindungen von außen verhindert werden, was die Ortung (siehe Kapitel *31.5 Maßnahmen gegen Diebstahl*) bei Geräteverlust erleichtert.

31.4 SIM-Sperre

❶ Das Gerät kann man bei der SIM-Sperre erst nach Eingabe der PIN Ihrer SIM-Karte nutzen, wenn man es einschaltet.

❷❸ So konfigurieren Sie die SIM-Sperre: Rufen Sie die *Einstellungen* im Hauptmenü auf und gehen Sie auf *Gerätesicherheit*.

❶❷ Gehen Sie auf *Andere Sicherheitseinstellungen/SIM-Sperre einrichten*.

❸ Aktivieren/Deaktivieren Sie die SIM-PIN-Abfrage über *Sperren der SIM-Karte*. Über *SIM-PIN ändern* können Sie die vom Netzbetreiber vorgegebene vierstellige PIN ändern.

31.5 Maßnahmen gegen Diebstahl

Jeden Tag gehen in Deutschland mehrere Tausend Mobilgeräte verloren, sei es durch Diebstahl oder Vergesslichkeit. Falls Sie mal Ihr Galaxy verlieren sollten, ist dies glücklicherweise nicht so schlimm, denn alle Daten, die Sie mit den mitgelieferten Google-Anwendungen verwalten, werden automatisch im Internet in Ihrem Google-Konto gesichert. Melden Sie sich dann mit Ihrem Google-Konto auf einem anderen Android-Tablet/Handy an, stehen Ihre Daten automatisch nach einigen Minuten wieder zur Verfügung. Haben Sie außerdem Ihr Galaxy, wie im Kapitel *31.2 Gerätesperre* beschrieben, gegen fremden Zugriff geschützt, brauchen Sie auch kaum Angst haben, dass jemand mit Ihren Daten Missbrauch treibt.

Ärgerlich bleibt ein Geräteverlust aber trotzdem. Mit den in diesem Kapitel vorgestellten Anwendungen können Sie daher Ihr Handy lokalisieren. Von Erfolg sind die Ortungsmaßnahmen nur gekrönt, wenn das Handy eingeschaltet ist und der Dieb/Finder es nicht über eine Tastenkombination zurücksetzt. Deshalb gilt: Je schneller Sie die Ortung durchführen, desto größer ist die Wahrscheinlichkeit, es wiederzufinden.

Find My Mobile ist eine von Samsung mitgelieferte Fernzugriffsfunktion, über die Sie nicht nur das Galaxy lokalisieren, sondern auch anrufen oder fern löschen können.

Damit Sie diese Funktion nutzen können, müssen Sie vorher erst ein Samsung-Konto anlegen. Siehe dazu Kapitel *26 Das Samsung-Konto*.

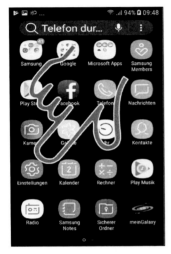  

❶❷ Aktivieren Sie das Benachrichtigungsfeld, tippen Sie ✿ für die *Einstellungen* an und gehen Sie auf *Gerätesicherheit*.

❸ Die Diebstahlschutz-Funktionen sind unter *Find My Mobile* zu finden.

❶❷ Falls Sie noch nicht mit Ihrem Samsung-Konto angemeldet sind (siehe Kapitel *26 Das Samsung-Konto*), so müssen Sie dies nun über *Konto hinzufügen* nachholen.

❸ Prüfen Sie, ob *Fernzugriff*, *Google-Standortdienst* und *Letzten Standort senden* aktiv sind. Verlassen Sie den Übersichtsbildschirm mit der ⌫-Taste.

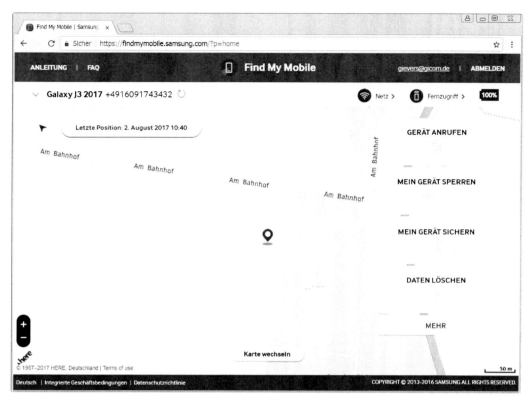

Ihr Galaxy (und andere Samsung-Geräte mit Fernzugriffsfunktion) verwalten Sie nun über den Webbrowser mit »Find my Mobile« (*findmymobile.samsung.com*). Loggen Sie sich auf der Website mit Ihren Samsung-Konto-Logindaten ein.

Sofern Sie mehrere Samsung-Handys/Tablets einsetzen, müssen Sie erst das zu lokalisierende oben rechts auswählen.

Folgende Funktionen stehen zur Verfügung (klicken Sie auf *MEHR* für weitere Funktionen):

- *GERÄT ANRUFEN*: Signalton auf dem Handy aktivieren.
- *MEIN GERÄT SPERREN:* Geben Sie eine vierstellige PIN ein. Das Handy wird darauf hin gesperrt und lässt sich erst durch die PIN wieder entsperren.
- *MEIN GERÄT SICHERN:* Datensicherung im Samsung-Konto (siehe Kapitel *26 Das Samsung-Konto*) für eine spätere Rücksicherung auf einem anderen Samsung-Gerät durchführen.
- *DATEN LÖSCHEN*: Löscht alle Daten auf dem Handy.
- *AKKU-LEBENSDAUER VERLÄNGERN*: Versetzt das Galaxy in einen Energiesparmodus, der die Akkubetriebsdauer auf 4-5 Tage erhöht.
- *PROTOKOLLE LADEN*: Sie erfahren, mit welchen Rufnummern auf dem Handy telefoniert wurde.
- *WÄCHTER FESTLEGEN:* Sie erlauben damit einem Dritten, einige der obigen Sicherheitsfunktionen durchzuführen.
- *MEIN GERÄT ENTSPERREN*: Entsperrt ein mit Gerätesperre (siehe Kapitel *31.2 Gerätesperre*) versehenes Handy. Die eingestellte Gerätesperre wird entfernt.

Beachten Sie: Damit Find My Mobile funktioniert, muss das Gerät Internetzugang über Mobilfunk oder WLAN haben. Schaltet ein Dieb das Galaxy einfach aus, beziehungsweise besteht kein Internetzugang, bringt Find My Mobile natürlich nichts. Auch wenn der Dieb es schafft, das Gerät zurückzusetzen, ist die Fernwartungsfunktion nutzlos.

Das von Ihnen über der Find My Mobile-Website ferngesteuerte Mobilgerät blendet in der Titelleiste einen Hinweis ein. Eine unbemerkte Nutzung ist also nicht möglich.

32. Bluetooth

Bluetooth ist ein Funkstandard zur schnurlosen Verbindung verschiedener Geräte wie PCs, Handys, Drucker und natürlich Mobilcomputer. Mit Bluetooth kann man in der Praxis Distanzen von etwa zwei bis zehn Metern überbrücken, wobei theoretisch Übertragungsgeschwindigkeiten bis 24 Mbit/s möglich sind. Es ist kein Sichtkontakt zwischen den Geräten nötig.

Jede Datenübertragung zwischen zwei Bluetooth-Geräten setzt eine vorherige Kopplung voraus. Dabei kann es sich um eine kurzzeitige Kopplung handeln oder eine permanente. Während der Kopplung muss einer der Teilnehmer ein Kennwort eingeben. Die permanente Kopplung hat den Vorteil, dass man das Kennwort jeweils nur einmalig eingeben muss.

Damit es keine Verständigungsschwierigkeiten zwischen verschiedenen Bluetooth-Geräten gibt, wurden sogenannte »Profile« entwickelt, wobei nur Geräte, die über das gleiche Profil kommunizieren, untereinander Daten austauschen könne. Einige Profile setzen wiederum andere Profile voraus, beziehungsweise bauen darauf auf.

32.1 Bluetooth ein/ausschalten

  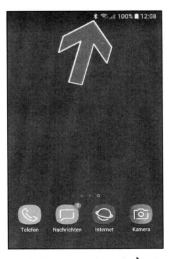

❶ Aktivieren Sie Bluetooth, indem Sie das Benachrichtigungsfeld öffnen und auf ✱ tippen (Pfeil). Erneutes Antippen beendet Bluetooth wieder.

❷ Das Popup, mit dem die Möglichkeit eine Kopplung mit anderen Geräten durchzuführen angeboten wird, schließen Sie mit *STOPP* beziehungsweise der ⮌-Taste.

❸ Das ✱-Symbol in der Titelleiste (Pfeil) informiert über das aktive Bluetooth.

> Das Benachrichtigungsfeld beschreibt ausführlich das Kapitel *4.8.5 Titelleiste und Benachrichtigungsfeld*.
>
> Sobald Bluetooth aktiv ist, können Sie ausgehend vom Galaxy mit einem anderen Gerät koppeln.

32.2 Bluetooth konfigurieren

Damit Sie Bluetooth sinnvoll nutzen können, müssen Sie es erst einrichten. In den Standardeinstellungen kann nämlich kein anderes Gerät mit Ihrem Gerät koppeln und Daten übertragen.

32.2.1 Koppeln aus dem Benachrichtigungsfeld

❶❷ Sobald Sie ✱ aus dem Benachrichtigungsfeld aktivieren, erscheint das Popup-Menü. Während dieses aktiv ist, können andere Geräte mit Ihrem Galaxy koppeln.

> Auf anderen Bluetooth-Geräten wird Ihr Handy als *Galaxy J5* anzeigt. Sie können diesen Namen einfach, wie im Kapitel *35.3.1 Geräteinformationen* beschrieben, ändern.
>
> Sollte Bluetooth bereits aktiv sein, dann betätigen Sie sie die ✱-Schaltleiste einfach zweimal hintereinander, um das Popup zu erhalten (beim ersten Antippen wird Bluetooth ausgeschaltet, beim zweiten Mal wieder aktiviert).

❶❷ Verwenden Sie die *SCANNEN*-Schaltleiste, um nach zu koppelnden Bluetooth-Geräten zu suchen. Meist ist dies allerdings nicht nötig, weil das Bluetooth-Menü bereits beim Aufruf nach Bluetooth-Geräten sucht und sie anzeigt.

32.2.2 Koppeln aus den Einstellungen

Das Koppeln aus den Einstellungen ist nicht so bequem wie direkt im Benachrichtigungsfeld, bietet aber mehr Optionen.

❶ Öffnen Sie das Benachrichtigungsfeld, tippen und halten Sie den Finger auf ✻.

❷ Solange Sie sich im Bluetooth-Bildschirm befinden, können anderen Geräte mit Ihrem Galaxy koppeln. Verwenden Sie die *SCANNEN*-Schaltleiste, um nach zu koppelnden Bluetooth-Geräten zu suchen. Meist ist dies allerdings nicht nötig, weil das Bluetooth-Menü bereits beim Aufruf nach Bluetooth-Geräten sucht und sie anzeigt.

32.3 Bluetooth-Headset/Freisprecheinrichtung verwenden

Bluetooth eignet sich besonders gut für den Betrieb von drahtlosen Headsets. In unserem Beispiel verwenden wir ein Headset von Samsung. Es funktionieren aber natürlich auch Headsets fast aller anderer Hersteller, beispielsweise von Hama, Plantronics, Sennheiser oder Jabra.

❶❷ Gehen Sie, wie im vorherigen Kapitel beschrieben, in den *Bluetooth*-Bildschirm. Rufen Sie gegebenenfalls *SCANNEN* auf, falls das Headset dort nicht bereits in der Liste der gefundenen Geräte angezeigt wird. Nach einigen Sekunden wird die Freisprecheinrichtung gefunden und angezeigt. Tippen Sie deren Namen an.

❸ Das Galaxy meldet nun »*Für Anruffunktion verbunden*« beim Headset.

> Auf dem Headset müssen Sie zuvor in den Kopplungs-Modus schalten, beim Samsung-Headset beispielsweise, indem Sie die Sprechtaste mehrere Sekunden drücken. Eine LED blinkt dann blau.

❶ Geht jetzt ein Anruf ein, können Sie ihn wie gewohnt, oder alternativ über die Sprechtaste des Bluetooth-Headsets entgegennehmen.

❷ Zwischen Telefon-Lautsprecher und Headset schalten Sie jederzeit mit der *Headset*-Schaltleiste (Pfeil) um.

Wenn Sie das Headset ausschalten, wird natürlich auch automatisch die Bluetooth-Verbindung zum Galaxy beendet. Umgekehrt baut das Headset beim Einschalten automatisch wieder die Bluetooth-Verbindung auf.

> Besonders praktisch ist die Verwendung von Bluetooth-Freisprecheinrichtungen, die es bereits ab 40 Euro für den nachträglichen Einbau ins Auto gibt. Verlassen Sie das Auto mit Ihrem Handy, so wird automatisch die Bluetooth-Verbindung abgebaut, beim Einsteigen wieder aufgebaut. Sie brauchen also nicht die Freisprecheinrichtung jeweils ein/auszuschalten. Wichtig ist nur, daran zu denken, dass die Bluetooth-Verbindung auch dann aktiv ist, wenn Sie einige Meter neben dem Auto stehen – eingehende Anrufe laufen dann über die Freisprecheinrichtung.

❶❷ So heben Sie die Verbindung mit dem Headset auf: Tippen Sie mit dem den Finger kurz auf das Bluetooth-Headset in der Geräteauflistung. Alternativ können Sie natürlich auch einfach das Headset ausschalten.

❶❷ Weitere Funktionen erhalten Sie nach Antippen der ⚙-Schaltleiste:

- *Umbenennen*: Vergibt dem verbundenen Bluetooth-Gerät einen neuen Namen.
- *Entkoppeln*: Beendet die Bluetooth-Verbindung, sodass keine Daten mehr zwischen den beiden Geräten übertragen werden können. Für eine erneute Datenverbindung können Sie allerdings eine erneute Kopplung durchführen.
- *Anruffunktion*: Das vom gekoppelten Bluetooth-Gerät unterstützte Bluetooth-Profil. Beim Headset ist dies »Telefonaudio«.

32.4 Bluetooth-Audio

Das Galaxy bietet sich als MP3-Abspielgerät für Stereoanlage oder Aktivboxen an. Auch manche (Küchen-)Radios haben heute einen Audioeingang, an den man das Handy für stationären Musikgenuss anschließen kann. Die benötigten Kabel, welche man im Fachhandel oder in Online-Shops erwerben kann, sind entweder 3,5 mm Klinke auf 2 x Cinch (für Stereoanlagen oder hochwertige Aktivlautsprecher), beziehungsweise 2 x 3,5 mm Klinke. Lästig ist allerdings das permanente Ein- und Ausstecken des Verbindungskabels, wenn man sein Handy nicht dauerhaft an die Lautsprecher anschließen kann. Das Kabel kann man sich aber durch die Anschaffung eines Bluetooth-Lautsprechers ersparen, wie er schon ab ca. 50 Euro von diversen Herstellern verkauft wird. Sind dagegen schon (Aktiv)-Lautsprecher vorhanden, empfiehlt sich ein Bluetooth-Audioempfänger, der die Audiosignale dann per Kabel an die Lautsprecher weitergibt. In unserem Beispiel verwenden wir den »Philips AEA2000«, der etwa 35 Euro kostet.

Sehr populär sind zur Zeit auch Bluetooth-Lautsprecher mit Akku, deren Verbindungsaufbau im Prinzip genauso abläuft. Sofern Sie nur eine stationäre Musikwiedergabe planen, raten wir aber davon ab, weil die Bluetooth-Lautsprecher meist nur miesen Klang und eine geringe Lautstärke bieten.

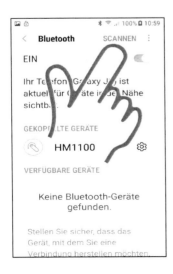 

❶ Gehen Sie in den Bluetooth-Bildschirm und betätigen Sie *Scannen* (Pfeil), sofern der Philips-Adapter nicht bereits gefunden wurde.

❷ Tippen Sie kurz den gefundenen Eintrag *PhilipsBT* an, worauf die Verbindung hergestellt wird.

Beim Philips-Bluetooth-Adapter zeigt die blau blinkende LED die Kopplungsbereitschaft an. Sofern der Adapter nicht gefunden wird, drücken Sie einfach kurz die Taste auf dessen Oberseite.

Alle Anwendungen auf dem Handy nutzen jetzt den Bluetooth-Adapter für die Audioausgabe, nur die Telefoniefunktion nutzt weiterhin ganz normal den Gerätelautsprecher.

❶❷ Zum Deaktivieren der Audioausgabe über Bluetooth schalten Sie entweder das Bluetooth-Gerät aus, entfernen sich aus dessen Empfangsreichweite oder schalten Bluetooth am Handy aus. Alternativ gehen Sie auf ⚙ und deaktivieren dann *Medienwiedergabe*. Aktivieren Sie es später wieder, damit die Audioausgabe erneut über den Bluetooth-Empfänger läuft.

32.5 Bluetooth-Nutzung zur Datenübertragung

Bluetooth kann nicht nur für die Kopplung mit Audio-Geräten, sondern auch für die Datenübertragung verwendet werden. Wenn Sie beispielsweise Ihre Fotos, Termine, Kontaktdaten, usw. mit jemandem anders teilen möchten, dann nutzen Sie einfach Bluetooth.

Die vor jeder Datenübertragung nötige Bluetooth-Kopplung kann, wie bereits erwähnt, entweder von Ihrem Handy aus oder durch den Kommunikationspartner erfolgen. In diesem Kapitel beschränken wir uns der Einfachheit halber auf die Bluetooth-Kopplung durch Ihr Handy.

Auch das populäre WhatsApp (siehe Kapitel *14 WhatsApp*) bietet die Möglichkeit an, Dateien über eine Internetverbindung an andere Geräte zu übertragen. Bluetooth basiert allerdings auf einer Direktverbindung zwischen beiden Kommunikationspartnern und ist deshalb wesentlich schneller.

32.5.1 Bluetooth-Kopplung

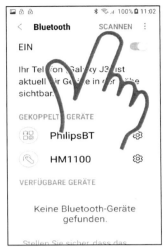  

❶ Gehen Sie, wie in den vorherigen Kapiteln beschrieben, in den Bluetooth-Bildschirm und betätigen Sie *SCANNEN*, sofern der Kommunikationspartner nicht bereits gefunden wurde.

❷ Tippen Sie kurz den gefundenen Eintrag an, worauf die Verbindung hergestellt wird.

❸ In der Regel müssen Sie das angezeigte Kennwort nur noch mit *OK* bestätigen.

> Auf dem zu verbindenden Handy, Tablet oder Notebook muss Bluetooth eingeschaltet und die Bluetooth-Sichtbarkeit aktiv sein.

  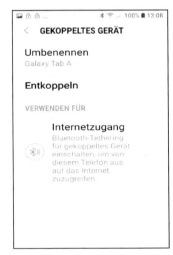

❶ Das andere Gerät erscheint nun unter *GEKOPPELTE GERÄTE*.

❷❸ Falls Sie später mal die Kopplung wieder deaktivieren möchten, gehen Sie auf ⚙ hinter dem Geräteeintrag und betätigen *Verbindung beenden*.

32.5.2 Daten vom Galaxy senden

Auf dem Galaxy unterstützen unter anderem der Kalender, das Telefonbuch und die Galerie-Anwendung den Datenversand per Bluetooth.

Bluetooth

 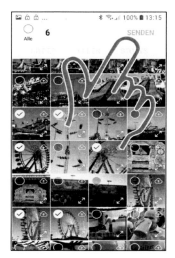 

❶ In der Galerie-Anwendung aktivieren Sie zunächst den Markierungsmodus, indem Sie auf ⋮ /*Senden* gehen.

❷ Die Galerie-Anwendung wechselt daraufhin in den Markierungsmodus und Sie können die Dateien markieren. Tippen Sie dabei auf die runden Markierungskästchen bei den Bildern. Danach betätigen Sie *SENDEN*.

❸ Im folgenden Menü ist *Bluetooth* auszuwählen (falls dieses nicht zu finden ist, blättern Sie einfach mit einer Wischgeste nach links in den Übertragungsoptionen).

Wählen Sie den Empfänger aus. Auf dem anderen Gerät müssen Sie in der Regel den Empfang über einen Dialog erlauben.

32.5.3 Daten auf dem Galaxy empfangen

  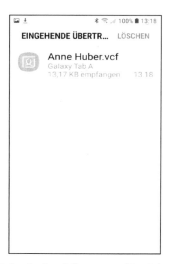

❶ Wenn Ihnen jemand eine Datei sendet, zeigt das Handy eine Sicherheitsabfrage an. Betätigen

Sie *ANNEHMEN*.

❷ Öffnen Sie nach dem Empfang das Benachrichtigungsfeld und gehen Sie auf *Bluetooth-Freigabe*.

❸ Tippen Sie die Datei an, welche nun in der zugehörigen Anwendung geöffnet beziehungsweise übernommen wird.

33. Tipps & Tricks

33.1 Eigene Klingel- und Benachrichtigungstöne

Standardmäßig bietet das Galaxy nur eine kleine Auswahl an Klingel- und Benachrichtigungssignalen. Sie dürfen aber weitere Audiodateien (idealerweise im Format MP3) installieren.

33.1.1 Einrichtung über den PC

Schließen Sie das Galaxy am PC an (siehe auch Kapitel *30 Gerätespeicher*). Wählen Sie als Gerät *Phone* aus.

Sie finden folgende Verzeichnisse vor:

- *Ringtones*: Für Klingeltöne (siehe Kapitel *5.4.2 Klingelton und Klingeltonlautstärke*)
- *Notifications*: Für Benachrichtigungen (Kalender, neue Nachrichten)
- *Alarms*: Für den Alarm (siehe Kapitel *22.9.1 Alarm*)

Kopieren Sie nun Audiodateien in die entsprechenden Verzeichnisse.

❶ Die neuen Klingel- und Benachrichtigungstöne lassen sich nun verwenden (siehe Kapitel *5.4.2 Klingelton und Klingeltonlautstärke*): Gehen Sie dazu im Hauptmenü in die *Einstellungen*.

❷❸ Wählen Sie *Töne und Vibration/Klingelton* und dann erneut auf *Klingelton*.

  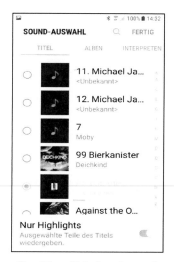

❶ Alternativ können Sie auch im Klingeltonauswahlmenü über die *Von Telefon hinzufügen*-Schaltleiste einen Song, der sich an beliebiger Stelle auf Speicherkarte oder im Gerätespeicher befinden darf, als Signalton einstellen.

❷ Gehen Sie im Dialog auf *Sound-Auswahl* und betätigen dann *ZULASSEN*.

❸ Wählen Sie einen Song aus und schließen Sie den Vorgang mit *FERTIG* ab.

33.2 GPS auf dem Galaxy nutzen

»Location Based Services« (zu deutsch: Standortbezogene Dienste) sind seit etwa einem Jahrzehnt ein großes Thema im Mobilbereich, da inzwischen fast alle Handys und Tablets über 200 Euro mit GPS-Empfänger ausgerüstet sind. Im Gegenzug dafür, dass der Handy-Besitzer seinen Standort an einen Diensteanbieter wie Google verrät, erhält er Zugriff auf nützliche Dienste, zum Beispiel Infos zu den nächstgelegenen Unterhaltungsangeboten, Tankstellen, Freizeitparks, usw.

Eine typische Anwendung, die von den Location Based Services Gebrauch macht, ist Google Maps (siehe Kapitel *15 Google Maps*). Suchen Sie in diesem Programm beispielsweise nach einem »Restaurant«, so zeigt Google Maps nur die nächstgelegenen und nicht deutschlandweit alle Restaurants an.

Wenn wir von der »GPS-Position« sprechen, sind natürlich zunächst nur die von den mehreren Dutzend GPS-Satelliten empfangenen Signale gemeint, aus denen ein Chip im Handy/Tablet bis auf wenige Meter genau die Position berechnet. Die GPS-Signale sind allerdings recht schwach und innerhalb von massiven Gebäuden wie Häusern, Tunneln, usw. nicht zu empfangen.

Ein sinnvoller Einsatz der Location Based Services ist deshalb alleine über GPS nicht möglich. Hier kommen die Standorte der Mobilfunkmasten ins Spiel. Da jeder Mobilfunkmast dem Handy/Tablet seine Kennung mitteilt, kann dieses aus einer Datenbank mit den Mobilfunkmast-Positionen die eigene Position auf ca. 100-500 Meter genau feststellen.

Auch WLAN-Zugangspunkte nutzen Handys/Tablets zur Lokalisierung. Da jeder WLAN-Router eine weltweit einmalig vergebene Netzwerkkennung (MAC) besitzt, die er beim Verbindungsaufbau mit Endgeräten mitteilt, muss man nur die Position aller WLAN-Router in der Umgebung wissen, um die eigene Position zu ermitteln.

Die Google-Mitarbeiter fahren natürlich nicht selbst durch die Gegend, um Mobilfunkmasten und WLAN-Zugangspunkte aufzuspüren, sondern überlassen diese Aufgabe dem Nutzer der Android-basierten Handys/Tablets. Jedes Android-Gerät übermittelt dazu in anonymer Form die vorgefundenen WLAN-Zugangspunkte und Mobilfunkmasten an die Google-Internet-Server. Andere Android-Geräte profitieren dann ebenfalls von einer genaueren Standortermittlung.

> Für die von den Android-Geräten übermittelten Positionsdaten hat Google noch eine weitere Verwendung gefunden: Anhand der (anonymisierten) Bewegungsprofile ermittelt Google die Fahrtgeschwindigkeit auf den Straßen, welche dann in der Google Maps Navigation bei der Fahrtroutenberechnung berücksichtigt wird. Siehe dazu Kapitel *15.6 Navigation*.

Nutzen Sie ein Programm wie Google Maps, das auf Standortdaten angewiesen ist, so werden Sie nach einiger Zeit aufgefordert, die Positionsermittlung zu erlauben – sofern GPS auf Ihrem Gerät nicht bereits aktiv ist. Betätigen Sie *OK*, um GPS einzuschalten.

Viele Programme aus dem Google Play Store (Kapitel *27.1 Play Store*) schalten dagegen die Positionsermittlung meist ohne Rückfrage ein.

Tipps & Tricks

❶ Die Standortermittlung konfigurieren Sie in den *Einstellungen*, die Sie aus dem Hauptmenü aufrufen.

❷❸ Gehen Sie auf *Verbindungen/Standort*.

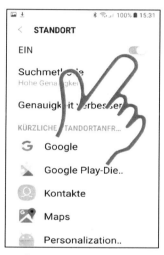 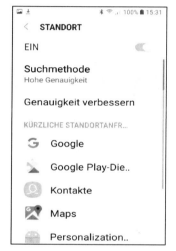 

❶ Über den Schalter (Pfeil) aktivieren/deaktivieren Sie die Standortermittlung. Dies ist übrigens auch über das Benachrichtigungsfeld möglich, worauf wir noch kommen.

❷❸ *Suchmethode* konfiguriert, welche Methoden dem Handy für die Standortermittlung zur Verfügung stehen. Wir empfehlen *Hohe Genauigkeit* zu verwenden.

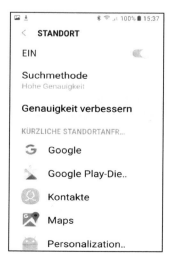 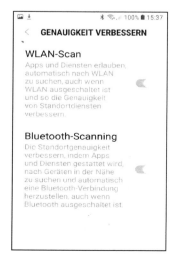 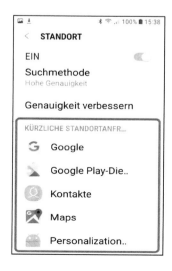

❶❷ Das *Genauigkeit verbessern*-Menü:

- *WLAN-Scan*: Auch wenn Sie kein WLAN verwenden beziehungsweise aktiviert haben, sucht das Handy nach WLAN-Zugangspunkten. Anhand bestimmter Parameter (jeder

WLAN-Zugangspunkt verfügt über eine weltweit einmalige Identifizierung) kann Google daraus den Handy-Standort ermitteln.

- *Bluetooth-Scanning*: Auch fremde Bluetooth-Geräte in der Nähe lassen sich teilweise für die Standortermittlung nutzen.

❸ Unter KÜRZLICHE STANDORTANFRAGEN listet der Bildschirm alle Programme und Systemfunktionen auf, die zuletzt Ihren Standort ausgewertet haben.

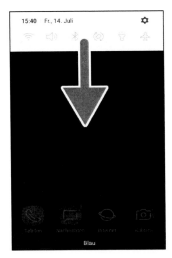
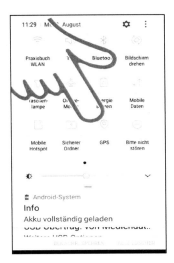
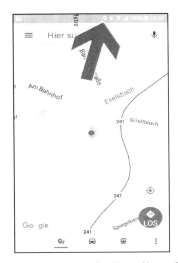

❶❷ Wie erwähnt, reduziert die Standortermittlung die Akkubetriebsdauer. Deshalb sollten Sie sie bei Nichtnutzung deaktivieren. Dies geschieht, indem Sie im Benachrichtigungsfeld nach unten Wischen, worauf alle Schaltleisten angezeigt werden. Tippen Sie auf ⊚ (nicht auf die *GPS*-Schaltleiste darunter). Umgekehrt aktivieren Sie darüber auch wieder die Standortermittlung.

❸ Wenn die Standortermittlung von einer Anwendung genutzt wird, erscheint eine Animation in der Titelleiste.

> Tipp: Ungewöhnlicherweise kommt es vor, dass in der Titelleiste eine GPS-Aktivität angezeigt wird, obwohl Sie GPS und die Standortdienste deaktiviert haben. In diesem Fall haben Sie eine Software am Laufen, die GPS von sich aus aktiviert. Sehr häufig aktivieren kostenlose Programme, die Sie aus dem Google Play Store installiert haben, GPS, um Ihnen passende Werbeeinblendungen in der Programmoberfläche anzuzeigen. Irgendwie muss sich die Software ja finanzieren, wozu auch standortbezogene Werbung zählt.

33.3 Zip-Dateien

Auf dem PC sind Zip-Archive, die mehrere Dateien und Verzeichnisse komprimiert speichern, Standard. Zip-Archive, die Sie an der Dateiendung ».zip« erkennen, werden häufig für im Internet angebotene Downloads verwendet, das heißt, wenn Sie häufig Dateien mit Ihrem Webbrowser herunterladen, dürften Sie früher oder später auch auf Zip-Dateien stoßen. Der mitgelieferte Datei-Manager (siehe Kapitel *22.2 Eigene Dateien*) kann diese entkomprimieren.

 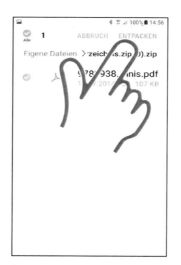 

❶ Beispiel: Sie haben in Gmail eine E-Mail erhalten, die eine Zip-Datei als Dateianhang enthält (diese Anwendung beschreibt Kapitel *10 Gmail*). Gehen Sie dort auf ⬇.

❷ Nach dem Herunterladen öffnet sich automatisch der Datei-Manager, worin Sie *ENTPACKEN* betätigen.

❸ Damit haben Sie nun Zugriff auf die entkomprimierte Datei, die Sie zum Öffnen antippen.

33.4 Anwendungen als Standard

❶ Sie haben wahrscheinlich zu diesem Zeitpunkt schon einige dutzend Programme aus dem Google Play Store (siehe Kapitel *27.1 Play Store*) installiert. Häufig überlappen sich dabei die Programmfunktionen, beispielsweise unterstützen fast alle Ebook-Leseprogramme (siehe Kapitel *23.1 Ebooks auf dem Galaxy lesen*) das PDF-Format. Wenn Sie auf dem Galaxy eine Funktion auslösen, für die mehrere Anwendungen in Frage kämen, fragt das Gerät nach. Im Fall einer PDF-Datei, die Sie in der Downloads-Anwendung oder im Dateimanager (siehe Kapitel *22.2 Eigene Dateien*) antippen, erscheint eine Rückfrage. Wählen Sie dann das gewünschte Programm aus. Die ausgewählte Aktion wird künftig automatisch durchgeführt, wenn Sie beispielsweise eine PDF-Datei antippen.

❷❸ Zweites Beispiel: Wenn Sie in den Kontaktdetails im Telefonbuch (siehe Kapitel *7 Telefonbuch*) eine E-Mail-Adresse antippen, wird Sie das Handy fragen, welche E-Mail-Anwendung Sie nutzen möchten. Künftig erfolgt keine Rückfrage mehr, wenn Sie eine E-Mail-Adresse antippen, sondern die zuvor gewählte E-Mail-Anwendung startet sofort.

  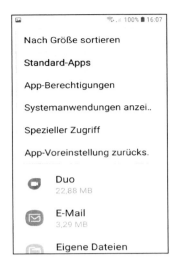

❶ So setzen Sie die Voreinstellung wieder zurück: Gehen Sie im Hauptmenü in die *Einstellungen*.

❷ Wählen Sie *Apps* aus.

❸ Gehen Sie auf ⋮/*Standard-Apps*.

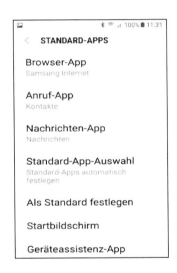

Sie finden folgende Optionen vor:

- *Browser-App*: Der verwendete Webbrowser.
- *Anruf-App*: Die verwendete Telefonoberfläche.
- *Nachrichten-App*: Für den Versand von SMS genutzte Anwendung.
- *Standard-App-Auswahl:* Wenn Sie im Auswahlmenü eine Anwendung antippen, wird diese immer verwendet, statt später erneut nachzufragen. Stellen Sie hier *Vor Standard-App-Festlegen fragen* ein, wenn das Handy stattdessen immer nachfragen soll.
- *Als Standard festlegen*: Hier finden Sie weitere Anwendungen, die als Standard definiert sind.
- *Startbildschirm*: Sie schalten damit das Aussehen des Startbildschirms um. Zur Auswahl stehen *TouchWiz-Start* (der Standard-Startbildschirm) und *TouchWiz Easy Startseite* (vereinfachter Startbildschirm). In diesem Buch gehen wir im Kapitel *33.9 Startbildschirm-Profile* darauf ein.
- *Geräteassistenz-App*: Unterstützt Menschen mit Sehbehinderung. In diesem Buch gehen wir nicht weiter darauf ein.

Die Anzahl der jeweils zur Auswahl angebotenen Anwendungen hängt davon ab, ob Sie funktionsgleiche aus dem Play Store oder Galaxy Apps (siehe Kapitel *27.2 Galaxy Apps*) installiert haben. Wenn Sie beispielsweise zwei neue Webbrowser installieren, so tauchen diese auch unter *Browser-App* auf.

Tipps & Tricks

❶ Rufen Sie *Als Standard festlegen* auf.

❷ Das Handy listet alle Programme auf, die als Standard festgelegt sein können. In unserem Beispiel wählen wir davon *Internet* aus.

❸ Betätigen Sie *STANDARDWERTE LÖSCHEN*.

33.5 Handy verloren oder geklaut – was nun?

Vorsorge ist immer die beste Versicherung, um das eigene Handy oder Tablet wiederzubekommen, wenn Sie es irgendwo mal liegen lassen oder es gestohlen wird. Wichtig ist erst einmal, dass ein ehrlicher Finder, beziehungsweise die Polizei die Möglichkeit hat, Sie zu kontaktieren. Zwar lassen sich auf dem Galaxy die Kontaktdaten so einstellen, dass sie beim Einschalten angezeigt werden, ist der Akku aber leer, bringt dies dem Finder auch nichts. Wir bringen deshalb auf unseren elektronischen Geräten, die wir unterwegs dabei haben, Adressaufkleber mit unseren Kontaktdaten an. Beim Galaxy ist dies leider mit einem Risiko verbunden, da der Kleber eventuell mit dem Plastikgehäuse reagiert. Entfernt man den Aufkleber später, beispielsweise weil man das Handy weiterverkaufen will, bleibt ein verfärbter Bereich sichtbar. Die meisten Anwender dürften sich aber für unterwegs ohnehin eine Schutzhülle anschaffen, sodass dort ohne Probleme ein Adressaufkleber angebracht werden kann.

33.5.1 Datenschutz

Ein weiteres wichtiges Thema ist der Schutz Ihrer persönlichen Daten auf dem Handy. Ein Finder/Dieb könnte nämlich zum Beispiel Folgendes:

- Kontakte und Termine ändern oder löschen.
- Die im Webbrowser gespeicherte Formulardaten, zum Beispiel das Login von Ebay oder einer Shopping-Website ausnutzen, um Käufe in Ihrem Namen durchzuführen.
- Diffamierende E-Mails oder SMS in Ihrem Namen über die E-Mail/Nachrichten-Anwendung verschicken.
- Nach peinlichen SMS, E-Mails, Fotos oder Videos suchen und diese im Web oder anderswo veröffentlichen.
- Sex-Hotlines oder sonstige teure 0900er-Premiumnummern über Ihre SIM-Karte anrufen.
- Im Google Play Store über Ihre dort gespeicherte Kreditkarte fröhlich Ihr Geld für teure Software ausgeben (nur möglich, wenn Sie Ihr Google-Konto-Passwort dort gespeichert haben).

An dieser Stelle wollen wir erst gar nicht über den Einsatz Ihres Android-Handys in einem sensiblen Firmenbereich reden. Das Galaxy speichert viele Daten wie Kontakte, Termine, Browser-Lesezeichen, usw. auf Google-Server, auf die amerikanische Behörden problemlos Zugriff haben. Es soll auch Firmen geben, die Software anbieten, um abgesicherte Geräte auszulesen, wozu nur der physische Zugriff auf das Gerät nötig ist (zum Beispiel auf Flughäfen bei der Zollkontrolle). Natürlich lässt sich das Galaxy auch ohne Google-Konto (und damit ohne Google-Server) nutzen, dann könnte man sich aber auch genauso gut ein Notizblock zulegen.

Damit es Diebe nicht zu einfach haben, hier einige Tipps:

- Aktivieren Sie in *Einstellungen/Gerätesicherheit/Sperrbildschirmtyp* die Gerätesperre (Muster, PIN oder Passwort). An die Daten in Ihrem Gerätespeicher kommt dann der Dieb nicht heran (siehe Kapitel *31.2 Gerätesperre*).

- Den Google Play-Store können Sie mit einer PIN in dessen Einstellungen absichern. Käufe sind dann erst nach PIN-Eingabe möglich.

- Die unter *Einstellungen/Gerätesicherheit/Andere Sicherheitseinstellungen/SIM-Sperre einrichten* festgelegte SIM-Kartensperre sorgt dafür, dass ein Dieb Ihre SIM-Karte nicht einfach entnehmen und in seinem Handy für teure Anrufe nutzen kann. Stattdessen wird der Dieb an der Abfrage der SIM-PIN scheitern.

- Aktivieren Sie in *Einstellungen/Gerätesicherheit/Find My Mobile* die Optionen *Fernzugriff* u(siehe Kapitel *31.5 Maßnahmen gegen Diebstahl*). Probieren Sie danach unbedingt die Find my Mobile-Website aus, damit Sie im Schadensfall schnell reagieren können.

- Notieren Sie sich die IMEI Ihres Handys (in der Telefonoberfläche des Handys *#06# eingeben) und schreiben Sie diese am besten auf Ihre Rechnung für das Gerät, sofern sie dort nicht bereits aufgeführt ist. Bei einer Diebstahlsmeldung können Sie die IMEI dann mit angeben.

Der Diebstahl/Verlust ist eingetreten:

Abhängig von der Situation, also wenn Sie nicht sicher sind, ob die zuvor aufgeführten Sicherheitsmaßnahmen greifen, gehen Sie wie folgt vor:

- Rufen Sie sich selbst an. Sind Sie mit mehreren Personen vor Ort, sollten diese zuvor ausschwärmen lassen, damit das Handy schnell lokalisiert wird. Ein markanter Klingelton ist da natürlich hilfreich. Der Selbstanruf ist auch von der Find my Mobile-Website (siehe Kapitel *31.5 Maßnahmen gegen Diebstahl*) möglich, wobei auch ein auf lautlos gestelltes Gerät mit voller Lautstärke klingelt.

- Loggen Sie sich auf der Google-Website in Ihr Google-Konto ein und ändern Sie Ihr Passwort.

- Erstatten Sie Anzeige bei der Polizei (den Polizei-Beleg benötigen Sie eventuell, damit Ihre Versicherung den Verlust erstattet). Eventuell hat sich dort auch schon der ehrliche Finder gemeldet.

- In Hotels, Bahnhöfen, Flughäfen gibt es extra Fundbüros, vielleicht hat dort jemand zwischenzeitlich das Gerät abgegeben.

- Lassen Sie beim Mobilnetzbetreiber Ihre SIM-Karte sperren.

- Falls Sie sich nach einiger Zeit sicher sind, dass Sie das Gerät nicht wieder erhalten, beziehungsweise wenn wichtige Daten drauf sind, die nicht in falsche Hände geraten sollen, führen Sie über die Find My Mobile-Website die Fernlöschung durch.

33.5.2 Schutz von Firmendaten

Wie Sie vielleicht schon der Presse entnommen haben, wurde Mitte 2013 bekannt, dass amerikanische Geheimdienste systematisch Telefon- und Internetdaten sammeln. Unterstützt werden sie dabei von praktisch allen im Internetgeschäft aktiven Unternehmen, darunter Google und Microsoft, die dafür spezielle Abhörschnittstellen bereitstellen. Weil auch die amerikanischen Betreiber der sogenannten Internetbackbones den Geheimdiensten helfen, können Sie davon ausgehen, dass alle Daten, die irgendwie durch die USA fließen, aufgezeichnet und ausgewertet werden.

Auch außerhalb der Vereinigten Staaten ist man nicht sicher, denn die britischen und französischen Geheimdienste sind natürlich ebenfalls im Lauschgeschäft aktiv. Offiziell dienen die beschriebenen Aktivitäten zwar der Terrorabwehr, laut Geheimdienstquellen profitieren von den gesammelten Informationen aber auch verschiedene Großunternehmen.

Wir empfehlen deshalb Unternehmen, auf die sogenannten Cloud-Dienste, bei denen Informationen auf Internetservern abgelegt und abgerufen werden, entweder zu verzichten oder besondere Sicherungsmaßnahmen zu ergreifen. Hilfreich sind Cloud-Dienste, deren Server ausschließlich in Deutschland stehen. Es sollte klar sein, dass Sie die Google-Dienste (Google-Konto) ebenfalls nicht nutzen dürfen, da Ihre Kontakte, Termine, Fotos, Webbrowser-Favoriten, Fotos, Bewegungsprofile (Google Maps, Google-Anzeigen mit Ortsauswertung in kostenlosen Programmen aus dem Play Store) usw. den US-Geheimdiensten praktisch auf dem Servierteller gereicht werden. Sofern Sie den Google-Speicher Drive nutzen, sollten Sie die hochgeladenen Dateien erst mit Verschlüsselungssoftware behandeln.

Erwähnenswert ist auch die Möglichkeit der Grenzbeamten in Großbritannien und den USA, anlasslos Daten von Notebook, Tablets oder Handys herunterzukopieren.

33.6 Akkulaufzeit erhöhen

Mit einigen kleinen Kniffen erhöhen Sie die Akkulaufzeit Ihres Galaxy-Handys:

- Wenn Sie keine GPS-Positionsbestimmung benötigen, deaktivieren Sie diese durch Ausschalten der *GPS*-Schaltleiste im Benachrichtigungsfeld.

- Gleiches gilt auch für WLAN oder Bluetooth, die Sie bei Nichtverwendung im Benachrichtigungsfeld deaktivieren.

- Passen Sie über den Helligkeitsregler im Benachrichtigungsfeld die Displaybeleuchtung an. Das Display ist die Handy-Komponente mit dem höchsten Stromverbrauch.

- Die Displayabschaltdauer stellen Sie in den *Einstellungen* unter *Anzeige/Bildschirm-Timeout* ein.

- Der im Kapitel *33.10 Energiesparmodi* vorgestellte Energiesparmodus kann ebenfalls die Akkulaufzeit positiv beeinflussen.

- Widgets im Startbildschirm (siehe Kapitel *4.8.2 Widgets*) dienen dazu, immer aktuelle Infos für den Anwender bereit zustellen, laden dafür aber teilweise in regelmäßigen Abständen Daten aus dem Internet (beispielsweise bei Newstickern). Reduzieren Sie die Aktualisierungshäufigkeit in den Einstellungen des Widgets oder löschen Sie nicht benötigte Widgets vom Startbildschirm).

- Beenden Sie alle Anwendungen und Spiele, wenn Sie sie nicht nutzen (mit der ⌫-Taste, sofern es keine andere Beendigungsoption gibt).

- Deaktivieren Sie die Option *Suchen nach nahen Geräten* in den Einstellungen (siehe Kapitel *35.1.1 Datenübertragung*).

Im Handel sind sogenannte Power-Packs erhältlich, die aus einem großen Akku bestehen, an die Sie Ihr Handy zum Nachladen anschließen. Ein Power-Pack reicht – je nach Kapazität – für mehrere Ladungen, bevor sie das Power-Pack selbst an einer Steckdose aufladen müssen.

Einen großen Einfluss hat auch das Mobilfunknetz. Befinden Sie sich an einem Standort mit schlechten Empfang (oben rechts in der Titelleiste werden nur ein oder zwei Balken für die Empfangsstärke angezeigt), dann versucht das Handy mit verstärkte Leistung zu senden, was die Akkulaufzeit reduziert. Wir empfehlen dann:

- Falls möglich, wechseln Sie den Standort. In Gebäuden ist der Empfang in Fensternähe oder in einem höheren Stockwerk meist besser.

- Befinden Sie sich längerfristig an einem Ort mit schlechtem Mobilfunkempfang, dann sollten Sie solange den Flugmodus aktivieren (sofern Sie weder telefonieren noch das Internet nutzen müssen). Den Flugmodus beschreibt Kapitel *5.6 Flugmodus (Offline-Modus)*.

- Vermeiden Sie Telefonate bei schlechtem Mobilfunkempfang. Nicht nur reduzieren Sie damit die Akkulaufzeit erheblich, sondern Sie setzen sich unnötigem Elektrosmog aus. Ein eindeutiger Einfluss von elektromagnetischen Wellen auf die Gesundheit wurde bisher allerdings noch nicht nachgewiesen.

33.7 Screenshots (Bildschirmkopien)

In jeder beliebigen Anwendung dürfen Sie einen Screenshot (Bildschirmkopie) erstellen.

 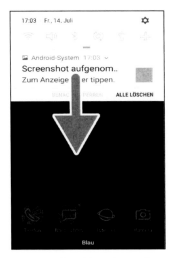 

❶ Drücken Sie in der Anwendung, von der Sie einen Screenshot erstellen möchten, für einige Sekunden gleichzeitig die ⬜-Taste und den Ein/Ausschalter. Ein Klickgeräusch informiert über den erfolgreichen Vorgang.

❷ Sie finden den Screenshot nun im Benachrichtigungsfeld. Mit einer Wischgeste über dem entsprechenden Eintrag blenden Sie gegebenenfalls die Bildvorschau und einige Schaltleisten ein.

❸ Über *BEARB* öffnen Sie die Datei im Bildeditor, während es *SENDEN* verschickt. Wir verwenden Letzteres.

❶❷ Anschließend wählen Sie den Übertragungsweg, im Beispiel als E-Mail-Dateianhang, aus.

Die Screenshot-Bilder finden Sie im Gerätespeicher im Verzeichnis *DCIM\Screenshots*.

33.8 Tippen statt Wischen

 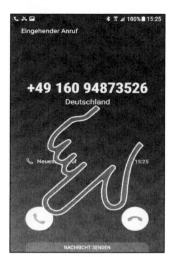

❶ Das Galaxy verzichtet bei vielen Gelegenheiten auf Schaltleisten und setzt stattdessen auf Wischgesten. Beispielsweise können Sie Anrufe nur mit einer Wischgeste annehmen oder blocken. Auch Kalenderalarme und Terminbenachrichtigungen schließen Sie mit einer Wischgeste.

❷ Mit einer kleinen Konfigurationsänderung, die wir unten vorstellen, stellen Sie allerdings auf einen Schaltflächenmodus um. Künftig können Sie statt zu wischen auch einfach die Schaltflächen antippen.

 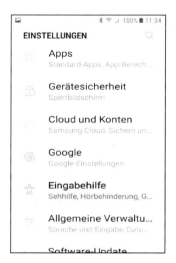 

❶ Gehen Sie im Hauptmenü auf *Einstellungen*.

❷ Rufen Sie *Eingabehilfe* auf.

❸ Aktivieren Sie *Einfaches Tippen*.

33.9 Startbildschirm-Profile

Für Anwender, die mit dem Galaxy-Handy nicht zurecht kommen, bietet sich die Umschaltung auf eine vereinfachte Benutzeroberfläche an.

 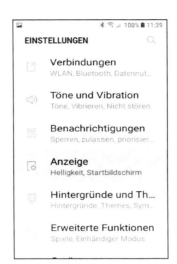 

❶ Das Galaxy bietet ebenfalls zwei umschaltbare Startbildschirm-Profile. Gehen Sie auf *Einstellungen* im Hauptmenü.

❷❸ Rufen Sie *Anzeige* und dann *Einfacher Modus* auf.

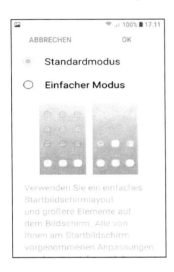

Aktivieren Sie *Einfacher Modus* und schließen Sie den Bildschirm mit *OK*.

Wenn Sie hier später wieder auf den *Standardmodus* umschalten werden Ihre vorgenommenen Änderungen gespeichert. Passen Sie die beiden Startbildschirme, wie im Kapitel *4.8 Startbildschirm konfigurieren* beschrieben, einfach an Ihre Vorlieben an.

❶❷ So sieht der »Einfache Modus« im Startbildschirm aus. Zum Deaktivieren des Einfachen Modus gehen Sie im (vereinfachten) Hauptmenü, das Sie über *Menü* (Pfeil) erreichen, auf *Einstellungen* und dann auf *Einfacher Modus*. Stellen Sie im Menü *Standardmodus* ein.

33.10 Energiesparmodi

Nicht immer hat man Zeit und Gelegenheit, den Akku des Galaxy zeitnah aufzuladen. Für solche Notfälle können Sie den Energieverbrauch reduzieren.

> Beachten Sie auch Kapitel *33.6 Akkulaufzeit erhöhen*, das auf weitere Energiesparmöglichkeiten am Handy eingeht.
>
> Wir raten wegen des damit verbundenen Komfortverlustes von der Verwendung der Energiesparmodi ab.

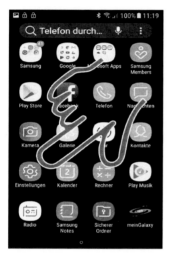 

❶ Gehen Sie auf *Einstellungen* im Hauptmenü.

❷ Rufen Sie *Gerätewartung* auf.

❶❷ Das *Akku*-Menü rufen Sie als Nächstes auf.

Je nachdem, ob Sie das Netzteil am Galaxy angeschlossen haben, werden Sie oben über die geschätzte Nutzungsdauer oder über die Ladedauer (bis der Akku voll ist) informiert.

Die verfügbaren Energiesparmodi (markiert):

- *MITTEL*: Optimiert mehrere Systemeinstellungen, um den Akkuverbrauch zu reduzieren. Der Nutzer merkt davon kaum etwas.
- *MAX.*: Nur für den »Notfall«, weil man damit die Benutzeroberfläche und viele Funktionen abschaltet.

❶❷ Folgendes wird im *MITTEL*- beziehungsweise MAX.-Energiesparmodus beeinflusst:

	MITTEL	MAX.
Maximale Helligkeit begrenzen (des Displays)	90%	90%
Geräteleistung beschränken (Prozessor- und Grafikleistung)	Ein	Ein
Hintergrundnetznutzung verhindern (WLAN/Mobilfunk nur für die gerade im Vordergrund laufende Anwendung verfügbar)	Nein	Ja

❸ Der MAX.-Modus wendet ziemlich drastische Sparmaßnahmen an. So stehen nicht mehr alle Gerätefunktionen zur Verfügung, die Menüstruktur wird stark verändert und der Hintergrund ist schwarz.

Im MAX.-Modus finden Sie die Energiesparmodus-Funktionen in den Einstellungen. Gehen Sie dort auf Akku.

33.11 Benachrichtigungen einschränken

Das Benachrichtigungsfeld fasst alle Meldungen der auf dem Galaxy vorhandenen Programme zusammen. Leider wird es schon nach kurzer Zeit sehr unübersichtlich, sodass Sie mit einer Wischgeste (❶) durch die Benachrichtigungen blättern müssen. Zur Kenntnis genommene Meldungen können Sie, wie bereits im Kapitel *4.8.5 Titelleiste und Benachrichtigungsfeld* gezeigt, mit einer horizontalen Wischgeste (❷) entfernen.

❶ Abhilfe schaffen die Benachrichtigungseinstellungen, die Sie durch Tippen und Halten des Fingers über einem Eintrag aufrufen.

❷ Die Optionen:

- *Benachrichtigungen zulassen*: Deaktiviert alle akustischen und optischen Benachrichtigungen der Anwendung.
- *Stumm anzeigen*: Ton, Vibration und Popup deaktivieren. Es erscheint nur ein Hinweis in der Titelleiste.
- *Auf dem Sperrbildschirm*: Die Benachrichtigungen erscheinen in der Gerätesperre.
- *Als Priorität festlegen*: Die Benachrichtigungen des Programms erscheinen vor den anderen im Benachrichtigungsfeld.

Schließen Sie den Bildschirm anschließend mit der ⮌-Taste.

❸ Bei einigen Programmen wie der Telefon-Anwendung steht nur die Option *Als Priorität festlegen* zur Verfügung.

 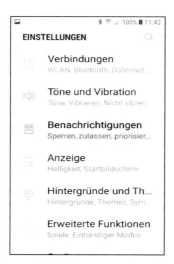 

❶ Alternativ bearbeiten Sie die Benachrichtigungen über die *Einstellungen* aus dem Hauptmenü.

❷❸ Wählen Sie *Benachrichtigungen* aus und deaktivieren Sie die Schalter bei den Anwendungen, die sich nicht mehr bemerkbar machen sollen.

33.12 Gestensteuerung

Den Bewegungssensor, die Frontkamera, das berührungsempfindliche Display und ausgefuchste Software versetzen das Galaxy in die Lage, bestimmte Gesten in Aktionen umzusetzen. Allerdings werden Sie viele der unterstützten Bewegungssteuerungen wohl nie nutzen, da sie einfach zu umständlich sind, oder gewohnte Abläufe stören.

 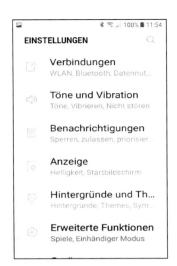 

❶ Rufen Sie die *Einstellungen* aus dem Hauptmenü auf.

❷ Rufen Sie das *Erweiterte Funktionen*-Menü auf.

❸ Die Optionen (nicht alle der aufgeführten Menüs haben etwas mit der Bewegungssteuerung zu tun):

- *Spiele*: Verwaltet:
    - *Game Launcher*: Alle von Ihnen aus dem Play Store (siehe Kapitel *27.1 Play Store*) installierten Spiele in einem Ordner im Hauptmenü einordnen.
    - *Game Tools*: Hilfsmittel, die während eines Spiels zur Verfügung stehen (siehe Kapitel *27.1.3 Game Tools*).
- *Anrufer-ID und Spam-Schutz*: Darauf geht bereits Kapitel *5.8 Unerwünschte Anrufer blockieren (Sperrliste)* ein.
- *Einhändiger Modus*: Verkleinert die Bildschirmdarstellung, damit Sie das Handy mit einer Hand bedienen können.
- *Kamera-Schnellstart*: Öffnet automatisch die Kamera (siehe Kapitel *16 Kamera*), wenn Sie zweimal schnell hintereinander die ⬜-Taste betätigen.
- *Multi Window:* Auf die Nutzung von mehreren Anwendungen in Fenstern gehen wir im Kapitel *33.13 Mehrfensteransicht* ein.
- *Smart Alert*: Diese Funktion ist beispielsweise für Anwender in Besprechungen interessant: Legen Sie das Handy mit ausgeschalteter Lautstärke vor sich auf den Tisch. Heben Sie nach einiger Zeit das Handy auf, worauf es bei Vorliegen eines verpassten Anrufs oder einer ungelesenen Nachricht vibriert.
- *Einfache Stummschaltung*: Legen Sie – abhängig von der hier vorgenommenen Einstellung – das Handy mit dem Display zuerst auf den Tisch oder halten Sie die Handfläche über das Display, um Anrufe und Alarmtöne stumm zuschalten.
- *Für Anruf/Nachrichten streichen*: Schaltet die im Kapitel *5.1.4 Anruf aus dem Telefonbuch* und *6.2.1 Kontakt aus Telefonbuch* beschriebene Wischgeste ein/aus.
- *Dual Messenger*: Die meisten Chat-Programme (Facebook Messenger, Skype, Snapchat, usw.) unterstützen nur einen Benutzer. Über den Dual Messenger können Sie trotzdem mehrere mit mehreren Benutzerkonten angemeldet sein. In der Praxis macht dies aber meistens keinen Sinn.
- *SOS-Nachrichten senden*: Dreimaliges schnelles Betätigen des Ein/Ausschalters sendet eine Notfall-SMS an vorbestimmte Notfallkontakte.
- *Direkte Freigabe*: Nicht von Samsung dokumentiert.

❶❷ Alle Bewegungssteuerungsfunktionen, im Beispiel *Smart Alert*, werden in einer Animation gezeigt und ausführlich erläutert.

33.12.1 Einhändiger Betrieb

Es gibt die Option einer Bildschirmverkleinerung, damit sich das Handy mit einer Hand bedienen lässt.

❶ Rufen Sie die *Einstellungen* aus dem Hauptmenü auf.

❷ Gehen Sie auf *Erweiterte Funktionen/Einhändiger Modus*.

❸ Nun aktivieren Sie den Schalter (Pfeil). Die Optionen:

- *Geste*: Diagonal mit dem Finger von unten nach oben auf dem Bildschirm wischen. Wir empfehlen, diese Voreinstellung nicht zu ändern.

- *Schaltfläche*: Dreimaliges schnelles Betätigen der ⬜-Taste verkleinert die Bildschirmdarstellung.

- *Bildschirmtasten anzeigen*: Blendet die Tasten unterhalb des Displays auf dem Bildschirm ein. In der Regel macht dies keinen Sinn.

❶❷ Wenn die Option *Einhändiger Modus* aktiv ist, betätigen Sie je nach Einstellung dreimal schnell hintereinander die ⌂-Taste oder wischen diagonal über das Display. Über die Schaltleiste auf der linken beziehungsweise rechten Seite (Pfeil) ändern Sie die Anordnung. Tippen Sie auf einen Bereich außerhalb des Fensters, um die die verkleinerte Bildschirmansicht zu beenden.

33.13 Mehrfensteransicht

Normalerweise läuft auf Android-Geräten immer nur ein Programm im Vordergrund. Fenster, wie man sie von Windows-PCs her kennt, in denen jeweils ein Programm seine Bildschirmausgaben durchführt, kennt Android dagegen von Haus aus nicht – schließlich würde es auf den kleinen Handy-Displays schnell unübersichtlich, wenn dort mehrere Programme gleichzeitig aktiv wären. Beim Galaxy steht dagegen genügend Displayfläche zur Verfügung, um zwei Programme gleichzeitig in Fenstern laufen zu lassen.

❶ Aktivieren Sie zunächst mit der ⧉-Taste unterhalb des Displays die Liste der zuletzt genutzten Anwendungen. Mit einer Wischgeste nach oben/unten blättern Sie durch die Auflistung. Bei vielen Programmen sehen Sie eine ⧉-Schaltleiste, wovon Sie eine antippen.

❷❸ Das Galaxy wechselt in die Mehrfensteransicht. Das Handy zeigt unter dem Fenster alle Programme an, die den Mehrfenstermodus unterstützten. Wischen Sie durch die Programmauflistung und wählen Sie ein weiteres Programm aus.

❶❷ Den Anzeigebereich ändern Sie durch Tippen, Halten und Ziehen der Markierung (Pfeil).

Die Mehrfensteransicht beenden Sie einfach, indem Sie eines der beiden Fenster mit der ⤺-Taste schließen (eventuell vorher das zu schließende Fenster durch Antippen aktivieren).

❶ Wenn Sie dagegen die Mehrfensteransicht mit der ⬜-Taste beenden, »merkt« sich das Galaxy das zuletzt geöffnete Fenster. Sie erkennen dies am 吕-Symbol (Pfeil) in der Titelleiste. Wenn Sie die ▭-Taste erneut betätigen, blendet das Handy das letzte Fenster wieder ein, beim zweiten Betätigen wird das zweite Fenster eingeblendet.

❷ Im Benachrichtigungsfeld sehen Sie ebenfalls einen Hinweis auf den Fenstermodus. Dort beenden Sie ihn mit der ✕-Schaltleiste.

33.14 Sicherer Ordner

Das Galaxy lässt sich über die im Kapitel *31.2 Gerätesperre* beschriebenen Funktionen sehr einfach gegen fremden Zugriff schützen. Sofern Sie wichtige Daten auf dem Gerät aufbewahren, sollten Sie aber darüber nachdenken, diese im sogenannten sicheren Ordner aufzubewahren – schließlich kommt es ja ab und zu vor, dass Sie Ihr Handy Dritten überlassen.

Genau genommen handelt es sich beim »sicheren Ordner« nicht um einen Ordner, sondern um einen separaten Speicherbereich, auf den man von außen keinen Zugriff hat. Dateien, auf die Sie auch außerhalb des sicheren Ordners Zugriff haben möchten, müssen Sie von Hand dafür freigeben.

Richten Sie vor der Verwendung des sicheren Ordners Ihr Samsung-Konto ein (siehe Kapitel *26 Das Samsung-Konto*). Damit erhalten Sie die Möglichkeit, das Passwort für den sicheren Ordner zurückzusetzen, falls sie es mal vergessen.

33.14.1 Einrichtung

❶ Im Hauptmenü rufen Sie *Sicherer Ordner* auf.

❷ Betätigen Sie *ÜBERSPRINGEN*.

❸ Schließen Sie den Bildschirm mit *BESTÄTIGEN*.

Legen Sie nun einen Zugriffsschutze per Muster, PIN oder Passwort an.

 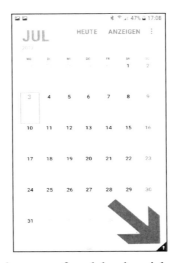

❶ Das Galaxy listet alle Anwendungen auf, welche den sicheren Ordner nutzen.

❷ Wenn Sie eine der unterstützten Anwendungen nutzen, weist ein Symbol am unteren Bildschirmrand darauf hin, dass der sichere Ordner aktiv ist.

33.14.2 Sicherer Ordner in der Praxis

  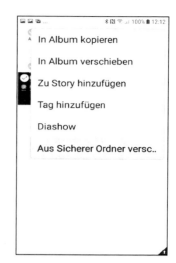

❶❷ Über *Sicherer Ordner* im Hauptmenü rufen Sie das Menü auf, aus dem Sie diejenigen Anwendungen starten, die den »sicheren Ordner« unterstützen.

❸ ⋮/*Aus Sicherer Ordner verschieben* macht Daten/Dateien der Galerie-Anwendung (siehe Kapitel *17 Galerie*) wieder im normalen Speicher zugänglich.

33.15 Ordner im Startbildschirm und Hauptmenü

Insbesondere, wenn Sie sehr viele Spiele und Anwendungen aus dem Play Store (siehe Kapitel *27.1 Play Store*) installieren, verlieren Sie im Startbildschirm und Hauptmenü schnell den Überblick. Für Übersicht sorgen dann die Ordner.

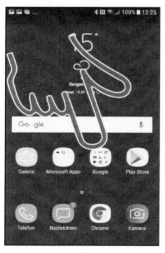 

❶❷ Die Ordner haben Sie ja bereits im Laufe des Buches kennen gelernt: Auf dem Gerät vorhanden sind beispielsweise der *Samsung*- und *Google*-Ordner.

❶ So legen Sie selbst einen Ordner an: Halten Sie den Finger auf einem Programmsymbol und ziehen Sie es auf ein anderes. Sofern Sie sich im Hauptmenü befinden, benötigen Sie etwas Geschick dabei, denn wenn Sie das Symbol zu lange halten, wechselt das Galaxy auf den Startbildschirm. Lassen Sie sich auch nicht irritieren, falls das Popup erscheint, bevor Sie das Symbol ziehen.

❷ Schließen Sie den Ordner mit der ⮌-Taste.

❸ Sie können nun weitere Programme in den Ordner ziehen.

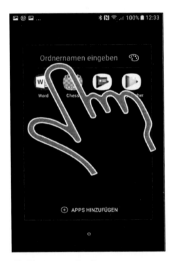  

❶❷ Den Ordnernamen ändern Sie durch Antippen von *Ordnernamen eingeben*. Schließen Sie die Eingabe über die *OK*-Taste unten rechts im Tastenfeld ab.

❸ Der Ordner erscheint mit dem neuen Namen.

❶ So entfernen Sie ein Programm wieder aus dem Ordner: Halten und ziehen Sie es außerhalb des Ordnerfensters.

❷❸ Das Ordnerlöschen erfolgt, indem Sie mit den Finger auf dem Ordner halten, bis das Popup erscheint. Wählen Sie darin *Löschen eines Ordners.* Schließen Sie den Hinweis mit *LÖSCHEN EINES ORDNERS*. Die enthaltenen Programme werden natürlich nicht gelöscht, sondern befinden sich wieder im Hauptmenü beziehungsweise Startbildschirm.

34. Eingabemethoden

Die Eingabemethode aktiviert sich automatisch, wenn Sie sich in einem Eingabefeld befinden. Das Galaxy besitzt kein separates Tastenfeld wie viele einfache Handys, weshalb der Hersteller diverse Tricks anwendet, damit Sie mit Ihren Fingern trotzdem fehlerfrei Eingaben vornehmen können.

 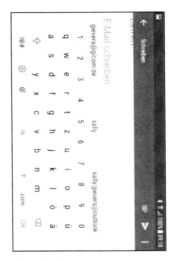

❶ Die Standardeingabemethode beim Galaxy.

❷ Ein besonders großes Tastenfeld erscheint, wenn Sie das Galaxy um 90 Grad gedreht halten. Dabei ist es egal, welche Eingabemethode vorher aktiv war.

❶ Häufig kommt es vor, dass das Tastenfeld wichtige Eingabefelder oder Informationen überdeckt. In diesem Fall tippen und halten Sie den Finger auf dem Bildschirm (nicht auf das Tastenfeld) und ziehen nach unten, beziehungsweise oben.

❷ Alternativ betätigen Sie einmal die ⤺-Taste, woraufhin das Tastenfeld verschwindet. Sobald Sie ein Eingabefeld antippen, zeigt das Galaxy das Tastenfeld wieder an.

❸ Alternativ betätigen Sie die *Weiter*-Taste im Tastenfeld, woraufhin das nächste Eingabefeld angesprungen wird.

Eingabemethoden

Das Galaxy unterstützt folgende Eingabemethoden:

- **Samsung-Tastatur (❶)**: Die Standard-Eingabemethode.
- **Durchgehende Eingabe**: Eine Erweiterung der Samsung-Tastatur, die ähnlich funktioniert wie das von anderen Handys bekannte »Swype«. Eingaben nehmen Sie vor, indem Sie mit dem angedrückten Finger auf dem Tastenfeld von Buchstabe zu Buchstabe ziehen. Die Tastenfunktionen der Samsung-Tastatur stehen, während die durchgehende Eingabe aktiv ist, weiterhin zur Verfügung.
- **Spracheingabe (❷)**: Das Galaxy setzt Ihre gesprochenen Wörter oder Sätze in Text um.

❶❷ Eine Besonderheit ist die ⚙-Taste: Tippen und halten Sie sie für die Umschaltung zwischen den verschiedenen Eingabemodi oder die Einstellungen.

❸ Die Taste erhält die zuletzt gewählte Funktion zugewiesen, im Beispiel die Spracheingabe.

34.1 Samsung-Tastenfeld

Das Samsung-Tastenfeld ist standardmäßig aktiv und bietet einen guten Kompromiss zwischen Bedienbarkeit und Tastengröße.

❶ Für Satz- und Sonderzeichen ist auf der Displaytastatur kein Platz. Betätigen Sie dafür einfach die !#☺-Taste (Pfeil).

❷ Über die »*ABC*«-Taste schalten dann wieder auf das normale Tastenfeld zurück.

  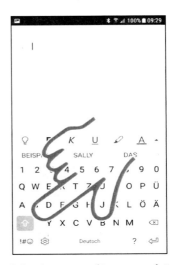

❶ Umlaute geben Sie ein, indem Sie die jeweilige Taste, im Beispiel »A« etwas länger gedrückt halten. Das Tastenfeld zeigt nun ein Popup an, worin Sie auf den Umlaut tippen.

❷ In E-Mail-Eingabefeldern ändert sich die Tastenbelegung etwas: Sie haben dann unter anderem das »@«-Zeichen und das häufig benötigte ».com« zur Verfügung.

❸ Die Hochstelltaste (Pfeil) funktioniert genauso wie von einer PC-Tastatur gewohnt, das heißt, zweimaliges Betätigen sorgt dafür, dass alle Buchstaben in Großbuchstaben erscheinen. Betätigen Sie die Taste erneut, werden die Großbuchstaben wieder abgeschaltet.

34.1.1 Wortvorschläge

Damit Sie nicht soviel tippen müssen, macht das Tastenfeld während der Eingabe Wortvorschläge.

Eingabemethoden

❶❷ Während Sie tippen, blendet das Galaxy oberhalb des Tastenfelds automatisch Wortvorschläge ein. Tippen Sie bei Bedarf einfach mit dem Finger einen Vorschläge an.

Häufig schlägt das Tastenfeld bereits sehr frühzeitig ein passendes Wort vor. Betätigen Sie nun die Leertaste oder geben Sie ein Satzzeichen an, dann wird das vorgeschlagene Wort automatisch ins Eingabefeld übernommen. Sie ersparen sich so das Antippen des Wortvorschlags.

> Durch den Einsatz der Wortvorschläge können Sie häufig auf die umständliche Eingabe von Umlauten verzichten. Geben Sie beispielsweise »Schafchen« ein, dann erscheint der Wortvorschlag »Schäfchen«, den Sie durch Antippen ins Eingabefeld übernehmen.

34.1.1.a Wörterbuchsprache einstellen

 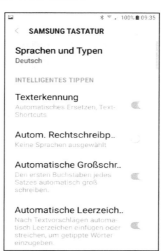

❶❷ Das Galaxy nutzt ein Wörterbuch, um die eingegebenen Wörter zu erkennen. Wenn Sie Texte in einer anderen Sprache schreiben, müssen Sie die Wörterbuchsprache ändern. Dazu betätigen Sie die ⚙-Taste (Pfeil) (falls Sie das ⚙ nicht sehen, tippen und halten Sie die Taste rechts von !#☺ und wählen Sie dann ⚙) und gehen auf *Sprachen und Typen*.

❶❷ Gehen auf *EINGABESPRACHEN VERWALTEN* und schließen Sie den Hinweis mit *ZU-STIMMEN*.

❸ Aktivieren Sie die verwendeten Sprachen, also zum Beispiel neben *Deutsch* auch *English (UK)*. Falls Sie weitere Sprachen benötigen, laden Sie diese durch Antippen des Sprachnamens unten in der Liste herunter. Schließen Sie den Bildschirm mit der ⤺-Taste.

❶❷ »Wischen« Sie mit angedrücktem Finger auf der Leertaste, um die Sprache umzuschalten.

34.1.1.b Das Anwendungswörterbuch

Abhängig von der genutzten Anwendung schreiben Sie jeweils anders. Das Galaxy kann dann Ihre Schreibgewohnheiten bei der Texterkennung berücksichtigen.

Eingabemethoden 403

❶ Gehen Sie auf ✿ (Pfeil).

❷ Prüfen Sie, ob *Texterkennung* eingeschaltet ist.

❶ So fügen Sie dem Anwenderwörterbuch weitere Wörter hinzu: Geben Sie das Wort auf dem Tastenfeld ein und tippen Sie es dann links in den Wortvorschlägen an (Pfeil). Das Wort wird nun beim nächsten Mal vorgeschlagen, sobald Sie die ersten Buchstaben davon eintippen.

❷❸ Manchmal soll ein Wortvorschlag später wieder aus dem Anwenderwörterbuch beziehungsweise den Vorschlägen verschwinden, beispielsweise weil Sie ihn falsch geschrieben haben. Geben Sie das Wort ein, dann tippen und halten Sie den Finger auf dem Wortvorschlag, bis das Popup erscheint. Betätigen Sie *OK*.

34.1.2 Einstellungen

Tippen Sie die ⚙-Taste für die Eingabeeinstellungen an.

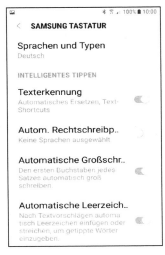 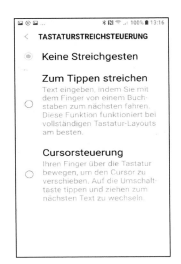

❶❷ Die Einstellungen:

Unter *Sprachen und Typen*:

- Die verschiedenen Eingabemethoden auf dem Galaxy greifen für Wortvorschläge jeweils auf das Wörterbuch zurück. Falls Sie häufig Texte in einer anderen Sprache schreiben, sollten Sie diese hier unter *Eingabesprachen auswählen* einstellen. Siehe Kapitel *34.1.1.a Wörterbuchsprache einstellen*.

Unter *INTELLIGENTES TIPPEN*:

- *Texterkennung*: Steuert die Anzeige der Wortvorschläge oberhalb des Tastenfelds.
- *Automatische Rechtschreibprüfung*: Das Samsung markiert nicht erkannte/falsch geschriebene Worte mit einem Unterstrich. Damit Sie diese Funktion nutzen können, müssen Sie *Automatisch ersetzen* deaktiviert haben. Mangels sinnvoller Anwendungsmöglichkeiten gehen wir nicht weiter darauf ein.
- *Automatische Großschreibung*: Bei Satzanfängen beginnen Wörter automatisch mit Großbuchstaben.
- *Automatische Leerzeichen:* Nach übernommenen Textvorschlägen fügt das Tablet automatisch ein Leerzeichen ein.
- *Autom. Satzzeichen setzen*: Betätigen Sie zweimal hintereinander die Leertaste, um einen Punkt einzugeben.
- *Tastaturstreichsteuerung* (❷): Welche Aktion Sie durch ein Wischen mit dem Finger über das Tastenfeld auslösen):
    - *Keine Streichgesten*: Das Fingerwischen hat keine Funktion.
    - *Zum Tippen streichen*: Aktiviert die Swype-ähnliche Eingabemethode, bei der Sie mit angedrücktem Finger auf dem Tastenfeld von Buchstabe zu Buchstabe ziehen. Auf *Durchgehende Eingabe* geht Kapitel *34.2 Durchgehende Eingabe* ein.
    - *Cursorsteuerung*: Sie bewegen den Cursor mit Wischgesten auf dem Tastenfeld.

Unter *ANPASSUNG*:

- *Tastaturgröße und Layout*:
    - *Zahlentasten*: Blendet die Nummerntasten über dem Tastenfeld ein/aus.
    - *Benutzerdefinierte Symbole*: Einige vorgegebenen Symbole auf dem Tastenfeld können Sie ändern, wovon wir aber abraten.
    - *Tastaturgröße:* Das Tastenfeld lässt sich geringfügig in der Höhe ändern.
- *Tastenfeedback*:
    - *Ton*: Akustisches Feedback, wenn Sie eine Taste auf der Tastatur betätigen.
    - *Zeichenvorschau*: Wenn Sie eine Taste betätigen, erscheint der Buchstabe in einem

Eingabemethoden

großen Popup. Dies ist praktisch, da der Finger die betätigte Taste ja meist verdeckt.
- *Kontrastreiche Tastatur*: Invertiert den Tastaturhintergrund und verwendet für die Tasten eine leuchtende Farbe.

Unter *WEITERE EINSTELLUNGEN*:
- *Auf Standardeinstellungen zurücksetzen*: Setzt alle Einstellungen auf den Auslieferungszustand zurück.

34.2 Durchgehende Eingabe

  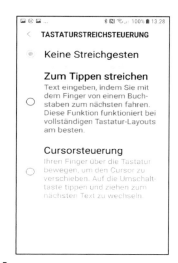

❶❷ Zum Einschalten der durchgehenden Eingabe betätigen Sie ⚙ auf dem Tastenfeld, gehen Sie auf *Tastaturstreichsteuerung* und aktivieren *Zum Tippen streichen*. Auf dem gleichen Wege lässt sich die durchgehende Eingabe später auch jederzeit wieder deaktivieren (wählen Sie dann *Ohne*).

❶❷ Die durchgehende Eingabe ist recht einfach zu verstehen: Halten Sie den Finger auf den ersten Buchstaben des einzugebenden Worts angedrückt und ziehen Sie nun mit angedrücktem Finger auf die weiteren Buchstaben des Worts. Setzen Sie dann den Finger ab. In unserem Beispiel soll »Beispiel« eingegeben werden. Leerzeichen fügt die durchgehende Eingabe übrigens automatisch zwischen den Wörtern ein. Für die Eingabe von doppelten Buchstaben bewegen Sie den Finger über der entsprechenden Taste einfach hin und her.

34.3 Spracherkennung

❶ Die Spracherkennung aktivieren Sie über die ♀-Taste (Pfeil) auf der Samsung-Tastatur (falls Sie dort kein ♀ sehen, tippen und halten Sie diese Taste, bis das Popup erscheint, worin Sie das ♀-Symbol auswählen).

❷ Sprechen Sie dann in ruhigem Tonfall und gleichmäßig die Wörter beziehungsweise Sätze, die dann in Text umgesetzt werden. Beenden Sie die Spracherkennung, indem Sie die ♀-Schaltleiste erneut antippen.

❸ Die ✕-Schaltleiste (Pfeil) wechselt die Eingabemethode wieder zum Tastenfeld.

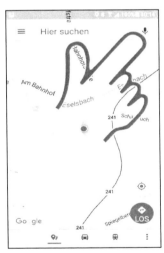 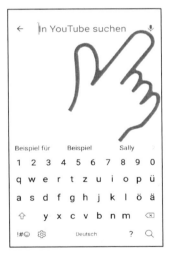

In vielen Anwendungen auf dem Galaxy wird eine direkte Spracheingabe unterstützt, hier bei Google Maps (❶) und der Suchfunktion von YouTube (❷).

34.4 Texte kopieren, ausschneiden und einfügen

Es kommt häufiger mal vor, dass man einen Text, beispielsweise aus einer SMS oder E-Mail, in einer anderen Anwendung weiterverwenden will.

Leider handhaben die Anwendungen das Kopieren und Einfügen von Texten jeweils etwas unterschiedlich. Damit Sie eine Idee davon bekommen, wie der grundsätzliche Ablauf ist, möchten wir einen Text aus einer im Webbrowser angezeigten Webseite in Gmail (siehe Kapitel *10 Gmail*) versenden.

Eingabemethoden

❶ Beispiel für das Markieren im Chrome-Browser (siehe Kapitel *13 Chrome-Webbrowser*): Tippen und halten Sie den Finger auf einem Wort, welches darauf hin markiert ist.

❷ Anschließend ändern Sie den markierten Bereich, indem Sie die Schieber an die gewünschte Position bewegen. Dabei unterstützt Sie eine eingeblendete Lupe.

❸ Tippen Sie die *KOPIEREN*-Schaltleiste an.

❶❷ Weitere Funktionen finden Sie im ⋮-Menü (Pfeil):

- *ALLE AUSWÄHLEN:* Sie können darüber den gesamten Text auswählen.
- *WEBSUCHE:* In Google nach dem markierten Text suchen (Websuche).

❶ Tippen und halten Sie den Finger in die Zielposition – bitte beachten Sie dabei, dass Sie nur in bestehenden Text beziehungsweise ans Textende tippen können.

❷❸ Im Popup wählen Sie *EINFÜGEN*.

35. Benutzerkonfiguration

Ähnlich wie bei Windows auf dem Desktop-PC kann auch das Galaxy an die Vorlieben (und Schwächen!) des Nutzers angepasst werden.

> Hinweis: Bevor Sie dieses Kapitel durcharbeiten, sollten Sie sich bereits ausführlich mit dem Handy auseinandergesetzt haben.

❶ Für die *Einstellungen* aktivieren Sie das Benachrichtigungsfeld und tippen ✿ an.

❷ Alternativ gehen Sie im Hauptmenü auf *Einstellungen*.

❶❷ Tipp: Falls Sie mal nicht wissen, in welchem Menü eine bestimmte Funktion zu finden ist, betätigen Sie 🔍 und geben den Suchbegriff ein. Tippen Sie dann in der Ergebnisliste einen Eintrag an.

> Die Schrift in den Menüs wurde für dieses Buch für bessere Lesbarkeit eine Stufe größer gestellt. Bei Ihrem Gerät sehen deshalb die Menüs deshalb etwas anders aus.

Die meisten Einstellungsfunktionen werden bereits im Buch beschrieben, weshalb wir auf die entsprechenden Kapitel verweisen.

Die Menüpunkte:

- *Verbindungen*: Funkverbindungen verwalten. Siehe Kapitel *35.1 Netzwerkverbindungen*.
- *Töne und Vibration*: Siehe Kapitel *4.15 Medienlautstärke und Signaltöne*.
- *Benachrichtigungen*: Siehe Kapitel *33.11 Benachrichtigungen einschränken*.
- *Anzeige*: Siehe Kapitel *29.1 Bildschirmanzeige anpassen*.
- *Hintergründe und Themes*: Siehe Kapitel *4.8.4 Hintergrundbild*.
- *Erweiterte Funktionen*: Siehe Kapitel *33.12 Gestensteuerung*.
- *Gerätewartung*: Siehe Kapitel *22.7 Gerätewartung*.
- *Apps*: Siehe Kapitel *33.4 Anwendungen als Standard* und *27.3 Programm deinstallieren/deaktivieren*.
- *Gerätesicherheit*: Siehe Kapitel *31.2 Gerätesperre*.
- *Cloud und Konten*: Siehe Kapitel *24 Das Google-Konto* und *26 Das Samsung-Konto*.
- *Google*: Siehe Kapitel *24 Das Google-Konto*.
- *Eingabehilfe*: Diverse Hilfen, die sich an Menschen mit Hör- und Bewegungsbeeinträchtigungen richten.
- *Allgemeine Verwaltung:* Siehe Kapitel *35.2 Allgemeine Verwaltung*.
- *Software-Update*: Siehe Kapitel *35.3 Software-Update*.
- *Benutzerhandbuch*: Ruft eine Anleitung auf der Samsung-Website auf.
- *Geräteinformationen*: Siehe Kapitel *35.3.1 Geräteinformationen*.

Benutzerkonfiguration

35.1 Netzwerkverbindungen

◆ *Einstellungen/Verbindungen*

❶❷ Im Verbindungen-Menü finden Sie die Steuerungsfunktionen für drahtlose Kommunikation:

- *WLAN*: Auf WLAN geht bereits Kapitel *9 WLAN* ein.

- *Bluetooth:* Siehe Kapitel *32 Bluetooth*.

- *Datennutzung*: Führt eine Statistik der übertragenen Datenmenge über Mobilfunk-Internet und WLAN.

- *Offline-Modus*: Schaltet das Mobilfunkmodul sowie Bluetooth und WLAN aus (sogenannter »Flugmodus«). Siehe auch Kapitel *5.6 Flugmodus (Offline-Modus)*.

- *Mobile Hotspot und Tethering*: Internetverbindung des Handys mit einem anderen Gerät nutzen. In diesem Buch gehen wir nicht weiter darauf ein.

- *Mobile Netzwerke*: Das Menü verwaltet alles rund um die Mobilfunk-Internet-Funktionen. Wir gehen in diesem Buch nicht weiter darauf ein, da das Handy die Einstellungen beim ersten Einschalten automatisch vornimmt.

- *SIM-Kartenverwaltung*: Sofern Sie ein Galaxy J3 (2017) DUOS verwenden, verwalten Sie in diesem Menü die beiden SIM-Karten. Siehe Kapitel 25 Dual-SIM mit dem Galaxy J3 DUOS.

- *Standort*: Auf die Standortermittlung geht Kapitel *33.2 GPS auf dem Galaxy nutzen* ein.

- *Weitere Verbindungseinstellungen*: Mobiles Internet, VPN, Druckausgabe, usw. einrichten.

35.1.1 Datenübertragung

◆ *Einstellungen/Verbindungen/Weitere Verbindungseinstellungen*

❶❷ Im *Weitere Verbindungseinstellungen*-Bildschirm stellen Sie ein:

- *Suchen nach nahen Geräten*: Das Galaxy sucht permanent im Hintergrund nach Geräten, mit denen Sie vielleicht per Bluetooth koppeln möchten. Wir empfehlen diese Option wegen des damit verbundenen Energieverbrauchs zu deaktivieren.

- *Drucken:* Da die Druckausgabe unter Android nicht besonders anwenderfreundlich gestaltet ist, gehen wir in diesem Buch nicht weiter darauf ein.

- *VPN*: Konfiguriert Virtual Private Networks (VPNs), die eine verschlüsselte und sichere Kommunikation über das Internet, beispielsweise mit Firmennetzwerken, ermöglichen. Dieses Buch geht darauf nicht weiter ein.

35.2 Allgemeine Verwaltung

◆ *Einstellungen/Allgemeine Verwaltung*

❶ Die Funktionen im *Allgemeine-Verwaltung*-Menü:

Unter SPRACHE UND UHRZEIT:

- *Sprache und Eingabe:* Auf die Eingabeeinstellungen geht Kapitel *34 Eingabemethoden* ein.

- *Datum und Uhrzeit*: Standardmäßig erhält das Handy die Uhrzeit atomuhrgenau vom Mobilfunknetzbetreiber, weshalb Sie nicht selbst die Uhr stellen müssen.

Unter SUPPORT:

- *Kontaktieren Sie uns*: Ruft die eingebaute Hilfefunktion auf.
- *Diagnoseinformationen*: Sollte ein Problem bei den Betriebssystemfunktionen auftreten, erhält Samsung ein Fehlerprotokoll.
- *Marketing-Informationen*: Samsung informiert Sie in den eigenen Anwendungen über Sonderaktionen.

Unter ZURÜCKSETZEN:

- *Zurücksetzen* (❸):
  - *Einstellungen zurücksetzen:* Falls Ihr Handy mal nicht so funktioniert, wie vorgesehen, sollten Sie *Einstellungen zurücksetzen* verwenden. Damit setzen Sie beispielsweise den Klingelton auf den Standard zurück.
  - *Zurücksetzen von Netzwerkeinstellungen*: Von Ihnen genutzte WLAN-Zugangspunkte und gekoppelte Bluetooth-Geräte werden gelöscht. Sie können das Galaxy aber jederzeit später wieder damit verbinden.
  - *Auf Werkseinstellungen zurücksetzen*: Alle Daten löschen, worauf Sie das Galaxy im gleichen Zustand vorfinden, in dem Sie es erworben haben. Daten auf einer eingelegte Speicherkarte bleiben natürlich erhalten.
  - *Automatischer Neustart*: Das Handy startet sich zu einem festgelegten Zeitpunkt, beispielsweise Nachts, neu.

❶❷ Verwenden Sie *Auf Werkseinstellungen zurücksetzen* für das Zurücksetzen auf den Zustand, in dem Sie das Galaxy erworben haben. Beachten Sie, dass dabei Daten auf der eingelegten SD-Karte nicht gelöscht werden. Im Google-Konto abgelegte Kontakte und Termine, sowie die Nachrichten in Gmail, stehen Ihnen nach Neueinrichtung des Google-Kontos in den entsprechenden Anwendungen wieder zur Verfügung.

Android-Handys wie das Galaxy sind nicht als »Standalone«-Geräte konzipiert, sondern sind auf die Kommunikation mit den Internetservern von Google angewiesen. Dies hat den Vorteil, dass Ihre Daten, darunter Kontakte, Kalendertermine, Browser-Lesezeichen, usw. automatisch bei Google unter Ihrem **Google-Konto** gespiegelt werden.

Beachten Sie, dass Programme von Drittanbietern, die Sie aus dem Google Play Store installiert haben, häufig nicht die Datensicherung im Google-Konto nutzen. In den Programmen vorgenommene Einstellungen und angelegte Daten gehen deshalb meist bei einem Zurücksetzen des Geräts verloren. Die zuvor von Ihnen installierten Programme werden Ihnen dagegen im Google Play Store nach dem Zurücksetzen zur erneuten Installation angeboten.

Haben Sie keinen Zugriff auf Ihr Handy, beispielsweise weil Sie es verloren haben, oder es defekt ist, dann können Sie jederzeit dessen Daten auf einem anderen Android-Handy (es muss noch nicht mal das gleiche Modell sein) wiederherstellen. Weitere Infos zum Google-Konto haben wir im Kapitel *24 Das Google-Konto* zusammengestellt.

35.3 Software-Update

◆ *Einstellungen/Software-Update*

❶❷ Die Einstellungen im *Software-Update*-Menü sollten Sie nicht ändern. Wenn der Hersteller ein Update für die Betriebssoftware zur Verfügung stellt, wird es automatisch nach Rückfrage installiert.

35.3.1 Geräteinformationen

◆ *Einstellungen/Geräteinformationen*

❶❷ Der *Telefoninfo*-Bildschirm zeigt die aktuelle Firmware-Version an.

Von den Menüpunkten sind für Sie folgende nützlich:

- *Eigene Rufnummer*
- *Status:* Diverse Systeminformationen.
- *Rechtliche Informationen*
- *Gerätename*: Unter dem Gerätenamen erscheint das Handy beim PC-Anschluss und bei Bluetooth-Verbindungen.
- *Modellnummer:* Interne Produktnummer von Samsung.
- *Softwareinformationen* (❸): Liefert Informationen zur installierten Betriebssystemversion.
- *Akkuinformationen*: Akku-Ladezustand und Batteriekapazität anzeigen.

Benutzerkonfiguration

❶❷ Unter *Gerätename* stellen Sie den Namen ein, unter dem Ihr Handy bei Bluetooth-Übertragungen bei anderen Geräten erscheint. Unter dem Gerätenamen erscheint Ihr Galaxy auch, wenn Sie es am PC anschließen.

36. Stichwortverzeichnis

Akku 295
Akkulaufzeit 383
Alarm 298
Amazon Assistant 184
Android 13
Anklopfen 77
Anruf ablehnen 72
Anruf durchführen 51
Anrufeinstellungen 70
Anrufliste 64
Apps 339
Aufgaben 269
Auskunft 347
Autonavigation 212
Bedienelemente 24
Benachrichtigungen 47
Benachrichtigungsfeld 36f.
Benachrichtigungston 375
Betriebssoftware 13
Bildschirm drehen 38
Bildschirmanzeige 348
Bildschirmkopien 384
Bildschirmschoner 349
Blacklist 69
Bluetooth 38, 366
Bluetooth-Headset 368
Chrome-Webbrowser 186
CloseBy 184
Dateimanager 281
Daten-Roaming 115
Datenschutz 381
Datensicherung 313
Datenübertragung 412
Datenvertrag 14
Diebstahl 363, 381
Direktwahl 111
Displaysperre 24, 349, 359
Drive 289
DRM 304
Dual Messenger 390
Dual-SIM 315
Durchgehende Eingabe 405
E-Mail-Anhänge 172
E-Mails löschen 167
Ebooks 301
Eigene Dateien 281
Eigene Kontaktkarte 106
Einfacher Modus 348, 386
Eingabemethoden 398
Einhändiger Modus 390f.
Empfangsbestätigung 88
FaceWidgets 351
Fernsehen 340
Find my Mobile 365
Flugmodus 67
Fotos 254

Galaxy Apps 322, 334
Galerie 231
Game Tools 326
Geräteinformationen 414
Gerätename 415
Gerätespeicher 354
Gerätesperre 24, 359f.
Gerätewartung 295
Gestensteuerung 26, 389
Gmail 123
Google Fotos 254
Google Local 220
Google Maps 205
Google Now 296
Google Play Bücher 301
Google Play Store 322
Google-Anwendungen 13
Google-Konto 14, 309
Google-Suche 43
GPS 39, 236, 376
Hauptmenü 28, 43
Headset 368
Hintergrundbild 34
Hörerlautstärke 54
Hotels 345
IMAP4 156
In-App-Käufe 333
Internetflatrate 14
Internetverbindung 14
Internetzugang 114
J3 DUOS 315
Kalender 263
Kamera 225
Kennwortschutz 360
Klingelton 46, 63, 375
Klingeltonlautstärke 63
Kontakterfassung 96
Kontaktfoto 103
Kontaktklingelton 103
Kurzwahlen 57
Lautsprecher 252
Lautstärke 46
Lautstärke-Tasten 24
Lautstärketasten 45
Mailbox 59, 78
Medienlautstärke und Signaltöne 45
Mehrfensteransicht 392
Menü 41
MMS 93
Mobilbox 59
Mobile Daten 38
Mobile Netzwerke 411
Mobilfunk-Internet 116
Multi Window 390
Multimedia Messaging Service 93
Muster-Sperre 361

Nachrichten 81
Nachrichtenzentrale 93
Netzbetreiber 116
Netzmodus 115
Netzwerkverbindungen 411
Offline-Modus 67
Offline-Modus: 411
Passwortsperre 362
Play Filme 307
Play Musik 239
Play Store 322
Playlists 243
POP3 156
POP3-Server 158
Positionsdaten 236
Preisvergleich 343
Programme installieren 324
Protokoll 64
QR-Code-Leser 185
Querdarstellung 40
Rechner 281
Register 27
Reisen 345
Roaming 116
Roaming-Assistent 76
Roaming-Land 76
Routenplaner 212
Rufumleitung 77
Ruhemodus 351
Samsung Notes 286
Samsung-Konto 319
Samsung-Tastatur 399
Samsung-Tastenfeld 399
Schnellzugriff 27, 29
Screenshots 384
Shopping 342
Sicherer Ordner 393
Signaltöne 46
SIM-Karte 103
SIM-Kontakte 103
SIM-Sperre 363
Smart Alert 390
Smart Lock 349
Smartphone 13
SMS 81
SMTP-Server 158

Softwarekauf 331
SOS-Nachrichten 390
Speicherverwaltung 357
Spracheingabe 399
Spracherkennung 406
Standardmodus 386
Standardnummer 56
Standort 376
Startbildschirm 24, 25, 27
Startbildschirm-Profile 385
Statusleiste 349
Stummschaltung 390
Symbolrahmen 349
Taschenlampe 38
Tastenfeld 399
Telefonbuch 95
Telefonie 50
Terminerinnerung 271
Titelleiste 36
TouchWiz 380
Übermittlungsbestätigung 93
Uhr 297
Unbekannte Quellen 350
Visitenkarte 99
VPN 412
Warteschlange 242
Webbrowser 176
Weltuhr 299
Werkseinstellungen 413
Wetter 284, 342
Whitepages 75
Widgets 31
Wiedergabeliste 243
Wifi 118
WLAN 116, 118
Wochennummern 272
Wortvorschläge 400
WPS 119
YouTube 284
Zip-Dateien 378
Zugangspunkte 115
Zugriffssperren 359
Zurück-Taste 24
Zustellberichte 93
Zustellungsbericht 88
41, 54, 362

37. Weitere Bücher des Autors

Vom Technik-Journalisten Rainer Gievers sind zahlreiche Bücher zum Thema Mobile Computing erschienen. Eine Inhaltsübersicht und Bestellmöglichkeiten finden Sie auf unserer Website *www.das-praxisbuch.de*. Sie können die Bücher über die jeweilige ISBN auch direkt bei Ihrem lokalen Buchhändler bestellen.

Allgemeine Themen:

- Das Praxisbuch Internet für Einsteiger
  ISBN: 978-3-945680-45-2

- Das Praxisbuch E-Mail für Einsteiger
  ISBN: 978-3-945680-26-1

- Das Praxisbuch Online-Shopping für Einsteiger
  ISBN: 978-3-945680-22-3

- Das Praxisbuch Google für Einsteiger - Anleitung für die Google-Suche, Gmail, Google Maps, Chrome-Browser, Drive, Play Musik, uvm.
  ISBN: 978-3-945680-39-1

- Das Praxisbuch Android-Handy
  ISBN: 978-3-945680-32-2

- Das Praxisbuch Paint.Net – Fotobearbeitung für Einsteiger
  ISBN: 978-3-945680-44-5

Huawei-Handys:

- Das Praxisbuch P10 Lite
  ISBN: 978-3-945680-67-4

- Das Praxisbuch P10
  ISBN: 978-3-945680-65-0

- Das Praxisbuch P9 Lite
  ISBN: 978-3-945680-43-8

- Das Praxisbuch P9
  ISBN: 978-3-945680-46-9

Samsung-Handys:

- Das Praxisbuch Samsung Galaxy S8
  ISBN: 978-3-945680-73-5

- Das Praxisbuch Samsung Galaxy S7 & S7 Edge
  ISBN 978-3-945680-41-4

- Das Praxisbuch Samsung Galaxy J7 (2017) DUOS
  ISBN: 978-3-945680-78-0

- Das Praxisbuch Samsung Galaxy J5 (2017)
  ISBN: 978-3-945680-75-9

- Das Praxisbuch Samsung Galaxy A3 (2017) & Galaxy A5 (2017)
  ISBN: 978-3-945680-56-8

- Das Praxisbuch Xcover 4
  ISBN: 978-3-945680-74-2